全国建设行业中等职业教育推荐教材

物 业 管 理 统 计

（物业管理专业适用）

主编　张惠芸

主审　孙　兰

中国建筑工业出版社

图书在版编目（CIP）数据

物业管理统计/主编张惠芸. —北京：中国建筑工业
出版社，2005

（全国建设行业中等职业教育推荐教材，物业管理
专业适用）

ISBN 7-112-07193-3

Ⅰ. 物… Ⅱ. 张… Ⅲ. 物业管理—统计—专业学
校—教材 Ⅳ. F293.33

中国版本图书馆 CIP 数据核字（2005）第 012904 号

全国建设行业中等职业教育推荐教材

物 业 管 理 统 计

（物业管理专业适用）

主编 张惠芸

主审 孙 兰

*

中国建筑工业出版社出版(北京西郊百万庄)

新华书店总店科技发行所发行

北京富生印刷厂印刷

*

开本：787×1092毫米 1/16 印张：15¼ 字数：365 千字
2005 年 5 月第一版 2005 年 5 月第一次印刷
印数：1—3000 册 定价：**21.00 元**
ISBN 7-112-07193-3
F·602(13147)

本社网址：http://www.china-abp.com.cn
网上书店：http://www.china-building.com.cn

依据中等职业学校《物业管理统计》课程教学大纲的编写要求，本书分两部分，共 15 章内容。统计原理部分包括统计总论，统计调查，资料整理，对比分析，平均分析，动态分析，指数及因素分析。物业管理统计部分包括物业管理前期工作，经营、资金管理，电梯管理，电力空调系统管理，供暖给排水系统管理，环境管理等方面的统计，以及计算机在物业管理统计中的应用等内容。

　　本书既可作为中等职业学校物业管理、房地产开发管理等管理类专业教材，也可供物业管理公司的管理及工作人员阅读参考。

＊　＊　＊

责任编辑：张　晶　杨　虹
责任设计：孙　梅
责任校对：王雪竹　王金珠

教材编审委员会名单

（按姓氏笔画排序）

王立霞　甘太仕　叶庶骏　刘　胜　刘　力

刘景辉　汤　斌　苏铁岳　吴　泽　吴　刚

何汉强　邵怀宇　张怡朋　张　鸣　张翠菊

邹　蓉　范文昭　周建华　袁建新　游建宁

黄晨光　温小明　彭后生

出 版 说 明

　　物业管理业在我国被誉为"朝阳行业"，方兴未艾，发展迅猛。行业中的管理理念、管理方法、管理规范、管理条例、管理技术随着社会经济的发展不断更新。另一方面，近年来我国中等职业教育的教育环境正在发生深刻的变化。客观上要求有符合目前行业发展变化情况、应用性强、有鲜明职业教育特色的专业教材与之相适应。

　　受建设部委托，第三、第四届建筑与房地产经济专业指导委员会在深入调研的基础上，对中职学校物业管理专业教育标准和培养方案进行了整体改革，系统提出了中职教育物业管理专业的课程体系，进行了课程大纲的审定，组织编写了本系列教材。

　　本系列教材以目前我国经济较发达地区的物业管理模式为基础，以目前物业管理业的最新条例、最新规范、最新技术为依据，以努力贴近行业实际，突出教学内容的应用性、实践性和针对性为原则进行编写。本系列教材既可作为中职学校物业管理专业的教材，也可供物业管理基层管理人员自学使用。

建设部中等职业学校

建筑与房地产经济管理专业指导委员会

2004 年 7 月

前　言

　　物业管理是我国实施住房制度改革过程中，随着房地产市场不断发展及人们生活水平不断提高而产生的一种新型房屋管理模式。我国物业管理最早出现在 20 世纪 80 年代初的深圳经济特区。这种较为先进的管理模式及管理理念，随着我国住房体制改革的深化，在全国迅速发展。作为市场经济体制下的物业管理企业，在其实行独立核算、自负盈亏的经营过程中，只有及时掌握市场发展动态，才能生存和发展。准确、全面、及时地搜集各种经济信息，对市场做出正确的抉择，成为物业管理企业必须做的一项重要工作。实现这一目标的关键是要有一批掌握统计理论知识，懂得物业管理专业知识的物业管理统计人员。

　　基于以上原因，在教材编委会的指导下，我们依据中等职业学校《物业管理统计》课程教学大纲的要求编写了本教材。本教材对统计原理、物业管理基础知识及物业管理统计做了详细的论述与介绍，并附有大量的实例，由张惠芸编写。本书作者在撰写过程中参考了大量的相关书籍和文章，并引用了其中的一些材料，详见参考文献，恕不一一列举，谨致以诚挚的谢意。同时天津财经大学孙兰教授作为本书的主审也提出大量宝贵的意见和建议，在此一并表示感谢。

　　由于物业管理统计是一门新兴学科，许多问题还有待于探讨和实践，因此，在编写过程中难免有不足、遗漏之处，敬请广大读者批评指正。

目　录

第一章 总 论

第一节 物业管理统计的概念及研究对象

一、统计的概念及特点

统计作为一种社会实践活动已经有悠久的历史，统计工作的产生和发展已有几千年之久。可以说，自从有了国家就有了统计实践活动。最早的统计活动只是一种简单的计数活动。而统计作为一门科学仅有 300 多年的历史。在不同的历史时期和不同的场合对于统计一词的解释可以有不同的含义。今天我们对"统计"一词的理解可以分为统计工作、统计资料和统计学。

统计工作即统计实践活动，是对社会自然现象客观存在的现实数量方面进行搜集、整理和分析工作过程的总称。

统计资料是统计工作过程中所得到的各种数字资料以及相关数据的总称。统计资料包括统计调查搜集的原始资料，也包括经过加工、整理的系统资料。

统计学是指统计科学。它是关于认识客观现象总体数量特征和数量关系的科学。

统计的三种含义是相互联系的。统计工作是统计的实践过程，统计资料是统计活动的成果，统计学是统计活动的理论指导，三者是相互联系、密不可分的。

统计具有以下几个特点：

(一) 数量性

人们对客观事物的认识，大都是从数量的表现来观察和发现事物的规律性的。数据作为统计语言，为人们认识客观事物提供了依据，它可以表现事物的数量及事物间的数量关系，以及质与量的辩证统一关系。如：2003 年我国国内生产总值（GDP）为 116694 亿元，比上年增长 9.1%。其中，第一产业增加值 17247 亿元，增长 2.5%，减慢 0.4 个百分点；第二产业增加值 61778 亿元，增长 12.5%，加快 2.7 个百分点；第三产业增加值 37669 亿元，增长 6.7%，减慢 0.8 个百分点。在第三产业中，金融保险业增长 6.9%，批发和零售贸易餐饮业增长 6.6%，房地产业增长 5.3%。这些数字表明了我国目前经济发展的基本情况。

(二) 总体性

统计研究的是社会经济现象的数量特征和数量关系，这就是说，统计要对现象总体中的各单位普遍存在的特征进行分析，得出反映总体的数量特征。只有对大量的总体单位进行综合分析研究，才能发现客观事物的发展变化趋势和规律。如：我们要研究居民现有的住房情况，只对个别家庭或部分家庭进行观察，就不可能得到全面、正确的认识。只有对足够的、大量的家庭进行全面的调查，才能从总体上正确、全面地反映出我国居民住房的实际情况。

（三）社会性

统计作为一种认识社会的实践活动，它研究的是社会经济现象的数量方面，反映人们生产、生活的条件、过程和结果。如：生产、分配、流通和消费等，体现了人与物之间，人与人之间的密切关系。

（四）变异性

统计研究社会经济现象的数量方面是从个别事物的研究开始，从对个别事物的认识到对总体的认识。从而分析个别事物数量上、质量上的差别。统计上把这些差别称为变异。事物之间的同质是相对的，差异是绝对的。正是因为有这种差异，才有必要进行统计。

二、物业及物业管理

（一）物业及物业管理的概念

物业一词是由英文"Property"引译而来的，是指各类有经济价值和有使用价值的房屋、附属设施以及相关的场地。物业可大可小，既可以整个小区作为一个物业，也可以一个住宅单元作为一个物业。物业一般包括高层与多层住宅楼、综合大楼、商业大厦、旅游宾馆、标准工业厂房、仓库等。

物业不同于房地产业。房地产业是指从事房屋和土地开发经营的独立产业，包括房产开发、建设、经营、维护和服务等房地产经营活动全过程的所有经济组织。物业则是指具体的宗地、建筑物，以及它们的混合物。

物业管理简单的说，就是人们对物业的管理活动，是指业主通过选聘物业管理企业，由业主和物业管理企业按照物业服务合同约定，对房屋及配套的设施设备和相关场地进行维修、养护、管理，维护相关区域内的环境卫生和秩序的活动。物业管理是为物业所有人提供高效、周到的服务，使物业发挥最大的经济价值和使用价值。

（二）物业与物业管理的关系

物业与物业管理既有联系又有区别。

1. 联系

首先，物业管理是对现有物业进行管理，如果没有物业，物业管理就失去了实施对象，物业管理也就无从谈起；其次，物业管理可以延长物业的使用寿命，使物业保值、增值，物业借助于管理使其保持良好的使用功能；第三，对于开发商，良好的物业管理是房屋销售的最有力的促销因素，是对房屋销售的有力支持。因此，许多开发商将物业管理看作是销售的后续环节。

2. 区别

（1）本质不同。

物业具有实体性，是指各类有价值的土地、房屋及其附属市政、公用设施、毗邻场地等，可以比喻为硬件，是有形资产。而物业管理是指一类行业，属于第三产业中社会服务行业的一种，为物业的所有业主、租户和居民提供服务，其工作范围相当广泛，工作性质多元化，可以比喻为软件，所提供的是无形的服务。

（2）服务对象不同。

物业既可以为生活服务，也可以为生产服务。既可以充当生产资料，又可以充当消费资料；当物业是住宅时，就是消费资料，当物业是厂房商店时，就是生产资料。有的物业可以是生产资料，也可以是消费资料。如某一整体物业，一部分用于住人，一部分用于生产经营，有的物业今天是生产资料，随着经营方式和经营范围的变化，明天又可能是消费资料。

而物业管理服务的对象就是人，即物业的所有人和使用人。是针对物业所有人和使用人在使用物业的过程中所产生的种种需求而派生的管理与服务。

（3）效用性不同。

物业的效用性，是指物业对人类社会的使用价值，即人们因占有、使用物业而得到某些需求的满足。

物业管理是对现有物业进行管理，以期正常发挥物业的功能，保持正常的生活和工作秩序。

（4）价值实现方式不同。

物业价值是由物业的效用、物业的相对稀缺性和物业的有效需求三者共同决定的，物业价值＝物业自身价值＋物业管理价值。

物业管理价值是物业管理公司通过完善的管理和优良的服务，不断地完善和增加物业的功能，使物业效用最大限度地发挥，从而增加的那部分物业价值。相对来说，物业管理为物业所提供的增值空间取决于管理的理念和管理水平，具有人为因素，而物业的价值是在其建造过程中所发生的工程建设费用，主要受物业形成时工程成本的影响。

（三）物业管理的内容

物业管理的对象、范围相当广泛，几乎包括了各类建筑。如住宅小区、高层与多层住宅楼、综合办公楼、商业大厦、旅游宾馆、工业厂房、仓库、停车场等。尽管物业各类型不同，使用性质差异很大，但物业管理的基本内容是一样的。物业管理是一种经营性的管理服务，是融管理、经营、服务于一体，在服务中完善经营与管理，三者相互联系、相互促进。

三、物业管理统计

（一）物业管理统计的含义

物业管理统计包括物业管理统计工作、物业管理统计资料和物业管理统计学。物业管理统计工作是物业管理统计的实践活动，是对物业管理企业的经营、管理、服务等数量方面进行搜集、整理和分析的工作过程。物业管理统计资料是物业管理统计实践活动过程所取得的各项数字资料和与之相关的其他资料的总称，是物业统计工作的直接成果。物业管理统计学是物业管理的科学，是物业统计工作实践经验的总结。

（二）物业管理统计的研究对象

对于社会经济统计学来说，其研究对象是社会经济现象总体的数量特征和数量关系，通过这些数量方面反映社会经济现象规律性的表现。物业管理统计学是社会经济统计学的一个组成部分，是一门新兴的社会科学。它的研究对象是物业管理企业在经营、管理、服务等方面经济活动的数量特征和数量关系。就是通过对物业经济现象数量方面的研究，揭示物业管理经济活动的本质及其规律性。物业管理经济活动过程，是指从物业接管、验收开始，或者说是从前期介入即开始参与物业的选项（选址）、可行性研究、设计、建筑施工以及运营中的各项业务及相应的管理。随着我国改革开放以来物业管理实践的迅速发展，物业管理需求的迫切性及多样性，使得物业管理统计越来越显示出它的重要性。

（三）物业管理统计的任务

物业管理统计工作的基本任务就是准确、及时、全面地搜集、整理和分析物业企业经营、管理、服务等方面的统计资料，掌握物业经济活动的现状及其发展变化规律，以便制定出正确的物业管理政策和物业经济发展计划；为加强物业经营研究和物业管理提供依据；并对计划执行情况进行检查和监督。

（四）物业管理统计的研究方法

物业管理统计是一门新兴的学科，物业统计的方法是在统计调查、整理和分析的各个阶段所使用的研究方法，包括大量观察法、统计分组法、综合指标法等。

（1）大量观察法：是指统计研究社会经济现象和过程，要从总体上进行考察，要对总体中的全部或足够多的单位进行观察并加以综合研究。由于物业管理统计学的研究对象具有大量性和变异性的特点，这就决定了物业管理统计的研究方法必须采用大量观察法。就是对大量性质相同物业的经营、管理、服务等进行观察、登记并综合分析，以反映物业经济现象的数量特征。

（2）统计分组法：是指根据现象总体内在的性质和统计研究任务的要求，将总体各单位按照某种标志划分为若干组成部分的一种研究方法。由于物业管理对象的特点，即物业的复杂性和多样性，决定了物业管理统计研究要采用分组的方法，如可将物业按用途的不同分为居住物业、工业物业、商业物业和其他用途物业等组进行数量汇总或分析。

统计分组法是研究总体内部差异的重要方法，通过分组可以研究总体中不同类型的性质以及它们的分布情况。科学的统计分组能保证所研究资料的内容在组内具有同质性，组间具有差异性。

（3）综合指标法：是指运用各种统计综合指标来反映和研究社会经济现象总体的一般数量特征和数量关系的研究方法。通过对物业经营、管理、服务中大量的原始数据的整理汇总，计算出各种综合指标，以显示物业管理过程的工作水平和工作质量。

第二节　统计中的几个基本概念

一、统计总体和总体单位

（一）统计总体

统计总体是由具有某一相同性质的许多个别单位组成的集合体，简称总体。例如：我们要对全国物业企业的基本情况进行统计观察，那么，全国范围内所有的物业企业的集合体就是统计的总体。要调查全国工业企业生产情况，那么，全国工业企业就构成了一个统计总体。

统计总体具有大量性、同质性和变异性。

1. 大量性

统计总体是由许多具有相同性质的个别单位组成，因此具有大量性的特点。如在物业企业这个总体中，是由全国成千上万个物业企业所组成；在城镇人口这个总体中是由全国所有城镇中的上亿人口组成。

2. 同质性

总体是由具有某一相同性质的大量单位所组成，那么就总体所包括的各个单位的这一共同性质来说，则总体具有同质性。就房地产这一总体而言，即都是以土地房屋这一固定于某一地理位置上的，值大价高的产品为开发、经营管理对象的产业，这一特征是同质的，它不包括房地产业以外的其他行业。

3. 变异性

构成统计总体的大量个别单位，虽然在结合成为总体的某一性质上是相同的、同质的，但在其他性质方面又是有差异的，这种非同质就是变异性。如我国城镇人口总体在城镇这一性质上是同质的，而在性别、年龄、民族、职业、文化程度等方面又是有差异的。正是因为统计总体具有变异性，才有研究的价值，才能进行统计。

总体按其包括范围的大小可以分为无限总体和有限总体。无限总体包括的单位数很多，乃至无限多的单位。如我们要研究天上的星星、海洋中的鱼类、某地区空气污染程度等。总体中包括的单位是有限的而可以计数的称为有限总体，如某一时点上的人口数、物业企业的个数所组成的总体都是有限总体。

（二）总体单位

总体单位是构成总体的个别单位，它是组成总体的基本单位。如：上述举例中物业企业总体中的每个物业企业，城镇人口总体中的每个人都是总体单位。

总体与总体单位在实际工作中不是固定不变的，随着研究目的的不同，在一种情况下是总体，在另一种情况下又可以是总体单位。例如：调查全国物业企业的经营状况，全国的物业企业是总体，每一个物业企业是总体单位。如果我们要研究一个物业企业职工队伍的状况时，该物业企业的全部职工便是总体，每个职工是总体单位。因此，总体和总体单位具有相对性。

二、统计标志和统计指标

（一）统计标志

统计标志简称标志，是总体中各单位所共同具有的属性和特征。或者说标志是说明总体单位属性和特征的名称。如：物业企业作为总体单位具有房屋产权、职工人数、房屋建筑结构、租金标准等属性和特征。职工作为总体单位又具有性别、年龄、文化程度、工资、民族等特征。这些属性和特征在统计上称为标志。标志的具体表现为标志表现。如：职工的文化程度表现为大学、高中、中专等，物业企业的租金标准表现为 10 元/m²、15 元/m² 等。

（1）标志按其性质的不同可分为品质标志和数量标志。

品质标志，即表明总体单位属性和特征的名称，其标志表现只能用文字表示。例如：了解某校学生情况，每个学生作为总体单位，有性别、民族、籍贯等标志。又如以每个企业作为总体单位，经济类型、主要产品类别就是标志。其经济类型又有国有经济、集体经济等标志表现。

数量标志，即表明总体单位数量方面的特征，其标志表现可以用数字表示。如一个物业企业所掌握房屋的间数、基地面积、职工人数、租金收入等。

（2）标志按其表现的异同可分为不变标志和可变标志。

不变标志，即在一个总体中各单位表现都相同的标志。例如：在男学生这个总体中，所有学生在性别这个特征上都表现为男性，因此，性别即为不变标志。

可变标志，即在一个总体中各单位表现都不相同的标志。如前例在男学生这个总体中，又有年龄、身高、体重的区别。我们把年龄、身高、体重叫做可变标志。

（二）统计指标

统计指标简称指标，是指反映实际存在的某种经济现象总体的数量名称和具体数值。表明某一客观经济现象在一定时间、地点条件下的规模和水平。例如：一个国家在某一时间内的国内生产总值、人口总数、社会总产值、人口密度、劳动生产率、人均粮食产量等。一个科学、完整的统计指标应由指标名称、指标数值、指标单位、指标所属的时间、空间和范围所组成，并具有客观性、综合性和具体性三个特点。

（1）统计指标按指标的性质不同可以划分为数量指标和质量指标。

数量指标是反映社会经济现象总体规模的大小或数量多少的统计指标。例如：国内生产总值、人口总数、职工总数、企业总数、总产值、工资总额、利税总额等。一般用绝对数表示。质量指标是反映社会经济现象总体相对水平和工作质量的指标。例如：平均工资、人均国内生产总值、劳动生产率、人口密度等。一般用相对数和平均数表示。

（2）统计指标按数值形式不同可以划分为总量指标、相对指标和平均指标。

总量指标即绝对指标，是说明现象总规模、总水平和工作总量的指标，例如：物业企业总数、职工总数、房屋的总竣工面积等。相对指标是两个有联系的总量指标对比的结果，例如：物业费收缴率、房屋的合格率、发展速度等。平均指标是反映总体单位某一数量标志的一般水平，例如：职工的平均工资、房屋的平均价格等。

统计标志和统计指标既有联系又有区别。区别表现在一是说明的对象不同，指标表明总体的特征，而标志则表明的是总体单位的特征。二是表现形式不同，指标都是用数量来表示的，而标志有用数量表示的数量标志，也有用文字表示的品质标志。联系表现在一是某些统计指标的数值是由总体单位的数量标志值汇总来的。例如：全国的工业总产值（指标）是由每个工业企业的总产值（数量标志）汇总而来。二是随着研究目的的不同，指标和标志之间可以互相转换。例如：调查全国物业企业情况，每个物业企业是总体单位，则每个企业的总产值、职工人数为数量标志。如果研究目的变为只研究一个物业企业的情况，则该企业为统计总体，而企业的产值、职工人数由原来的标志转变为指标。

任何一个统计指标只能反映经济现象中某一方面的状况，而在现实生活中，要想全面地了解和认识社会经济现象总体的数量特征，从单一的一个指标是不能够说明问题的，要用一系列相互联系、相互制约的指标体系来反映。在统计中把这一系列相互联系、相互制约的指标所组成的整体称为指标体系。例如：为了反映一个企业的全貌，就要设立产值、产量、工资额、劳动生产率、利税额等指标组成该企业的考核指标体系。

三、变异和变量

（一）变异

变异是指可变标志的属性和特征由一种状态变到另一种状态的过程。指标之间的差异也称变异。如：研究某市物业企业的情况，则每个物业企业是总体单位，而每个物业企业又存在着资质、职工人数等差别，统计上称之为变异。

（二）变量

不变的数量标志称为常量（如：π）。可变的数量标志称为变量。可变的数量标志所构成的各种指标也称为变量。变量的具体取值称为变量值。例如：某人的工资是 1000 元，则工资是变量，1000 元是变量值。又如：某物业小区的物业管理费为 0.50 元/m²，则物业管理费是变量，0.50 元/m² 为变量值。

变量可分为离散变量和连续变量。离散变量是指相邻两个变量值之间不能分割，其取值只能以整数形式表示的变量。如：企业数、职工人数、设备台数、房屋间数等。连续变量是指相邻两个变量值之间可以做无限分割，其取值可以用小数形式表示的变量。如：职工的工资、企业的产值、利税额等。

复习思考题

1. 怎样理解统计和物业管理统计的涵义？
2. 怎样理解物业及物业管理的涵义？物业管理的内容是什么？
3. 什么是统计总体和总体单位？试举例说明。
4. 品质标志和数量标志有什么区别？
5. 什么是统计指标？统计指标和标志有什么区别？试举例说明。
6. 什么是数量指标和质量指标？

第二章 统 计 调 查

第一节 统计调查的意义和种类

一、统计调查的意义

统计调查是统计工作过程中的一个重要阶段，它是取得原始统计数据的基础环节，是人们认识客观事物的感性阶段，统计调查是指根据统计研究的目的和要求，用科学的统计调查方法有计划、有组织地向客观实际搜集资料的工作过程。它的基本任务是根据统计指标体系，通过具体的调查，取得反映社会经济现象总体各个单位的数字资料信息。这些信息是尚待整理，进行信息化的原始资料或有过初步整理，必须进行进一步系统化的次级资料。

为了保证调查工作的质量，统计调查必须达到准确性、及时性和完整性三项基本要求。准确性是调查的资料必须真实地反映客观实际，这是保证统计资料质量的首要要求，统计工作质量的好坏，在很大程度上取决于所搜集的资料是否符合客观实际。及时性是一个全面性的问题。统计指标是一个综合性指标，一项统计任务的完成要由许多单位共同努力，任何一个单位如不按规定时间提供资料都将影响统计的综合工作，贻误大局。在时间上要求达到快速，以保证统计资料最大限度发挥使用价值，否则，统计资料的使用价值会大大降低，甚至全然无用，削弱统计的作用。完整性，是指调查资料要齐全、不遗漏，要按调查项目所列内容进行全面系统的资料搜集，若资料残缺不全，就不可能对所研究对象的全貌进行科学的分析，也难对社会经济现象的客观规律性作出明确的判断，甚至会得出错误的判断。

二、统计调查的种类

（1）按调查对象包括的范围不同，分为全面调查和非全面调查。

全面调查是指被研究现象总体的所有单位无一遗漏地进行调查登记的一种调查方式。例如要了解全国人口的基本情况对每一人的情况进行登记的人口普查，就是一种全面调查。普查和全面统计报表都属于全面调查。全面调查的目的在于取得比较准确而全面的统计资料。

非全面调查则是指对被研究现象的总体的一部分单位进行调查。例如，要了解城市居民家庭的居住水平，不必要对城市居民家庭一一调查，只对其中的一部分家庭进行调查就可以了。抽样调查、重点调查和典型调查都属于非全面调查。

（2）按调查登记的时间是否连续，可分为经常性调查和一次性调查。

经常性调查是指随着研究对象的发展变化，连续不断地进行调查登记。主要用于连续观察一定时期内事物发展的过程。例如：统计报表中产量就是对某一时期产量连续观察的结果。

一次性调查是指间隔一段时期而进行的调查。一次性调查可以是定期进行的，也可以是不定期进行的。例如世界上许多国家的人口普查，每隔 10 年举行一次，而有的普查则是不定期举行的。

（3）按调查的组织形式不同，分为统计报表和专门调查。

统计报表是按照统一规定的表式要求统一布置、自下而上的逐级汇总上报的一种调查组织方式，是我国国民经济统计资料取得的主要方式。

专门调查是为研究某些专门问题由进行调查的单位专门组织的调查，这种调查属一次性调查。如：人口、房屋等普查即为我国某一时期专门调查。

（4）按资料搜集的方式不同，可分为直接观察法、采访法、报告法和问卷调查。

直接观察法：是指调查人员亲自到现场对调查对象进行查点和计量的方法。如调查农产品产量时，调查人员亲自到田间地头参加实割实测；调查商业部门商品库存和工业企业期末在制品数量时，调查人员可以到现场盘点记数等。采用这种方法能够保证资料的准确性，但所需人力、财力、物力和时间比较多，一般适用抽样调查，即调查总体中的样本时多采用这种方法。

采访法：是直接根据被调查者的回答来取得调查资料的方法，又称询问法。它又分为个别访问和开调查会两种形式。

报告法：是以被调查单位的统计、会计或业务技术核算原始记录为根据，按照一定的表格形式和要求，向有关部门提供资料的方法，也称凭证法。我国取得的基本统计资料，大多数采用这样的方法，是通过定期统计报表形式取得的。

问卷调查：它是以问卷形式提问。采用随机或有意识地选择若干调查单位，发出问卷，要求被调查者在规定的时间内反馈信息，借以对调查对象总体作出估计。问卷调查多用于民意测验，了解人民群众对社会现象产生的问题的一些看法。

第二节　统计调查方案

统计调查是一项复杂细致的工作，一项全国性统计调查要动员成千上万人协同工作，才能完成任务。因此，在统计调查工作中，要统一内容、统一认识、统一方法、统一时间和统一步调，才能顺利实现统计调查的目的。所以，在开展调查工作之前，要制定统一的调查方案。一项完整的统计调查方案，应包括以下几个方面的内容。

一、确定调查目的

任何一项统计调查方案都要首先确定它的调查目的，统计调查是为一定的研究目的服务的。不同的研究目的，决定着不同的调查内容和范围。目的明确，才能有的放矢，才能确定向谁调查、调查什么、怎样调查及调查时间等一些问题，才能搜集到与之有关的资料，舍弃与之无关的资料。

二、确定调查对象和调查单位

调查对象和调查单位需要根据调查目的来确定，目的愈明确、愈具体，调查对象和调查单位的确定也就愈容易。所谓调查对象，就是我们需要进行研究的总体范围，即调查总体。它是由许多性质相同的调查单位所组成。如：人口普查，调查对象是所有具有中华人民共和国国籍并在中华人民共和国境内长期居住的人口。调查目的是为取得国内物业管理企业的管理面积、物业管理价格、物业维护等基本情况的资料，调查对象就是全部国内物业管理企业。确定调查对象还必须要明确两种调查单位，即调查单位和报告单位。调查单位也即总体单位，它是调查对象所包含的具体单位，也是调查对象的基本组成单位。报告单位也称填报单位，是提交调查资料（报告）的单位。如：调查我国物业管理企业的租赁情况、收费情况、维修及改扩建施工等经营状况时，调查单位为每一个物业管理企业，填报单位也即每一个物业管理企业。但并非所有调查对象的调查单位和填报单位都是一致的，有时两种单位是不一致的。如：进行物业管理企业设备普查时，调查单位是每台设备，填报单位是每个物业管理企业。在具体调查时，要具体分析确定。

三、确定调查项目和调查表

调查项目是所要调查的具体内容，它完全是由调查对象的性质、调查目的和任务所决定的。包括调查单位所须登记的标志（品质标志和数量标志）及其他有关情况。例如，1990年全国人口普查根据调查项目拟定了姓名、性别、年龄、民族、文化程度、职业、行业、婚姻状况、迁来本地的原因等 21 个调查项目。可见，调查项目是依附于调查标志的。

调查项目一经确定，即可绘制调查表。列出调查项目的表格形式就是调查表。调查表一般分为一览表与单一表两种形式。一览表是把许多调查单位和相应的项目按次序登记在一张调查表中形成的。当调查项目不多时可采用，如人口普查表就是一种一览表。单一表是一张表格里只登记一个调查单位，如果项目多，一份表格可以由几张表组成，如职工登记卡片等。

四、确定调查时间和调查期限

调查时间：是指调查资料所属的时间。如果调查的是时点现象，则调查时间即为规定的统一标准时间。如果调查的是时期现象，则调查时间是资料所反映的起止日期。

对于普查来说，调查时间即为时点时间，这一时点为标准时间。如，我国第五次人口普查的标准时间定为 2000 年 11 月 1 日零时。有的资料反映现象在一段时期内发展过程的结果，统计调查则要明确资料所属时期的起止时间，所登记的资料也应是该时期第一天到最后一天的累计数字。这时调查时间即为时期时间。如，第三次全国工业普查时，产量、产值、销售量、工资总额、利润、税金等指标，皆为 1995 年 1 月 1 日到 12 月 31 日的全年数字。

调查期限是指调查工作进行的起止时间（从开始到结束的时间），包括搜集资料和报送资料的整个工作所需的时间。例如，我国第五次人口普查规定 2000 年 11 月 1 日零时为普查登记的标准时点，要求 2000 年 11 月 10 日以前完成普查登记，则调查时间为 11 月 1 日零时，调查期限为 10 天。

五、确定调查的组织实施计划

要保证统计调查的顺利进行，必须制定严密细致的实施计划。调查工作的组织计划的内容包括：建立组织统计调查的调查机构；确定统计调查人员及其培训；规定调查的步骤；明确调查的方式、方法和进行统计调查的地点；制定经费预算，落实经费的来源，并制定切实可行的经费使用计划等。

第三节　统计调查的方法

一、统计报表

统计报表是按照国家或上级部门统一规定的表式、统一的内容和项目、统一的报送时间，自下而上逐级提供基本统计资料的一种调查方式。统计报表要以一定原始记录为基础，按照统一的表式、统一的指标、统一的报送时间和报送程序进行填报。统计报表的种类分为如下几种。

(1) 统计报表按主管系统的不同，可分为基本统计报表和专业统计报表。基本统计报表是国家统计系统为搜集国民经济和社会发展情况的基本统计资料，由国家统计局制发，用来搜集工农业生产、交通运输、邮电、商业、外贸、财政金融、房地产等国民经济的基本统计资料，为各级政府了解情况、指导工作、编制和检查计划提供依据。专业统计报表是由业务主管部门为搜集适应本部门业务管理需要的专业统计资料而制发的，也叫做业务部门统计报表。

(2) 按调查范围不同可分为全面统计报表和非全面统计报表。

(3) 统计报表按照报送周期长短的不同，可分为日报、旬报、月报、季报、半年报和年报等。

(4) 统计报表按填报单位不同，可分为基层报表和综合报表。基层报表是由基层企业、事业单位根据原始记录，汇总整理、编报的统计报表。综合报表是由各级国家统计部门和业务主管部门根据基层报表，汇总整理、编报的统计报表，反映一个地区、一个部门或全国的基本情况。

(5) 统计报表按报送方式的不同，可分为电讯报表和邮寄报表两种。

二、普查

普查是专门组织的、一次性的全面调查。它有两个主要特点：(1) 普查是一次性调查。它主要用来调查属于一定时点上的社会经济现象的总量。(2) 普查是专门组织的全面调查。它主要用来全面、系统地掌握重要的国情国力方面的统计资料。

做好普查工作要遵循以下几点要求：

第一，确定普查的标准时间。普查的标准时间是指登记调查单位项目所依据的统一时点。所有调查资料都必须是反映这一时点上的情况。如 2000 年全国第五次人口普查的标准时间是 2000 年 11 月 1 日零时。凡是在这个时点以前死亡和这个时点以后出生的，都不能计入这次普查的人口数内，这样才可避免所登记的资料发生重复或遗漏。

第二，普查的登记工作应在整个普查范围内同时进行，以保证普查资料的时效性和准确性，避免搜集资料工作时间过长。

第三，同类普查的内容和时间在历次普查中应尽可能保持连贯性，尽可能按一定周期进行，以便进行历次普查资料的动态对比分析，认识客观发展规律。我国已经确定在全国范围内每逢 0、3、5、7 的年份，分别进行人口普查、第三产业普查、工业普查和农业普查，固定 10 年为一周期。而每逢 1、6 的年份进行基本统计单位普查，即 5 年为一周期。

三、重点调查

重点调查是在调查对象范围内，选择部分在全局中起举足轻重作用的重点单位进行统计资料搜集的一种非全面调查。所谓重点单位，是指这些单位在全部总体中虽然数目不多，所占比重不大，但就调查的某一主要标志值来说却在总量中占很大的比重。例如，选择首钢、宝钢等企业进行调查，能及时地了解到全国钢铁生产的基本情况，因为这些企业的钢铁产量占我国全部钢铁企业总产量的绝大部分，可以满足调查任务的要求。重点调查，只调查对全局起轻重作用的少部分单位，因此它不受人的主观意识的影响，虽然不能像普查那样全面、准确反映客观现象总体的特征，但却可以使用较少的人、财、物力，也能取得体现基本情况的数据。在统计调查中，具有独特的地位和作用。

四、典型调查

典型调查就是在调查对象中有意识地选取若干具有典型意义的或有代表性的单位进行的一种非全面调查。

典型调查的特点在于，调查单位是根据调查的目的任务，在对现象总体进行全面分析的基础上，有意识地选择出来的。典型调查单位的确定与其他非全面调查相比较，更多地取决于调查者主观的判断与决策。

典型调查大体可以分为两种：一种是对个别典型单位进行的调查研究，被称为解剖麻雀式的典型调查；另一种是对现象总体按与研究目的任务有关的主要标志划分类型，然后再在类型组中选择典型单位进行调查，这种形式又称为划类选典式的典型调查。

五、抽样调查

抽样调查也是一种非全面调查，它是在全部调查单位中按照随机原则抽取一部分单位进行调查，根据调查的结果推断总体的一种调查方法。

抽样调查的特点，一是按照随机原则抽取调查单位，即在抽样中使总体中的每个单位具有同等的被抽中的机会。二是以估计推算总体指标为目的。

抽样调查还具有节省人力、物力、财力和时间的优点，对于那些无法或难以进行全面调查的现象，采用抽样调查方法进行。抽样调查还可以用来检查全面调查的准确性。抽样调查有多种组织形式，其基本的形式有：

（1）简单随机抽样。它是按随机原则直接从总体中抽选样本单位进行调查。这种形式比较直观，容易理解，但总体如果很大，实施就很困难。

（2）类型抽样。先对总体各单位按某一主要的标志加以分类，然后再按随机原则从各类中抽取一定单位数进行调查。这种形式是从各类中取样，所以样本的代表性比较高，误差较小。

（3）等距抽样。将总体各单位按某一标志大小顺序排列，然后依一定间隔抽取样本单位进行调查。这种抽样方法可以使样本单位比较均匀地分布在总体各个部分，通常能够收到很好的抽样效果。

（4）整群抽样。先将总体各单位划分许多群，然后以群为单位从其中随机抽取部分群，对中选群的所有单位进行全面调查。这种形式是按群调查，所以样本单位比较集中，组织工作比较方便，省时省力，节约开支。

复习思考题

1. 什么是统计调查？统计调查有哪些分类？它们有哪些特点？
2. 统计调查方案应包括哪些主要内容？
3. 调查对象、调查单位与填报单位之间的关系？试举例说明。
4. 什么是普查和抽样调查？各有何特点？
5. 抽样调查、重点调查和典型调查这三种非全面调查的区别是什么？

第三章 统 计 整 理

第一节 统计整理的意义和内容

一、统计整理的意义

根据统计任务与要求，对统计调查所搜集到的原始资料进行科学的分类、汇总，使其条理化、系统化的工作过程，就是统计整理。对于已经加工过的资料(次级资料)进行的再整理，也属于统计整理。

统计调查可以获得大量调查单位的原始资料，这些资料仅能说明各个单位的具体情况，是分散的、不系统的，只能反映个别事物的某一个侧面，不能揭示总体事物的本质特征，也不能从量的方面反映事物发展变化的规律性，因此，需要对统计调查获得的原始资料进行加工，分类和汇总，使其条理化、系统化。

统计资料整理是人们对社会经济现象从感性认识上升到理性认识的过渡阶段，是统计工作中的一个十分重要的工作阶段，在整个统计工作过程中起着承前启后的作用，它既是统计调查的继续和深入，又是统计分析的基础和前提，也就是说统计整理工作质量的好坏，不仅影响统计调查所搜集的数据资料是否可以发挥其应有的作用，也直接影响到统计分析工作能否获得正确的结论，以及能否顺利完成统计的研究任务。

二、统计整理的内容

统计数据整理的工作，一般包括4个方面的内容：

(1) 对调查资料的审核；

(2) 对调查资料进行科学的分组；

(3) 对调查资料进行汇总计算；

(4) 将汇总整理的结果编制成统计表。

这些内容我们将在二、三节中做详细的阐述。

第二节 统 计 分 组

一、统计分组的意义

统计分组是按照统计研究的任务和要求，将统计总体按照某一标志划分为若干个性质不同的小总体的一种统计方法。统计分组的目的是把同质总体内具有不同性质的单位分开，把具有相同性质的单位合在一起，保持各组内统计资料的一致性和组与组之间资料的差异性，以便进一步运用各种统计方法，研究现象总体的数量表现和数量关系，从而认识事物的本质及其规律性。例如：在物业这一同质总体中，我们又可以按使用功能不同将物业分为各种各样的组。又如在具有我国国籍的人所组成的我国人口总体中，又存在性别、年龄、文化程度、职业等各方面差异。为了研究目的的需要，就必须对总体进行各种各样的分组，以便从数量方面深入了解和研究总体的特征。统计分组是统计整理的主要方法，分组的好坏直接影响统计资料整理的质量，关系统计能否得出正确的结论。从某种意义上，没有统计分组，就没有统计整理，也就没有科学的统计分析。

二、统计分组的作用

统计分组主要有以下几方面的作用：

（1）划分社会经济现象类型。

社会经济现象复杂多样，各种不同类型的现象有着不同的特征及不同的发展规律。统计分组就是将各种不同类型的现象区分开，以便深入地研究和反映现象的本质特征和变化规律。

（2）反映社会经济现象内部结构。

将现象总体按某标志进行分组，计算出各组单位数占总体单位数的比重，有利于揭示总体内部结构，表明总体与部分，部分与部分之间的关系，是分析国民经济各部门比例关系的一个重要内容，在实际工作中被广泛应用。

（3）分析现象之间的依存关系。

社会经济现象之间存在广泛的联系和制约关系。利用统计分组，可以研究和分析现象之间的这种依存关系。例如：单位产品成本与产量之间的关系，居民收入与消费之间的关系，农作物的施肥量与亩产量之间的关系，人均居住水平与国民收入之间的关系，以及商品销售额与流通费用水平之间都存在着依存关系。

三、统计分组方法

统计分组的关键是分组标志的选择和确定各组界限。一种经济现象总体可能有许多个标志，选择不同的标志，会有许多不同的分组，也会得出不同的结论。正确地选择分组标志，是科学地进行统计分组的关键，也是统计研究获得正确结论的前提。由于总体单位的标志有品质标志和数量标志，因此可以按品质标志和数量标志对总体进行分组。

（1）按品质标志分组，就是按事物的属性特征进行分组。

按品质标志分组，在确定组限时，有时比较简单，分组标志一经确定，组名称和组数也就随之确定了，不存在组与组之间界限区分的困难。如：人口按性别分为男、女两组；工业企业按经济类型分为国有、集体、民营及其他等组；物业则可以按用途不同分为居住物业、商业物业、工业物业和特殊用途物业等。这些分组在界限上比较明确而且稳定，容易划分。但有些品质标志的分组比较复杂，在实际工作中，对于复杂现象进行的分组称为分类。如：商品零售额按城乡分组，划分为城市和乡村两组，但如何具体划分城市与乡村的界限，却十分复杂。为了保证分类的统一性和完整性，通常由国家制定出适合一般情况标准分类目录，如：我国的《工业部门分类目录》、《城乡划分标准的规定》、《商业部门统一商品目录》等，各部门、各地区进行统计整理时必须遵照执行。

（2）按数量标志分组，就是按事物的数量特征进行分组。

按数量标志分组就是要通过各组在数量上的差异来区分各组不同的性质。如：学生按成绩可划分为 60 分以下，60～70 分、70～80 分、80～90 分、90～100 分。这样就可将成绩分为不及格、及格、中、良和优几个等级。因此各组数量界限的划分是数量标志分组的关键问题，这个问题的解决取决于被研究现象总体的特点和任务要求。一般来说，组数要适宜，以能否反映现象的特点为宗旨，要求分组后能体现各组之间不同性质的差异和变化。

四、分组体系

统计分组按分组标志的不同可分为简单分组和复合分组。

简单分组是总体只按一个标志进行的分组，只能反映现象在某一标志特征方面的差异情况。如：了解物业企业职工的总体情况可将职工按性别分组，或按年龄分组，或再按文化程度分组，均属于简单分组。

按年龄分组	按性别分	按文化程度分
20 岁以下	男	大专以上
21～35 岁	女	中专
36～50 岁		技校
51～55 岁		高中
56～60 岁		初中
60 岁以上		小学以下

对于同一总体，运用两个或两个以上标志进行简单分组后，平行排列成的体系称为平行分组体系。例如：将物业管理企业职工按年龄、性别和文化程度进行分组后形成的体系。

复合分组是同一总体运用两个或两个以上标志层叠在一起进行的分组。即先按一个标志分组，然后再按另一个标志将已分好各组又分别划分为若干个子组，依次类推。例如将物业先按用途分为居住物业、商业物业、工业物业和其他物业等，再按规模进行分组。

居住物业	5000m² 以下	5000～10000m²	10000～50000m²	50000m² 以上
商业物业	5000m² 以下	5000～10000m²	10000～50000m²	50000m² 以上
工业物业	5000m² 以下	5000～10000m²	10000～50000m²	50000m² 以上
其他物业	5000m² 以下	5000～10000m²	10000～50000m²	50000m² 以上

复合分组更能深入地反映总体的内部结构，更细致的分组问题，但也不宜过多。通常我们把由多个复合分组组成的体系叫做复合分组体系。

第三节 次 数 分 布

一、次数分布的意义

在统计分组的基础上，将总体的所有单位按组归并排列，形成总体中各单位在各组间的分布，即称为次数分布。次数分布的实质就是把总体的全部单位按某标志所分的组进行分配，所以又称分配数列或次数分配。分配在各组的单位数叫次数，也称频数。各组次数与总次数之比，又称频率。可见，分配数列有两个组成要素——即总体按某标志分的组和分配至各组的次数。

分配数列是统计资料整理的结果，它可以表明总体的分布特征，结构情况，并可以据此研究总体各单位某一标志的平均水平和变动规律，是统计分析的一种重要方法。

二、分配数列的种类

根据分组标志的不同，分配数列可分为品质分配数列和变量分配数列。

（一）品质分配数列

按品质标志分组所编制的分配数列为品质分配数列，简称品质数列。它是由各组的名称和各组的次数构成的。例如：表3-1某物业管理企业职工按性别分组编制的品质数列。

某物业管理企业职工性别构成情况　　　　表 3-1

按性别分组	职工人数（人）	比 率（%）
男 职 工	45	56.25
女 职 工	35	43.75
合　　计	80	100.00

（二）变量分配数列

按数量标志分组形成的分配数列称为变量分配数列，简称变量数列。变量数列又可分为单项数列和组距数列两种。单项数列是总体按单项式分组而形成的变量数列。对离散变量在变量值不多和变量值变动幅度不大时采用，通常是一个变量值即为一组。如表3-2所示。组距数列是总体按组距式分组而形成的变量数列，每个组由一个变量值的区间表示，对离散型变量在变量个数较多、变动幅度较大或属于连续型变量采用。组距数列根据组距是否相等，可以分为等距数列和异距数列。等距数列中各组组距都是相等的，异距数列中每组的组距是不全相等的，如表3-3、表3-4所示。

某公司职工按拥有子女数分组资料　　表 3-2

职工按拥有子女数分组	人数（人）
0	7
1	43
2	12
3	3
合　　计	65

某市人口居住水平（按使用面积）分析表　表 3-3

按每人平均居住面积分组	户数（万户）
10m² 以下	3.6
10～15m²	7.8
15～20m²	20.7
20～25m²	18.4
25m² 以上	5.6
合　　计	56.1

某市商店按年营业额分组情况表　　表 3-4

某市商店按年营业额分组	商店数（个）
2 万元以下	100
2～5 万元	130
5～10 万元	200
10～50 万元	80
50 万元以上	40
合　　计	550

三、组距分配数列的编制

编制组距分配数列要了解以下几方面的内容：

1. 组限和组距

在组距数列中各组两端的变量值即为组限。每个组的最大值为组的上限，最小值为组的下限。上限和下限之间的距离称为组距。组距＝上限－下限。

2. 确定组数

首先要找出全部变量的最大值和最小值的距离（即全距）。组数的确定和组距有密切联系。组距大则组数少，组距小则组数多，两者成反比例的变化。在具体确定组距时，应使组距能体现组内资料的同质性和组间资料的差异性。

3. 组中值

各组上限和下限之间的中点数值为组中值。其计算公式：组中值 $=\dfrac{\text{上限}+\text{下限}}{2}=$ 下限 $+\dfrac{1}{2}$ 组距。组中值用来代表各组标志值的一般水平。在变量数列中对于上下限齐全的组称为闭口组，上下限不全的组称为开口组，开口组的组中值要借用邻组组距来计算。如：

$$向下开口组组中值 = 该组上限 - \dfrac{1}{2} 邻组组距$$

$$向上开口组组中值 = 该组下限 + \dfrac{1}{2} 邻组组距$$

对于在编制分配数列时，组限的表示方法应注意以下几点：

（1）最小组的下限不能大于最小的变量值，最大组的上限不能小于最大的变量值，以使每个单位各有归属。

（2）组限应是尽可能引起事物质变的数量界限，应有利于表现总体分布的规律性。

（3）分组变量有离散变量和连续变量之分，其组限的表示方法也有所不同。划分离散变量的组限时，相邻组限可以间断；对于连续变量，划分组限时，相邻组的组限必须重叠。在汇总各组次数时，数列中某一变量值刚好等于组限时，把该变量值分在下限组，遵循"上限不在组内的原则"。

4. 等距数列的编制方法

首先，将调查的杂乱无章的原始资料按由小到大顺序排列。

其次，对已整理排列的资料计算全距（R），即全距＝最大值－最小值。

再次，计算各组的组数和组距，设组数为 K，组距为 $i = R/K$。

最后，进行统计分组，确定各组组距，汇总各组次数，编制分配数列。

例如：某市抽查30家物业管理项目进行评选优秀示范小区的活动，抽查结果得分资料如下：

66.5	89.7	88.3	83.2	86	87.1	75.5	73.2	71.4	68.6
75.3	80	93.5	42.9	81.6	79.4	76.3	95.2	76.4	71.4
60.3	90.5	65.3	76.2	74.1	77.3	62.1	89.4	70	83.2

（1）资料整理：

42.9	60.3	62.1	65.3	66.5	68.6	70	71.4	71.4	73.2
74.1	75.3	75.5	76.2	76.3	76.4	77.3	79.4	80	81.6
83.2	83.2	86	87.1	88.3	89.4	89.7	90.5	93.5	95.2

（2）计算全距：$R = 95.2 - 42.9 = 52.3$。假设组数为6组，则组距 $i = \dfrac{52.3}{6} = 8.71 \approx$ 9。为了便于汇总各组资料，组距通常取5、10的整倍数。根据评分等级要求，分为5组，则组距为10。

（3）编制等距分配数列，见表3-5。

按评分标准分组	项目个数	比　率（%）
60分以下	1	3.33
60～70	5	16.67
70～80	12	40.00
80～90	9	30.00
90～100	3	10.00
合　　计	30	100.00

可以看出该市30家物业管理项目中达到优秀的只有3个，占抽查总数的10%。

第四节 统 计 表

一、统计表的意义和结构

把统计整理得到的数字资料，按一定的规则在表格上表示出来，这种表格就叫统计表。从广义上讲任何用来反映统计资料的表格都是统计表。这里所指的统计表是狭义的，专指统计整理过程中汇总所使用的表格。统计表能够系统地组织和合理地安排大量的数字资料，便于对照比较。能够较清楚地反映社会经济现象总体的结构、比例等依存关系和变化规律。使得统计资料显得紧凑、简明、突出，更有说服力，因而得到广泛应用。

统计表的结构，从形式上看，是由总标题、横行标题、纵栏标题和数字资料组成。总标题是统计表的名称，位于统计表的上端中央位置，它简明扼要地说明统计表的内容。横行标题位于统计表的左边纵向排列，表明统计表中横行的内容，通常用来表明统计总体分组中各组的名称。纵栏标题位于统计表的右边横向排列，表明统计表中纵栏的内容，通常用来表明各统计指标的名称。数字资料位于横行标题和纵栏标题的交叉处，它是由横行标题和纵栏标题所限定的指标数值。

从内容上看，统计表是由主词和宾词两部分组成。主词是统计表所要说明的对象，即统计表所要说明的总体、总体的分组和有关单位的名称，一般构成统计表横行标题的内容。宾词是描述主词的数字资料，是说明总体的各项指标，一般构成统计表纵栏标题的内容，如表3-6所示。

天津市 2000 年土地面积构成表　←——总标题**表 3-6**

土地面积按行政区划分	面积（平方公里）	占全市土地面积比重（%） ←—纵栏标题
全市土地面积	11919.7	100.0
市辖区	5908.2	49.6
市内六区	167.76	1.4
滨海三区	2256.78	18.9
其他五区	3483.66	29.2
市辖县	6011.50	50.4

（横行标题）   ←—主词栏—→   ←————宾词栏————→   （指标数值）

注：资料来源《天津市统计年鉴2001年》

二、统计表的种类

1. 统计表按用途不同，可分为调查表、汇总表和分析表

调查表是指在统计调查中，用于登记调查单位原始资料的统计表。

汇总表是指在统计整理或汇总过程中使用的统计表和用于表现统计整理结果和汇总的统计表，它可以提供系统化的统计资料，为统计分析提供依据。

分析表是指用于统计分析的统计表，它主要用于揭示社会经济现象在各方面的数量特征，反映事物之间的联系及其发展规律。

2. 统计表按主词是否分组及分组的程度，可分为简单表、分组表和复合表

(1) 简单表：是主词未经分组的统计表。简单表的主词一般按时间顺序排列或按总体单位名称排列。如表 3-7 所示。

"九五"时期天津市主要经济指标　　　　　　　　表 3-7

年　份	国内生产总值（亿元）	工业总产值（亿元）	房屋竣工面积（万 m²）	社会消费品零售额（亿元）	社会固定资产投资额（亿元）
1996	1099.47	2177.42	725.1	470.04	435.81
1997	1235.28	2450.21	655.2	535.02	498.66
1998	1336.38	2562.62	790.4	587.12	575.86
1999	1450.06	2751.37	873.6	657.28	567.36
2000	1639.36	3080.74	968.0	736.63	608.80

注：资料来源《天津市统计年鉴 2001 年》

(2) 分组表：是主词按一个标志分组的统计表。利用分组表可以反映不同现象总体的不同特征，揭示现象总体的内部结构，分析现象之间的依存关系。如表 3-8 所示。

某地区工业企业按固定资产原值分组的
劳动生产率和固定资产利用效益　　　　　　　　表 3-8

按固定资产原值分组（万元）	企 业 数	职 工 人 数	人均总产值（百元）	每百元固定资产产值（元）
250 以下	5	1750	80.3	124
250～300	8	1860	100.4	137
300～350	14	2430	120.5	163
350 以上	3	1320	145.6	212
合　　计	30	7360	109.7	159

(3) 复合表：是主词按两个或两个以上标志进行分组的统计表。复合表可以把更多的标志结合起来，更深入、细致地反映社会经济现象的内部联系及规律性。如表 3-9 所示。

某市房地产开发建设及销售构成情况　　　　　　　　表 3-9

项　　　目	1995	1999	2000	2000 比 1999 年增长（%）
施工房屋面积(万 m²)	1016.95	1596.67	1783.00	11.7
住宅	788.22	1274.32	1582.15	24.2
办公楼	90.42	95.08	56.23	−40.9
商业营业用房	82.89	99.56	98.02	−1.5
其他	55.42	127.71	46.60	−63.5
竣工房屋面积(万 m²)	394.75	454.81	583.51	28.3
住宅	344.58	431.12	532.63	23.5
办公楼	12.81	4.04	15.24	277.2
商业营业用房	14.33	14.12	24.98	76.9
其他	23.03	5.53	10.66	92.8
……	……	……	……	

注：资料来源《天津市统计年鉴 2001 年》

三、统计表的编制原则

编制统计表，应目的明确，内容鲜明，并做到重点突出，表式简明扼要，避免过分庞杂，能从表中看出所要研究的具体内容和情况。编表时应注意：

（1）统计表的各种标题应简明、确切地表达其内容。特别是总标题要能简明扼要地说明统计表的内容。

（2）表中主词各行和宾词各栏，一般按先局部后整体的原则排列，即先列出项目后列出总计，在没有必要列出所有项目时，可先列总计后列出其中一部分重要项目。

（3）必要时，应在统计表下方注明表中某些资料的来源或对某些指标的计算方法、计算口径作出说明。

（4）表中必须注名数字资料的计量单位。全表只有一种计量单位时就写在表的右上方（总标题的右下方）。有多种计量单位时，横行的计量单位，可以专设"计量单位"一栏；纵栏的计量单位，与纵栏标题写在一起，用小括号标写。

（5）表中数字上下位置要对齐。有相同数字应照写，不能用"同上"、"同左"字样。无数字的空格，用符号"—"表示；当缺乏某项资料时，用符号"……"表示，以免使人误认为漏项，表内还应列出合计数，便于核对和运用。

（6）统计表的表示，一般是开口式，即表的左右两端不画纵线，表的上下通常用粗线封口。栏数较多的统计表，通常加以编号。主词栏和计量单位用甲、乙等文字表明；宾词栏各栏用（1）、（2）、（3）等表明。

复习思考题

1. 什么是统计分组？它可以分为哪几种形式？
2. 什么是次数分布？它包括哪两个要素？
3. 单项式分组与组距式分组的应用条件有哪些？
4. 统计表在结构与内容上包括哪几个方面？

第四章 对比分析法

统计指标是通过统计调查搜集到大量的说明总体单位特征的原始资料的汇总、整理和计算得到的统计分析离不开的统计指标。统计指标根据表现形式不同，可分为总量指标、相对指标和平均指标。

第一节 总量指标

一、总量指标的概念和作用

总量指标也称统计绝对指标，是反映社会经济现象总体，在一定时间、地点、条件下的总规模，总水平和工作总量。它是最基本的统计指标，是计算相对指标和平均指标的基础。

总量指标是统计整理阶段的直接成果，它的数值是随统计范围大小而增加或减少的。例如：一个国家或地区的人口总数，国内生产总值、粮食总产量、进出口总额、房屋建筑施工面积等。总量指标在认识分析社会经济现象时，具有十分重要的作用。

首先，总量指标是对社会经济现象总体认识的起点。反映一个国家、一个地区、一个部门或一个企业的发展水平，首要的就是要掌握其在一定的时间、地点、条件下各方面的数量多少。

其次，总量指标是实行调控、企业经营管理的依据之一。

再次，总量指标是计算相对指标和平均指标的基础。相对指标和平均指标一般都是由两个有关系的总量指标相对比产生的。它们是总量指标的派生指标。总量指标是否科学、正确，将直接影响到相对指标、平均指标的准确性。

二、总量指标的种类

（一）总量指标按其反映的内容不同，可分为总体单位总量和总体标志总量

总体单位总量表明总体单位数的多少，它是总体单位数的总和，简称单位总量。如：物业管理统计中物业企业个数、掌管房屋套数等。总体标志总量是反映总体单位某项数量标志标志值的总和，简称标志总量。如物业管理统计中物业建筑总面积、物业管理人员工资总额等。在一个统计总体中，只存在一个单位总量，但却可以有许多个标志总量。例如天津市 2000 年物业企业统计资料如表 4-1 所示。

天津市 2000 年物业企业统计资料　　　　　　　　　　　　表 4-1

企业数(个)	从业人员总数(人)	管理总户数(户)	管理建筑面积总计(万 m²)	年经营总收入(万元)
468	20512	433484	4058.5	39828

注：资料来源《天津市统计年鉴 2001 年》

总体单位总量和总体标志总量并不是固定不变的，而是随研究目的不同而变化。在一

种研究目的下是单位总量，有可能在另一个研究目的下就是标志总量。如研究某地区物业企业经营情况时，该地区全部物业企业构成一个总体，每一个物业企业为一个总体单位，全部物业企业数构成了总体单位总量指标，反映了总体规模大小。而物业企业职工人数、掌管房屋面积、租金总额、实现利税等，则构成了标志总量指标。形成一套统计指标体系，用以分析该地区物业企业的经营状况。但当我们研究的目的变为考察该地区物业企业整个职工状况时，总体为物业企业全部职工，总体单位为每一名职工，则物业企业职工总人数构成单位总量指标，而每一名职工的劳动消耗和劳动报酬又构成了劳动总工时、工资总额等标志总量指标。用以对工人的现状作出系统、全面的分析评价。

（二）总量指标按反映的时间状态不同，可分为时期指标和时点指标

时期指标反映社会经济现象在一段时期内发展过程的总量指标。如：某种产品的产量、商品销售额、国内生产总值、商品房销售量等。时点指标是反映社会经济现象在某一时刻（瞬间）的数量状况的总量指标。如：人口数、物资库存量、企业职工人数等。

时期指标的特点：

（1）时期指标具有连续统计的特点。时期指标由于反映的是现象在一段时间内发展过程的总量。因此它要将在这段时期内发生的数量逐一登记，进行汇总。例如：某市在一年内新生婴儿数是该市一年内每天新出生婴儿的累计数字。

（2）时期指标的数值具有可加性。因为这种现象是连续不断发生的，相加的结果是反映现象在较长时期发生的总量。如：把某工厂某年 12 个月的产量相加，得到的数值就是该年该厂所生产的产品总量。

（3）时期指标数值的大小与它所反映的时间长短有关。通常情况下，时期越长，指标数值越大；时期越短，指标数值越小。

时点指标的特点：

（1）时点指标不具有连续统计的特点。由于时点指标反映的是社会经济现象在某一时刻上状态的总量，因此只在某一时点进行统计。如：某企业的月末库存量，居民的年末储蓄存款余额及我国所举办的几次人口普查等。

（2）时点指标的数值不具有可加性。如：某市居民年末储蓄存款余额不能将该市 1～12 个月的月末存款余额相加。

（3）时点指标数值的大小与它所反映的时间长短无关。因为它所反映的是现象在某一瞬间上的数量。因此，时点指标值的大小与时间的长短没有直接的关系。例如：某企业年底的职工人数，产品的库存量及设备数就不一定比年内各月底的数值要大。

三、总量指标的计量单位

总量指标的计量单位有实物单位、货币单位和劳动单位。

（一）实物单位

实物单位是根据事物的自然属性和特点而采用的自然、物理计量单位。

1．自然单位

自然单位是按照被计量的实物的自然状况来计量其数量的计量单位。如人口按人、汽车按辆、牲畜按头、房屋按间计算等。它的特点是计量结果表现为整数。

2．度量衡单位

度量衡单位是按照统一的度量衡制度的规定来计量实物数量的计量单位。如：棉布按

米来计量，钢铁、粮食按千克、吨来计量，房屋的建筑面积、使用面积按平方米计量，砂石、木材按立方米来计量等。

3. 双重单位

一种实物的几种计量特征都同绝对数的目的有关，这时就要采用双重或多重计量单位。如：房屋租金按元/平方米来计量，标志人们居住水平的指标用平方米/人来计量，这是双重计量单位，船舶同时用艘/排水量吨/马力来计量，这是三重计量单位。

4. 复合单位

一种总量是由两种总量要素复合而成的，这时要采用复合计量单位。如：货物周转量由运输货物的重量和运输的里程同时体现，因此用吨公里来计量。

5. 标准实物单位

有时，为了对不同种类或不同品种、不同规模的实物从同种使用价值的角度来计量，确切反映它们使用价值的总量，须用标准实物单位来计量。如各种能源折算成1千克的热值为7000千卡的标准煤来计量，房屋的总间数通常是按标准间来计量等。

（二）货币单位

以货币单位计算的总量指标又称货币指标和价值指标。货币单位体现现象和过程的社会属性。如：社会总产值、基建投资额、商品销售额、物业管理费、设备维修费等。

（三）劳动单位

劳动单位是劳动力资源的劳动时间利用的计量单位，如工时、工日、工年等。借助劳动单位计算的劳动总消耗量指标来确定劳动规模，并作为评价劳动时间利用程度和计算劳动生产率的依据。有时企业生产总成果也用劳动单位来表示，如机械工业部门的定额工时产量。

第二节 相 对 指 标

一、相对指标的概念、作用及表现形式

（一）相对指标的概念

相对指标是两个有联系的统计指标对比得到的反映现象数量关系的指标，也称相对数。例如：人口的性别比例，人口密度，劳动生产率等。它是把两个具体的数值抽象化，用以说明两个相互联系的现象之间所固有的数量对比关系和数量联系程度，是统计分析的基本方法。

（二）相对指标的作用

首先，相对指标可使人们清楚的认识现象之间的相互联系。社会经济现象之间总是存在相互联系、相互制约的关系。要分析一种社会经济现象，单从某一项指标是很难对现象做出客观的正确的分析。例如：某市全年农业总产值155.6亿元，比上年增长3.7%。其中种植业产值87.15亿，下降4.8%；畜牧业产值48.38亿元，增长24.2%；渔业产值18.7亿元，增长0.8%。粮食生产由于播种面积减少和干旱影响，产量出现下降，全年粮食总产量124.1万t，比上年下降29.1%。

其次，相对指标可以使不能直接对比的现象找到可以对比的基础，以使统计分析更为有效，例如：甲、乙两企业生产计划完成情况如下表4-2所示。

甲、乙两企业生产计划完成情况统计表　　　（万元）　　　　　**表 4-2**

企　业	计划产值 (1)	实际产量 (2)	实际与计划差额 (3)＝(2)－(1)	计划完成情况(%) (4)＝(2)/(1)
甲	2000	1960	40	98.00
乙	6000	5910	90	98.50

从表中可以看出甲、乙两企业均未完成计划，甲企业实际与计划任务差 40 万元，乙企业与计划任务差 90 万元。好像是乙企业生产计划完成的差，但是我们应该看到，两企业对比的基数不同，应用相对数进行比较，计算结果可看出，乙企业完成计划 98.5％比甲企业 98％要好一些。

（三）相对指标的表现形式

相对指标的表现形式有两种，即有名数和无名数。

有名数，主要用于强度相对指标数值的表示，它把计算强度相对指标时的分子和分母指标数值的计量单位同时使用，如：平均每人分摊的粮食产量用公斤/人表示，人口密度用人/平方公里表示等。

无名数，是一种抽象化的计算单位，多以倍数、成数、百分数或千分数表示。

1. 倍数

它是将对比的基数（分母）抽象化为 1 而计算出来的相对数，一般适用于当分子比分母数值大得很多时使用，即当用百分数表示太大（一般是超过 200％）时，可用倍数来表示。如天津市的外贸进出口总值由 1990 年的 22.1 亿美元增加到 2000 年的 171.57 亿美元，增 7.76 倍。

2. 成数

它是将对比的基数抽象化为 10 而计算出来的相对数。例如：今年小麦总产量比去年增产一成，即增产了 1/10，又如某种设备还有五成新等，都是用成数来表示某种相对程度的。

3. 百分数

它是将对比的基数抽象化为 100 而计算出来的相对数，它是应用最普遍的一种形式，用符号"％"表示。如计划完成百分比，各种指数等。

4. 千分数

它是将对比的基数抽象化为 1000 而计算出来的相对数，用符号"‰"表示，一般适用于分子比分母小得很多时使用。如：出生率、死亡率、事故频率。某企业有职工 1000 人，在报告期发生 4 人次事故，则事故频率为 4‰，若用百分数表示为 0.4％，就不能说明问题，因为人数是离散变量，不便于用小数表示。

二、相对指标的种类及其计算方法

相对指标根据研究目的和任务不同，对比的基础不同，可以分为计划完成程度相对指标、结构相对指标、比例相对指标、比较相对指标、强度相对指标、动态相对指标几种。

（一）计划完成程度相对指标

计划完成程度相对指标是以社会经济现象在某时期内的实际完成数值与计划任务数值对比的结果，一般用百分数表示。其基本计算公式为：

$$计划完成程度相对指标=\frac{实际完成数}{计划任务数}\times100\% \tag{4-1}$$

此公式计算出来的是相对数,表示计划的完成程度。而分子与分母相减的差额则表明计划执行的绝对数。

【例 4-1】 某市某年计划完成房屋建筑施工面积 1000 万 m²,实际完成 1200 万 m²,则计划完成程度为:

$$计划完成程度相对指标=\frac{1200}{1000}\times100\%=120\%$$

超额完成 1200-1000=200 万 m²

计算结果表明,该市超额 20% 完成房屋建筑施工面积,超产 200 万 m²。

计划完成程度相对指标多用来检查企业计划的执行情况。由于企业计划指标的下达,既有可能是总量指标,也有可能是相对指标或平均指标,所以在具体检查时,要根据情况采用不同的方法。

1. 计划任务数以绝对数形式下达

(1) 短期计划完成情况检查

有两种不同算法表示其计划完成的不同方面。其一是计划数与实际数是同期的,则用实际完成数与计划任务数比较。其二是计划期中某一段实际累计数与全期计划数对比,用以说明计划执行的进度如何,为下阶段工作安排作准备。它的计算公式是:

$$计划完成程度相对指标=\frac{累计至本期止实际完成数}{全期计划数}\times100\% \tag{4-2}$$

【例 4-2】 某企业年初计划产值 1000 万元,实际第一季度完成 200 万元,第二季度完成 220 万元,第三季度完成 240 万元,则前三个季度的计划完成情况为:

$$计划完成程度相对指标=\frac{200+220+240}{1000}=66\%$$

(2) 长期计划完成情况检查

长期计划完成情况检查也有两种方法:即累计法和水平法。

累计法,凡是计划指标是按计划期内各年的总和规定任务时,或者说,是按计划全期(如 5 年)提出累计完成量任务时,就要求按累计法计算。如:基本建设投资额、新增生产能力、造林面积指标等。

$$计划完成程度指标=\frac{5年计划期间累计完成数}{5年计划规定的累计数} \tag{4-3}$$

按累计法检查计划执行情况,将计划全部时间减自计划执行之日起至累计实际数量已达到计划任务的时间,即为提前完成计划的时间。如:某地区"九五"时期基本建设投资总额计划规定为 30 亿元。该地区到 2000 年 6 月 30 日止实际完成投资额累计已达 30 亿元,即提前半年完成投资计划。

水平法,制定长期计划时,有些计划指标是以计划期末应达到的水平来下达的。

$$计划完成程度指标=\frac{计划期末实际达到的水平}{计划规定期末应达到的水平} \tag{4-4}$$

按水平法检查计划执行情况,计算提早完成计划的时间,是根据计划期内连续一年时间(不论是否在一个日历年度,只要连续 12 个月即可)内的实际完成水平和计划规定最后一年的应达到水平相比较来确定的。如计划规定某产品 2000 年年产值应达到 140 万元的水平，实际从 1999 年 6 月到 2000 年 5 月止连续 12 个月产值已达到 140 万元的水平，那么提前完成任务的时间应为 7 个月。

2. 计划任务数以相对数形式下达

在计划工作中，也有用提高或降低百分比来规定计划任务的。如劳动生产率计划提高百分之几，成本水平规定降低百分之几。这时计算计划完成程度百分比有它特殊的地方。这种计划任务实际上是把计划数和上年度实际数加以对比得出"计划为上年百分数"的相对指标，然后减去 100% 来确定。因此，相应就有本年实际数和上年实际数加以对比得出"实际为上年百分数"的动态相对指标减去 100% 的数值。在这种情况下，计划完成程度指标就不能直接用实际提高或降低百分之几除以计划提高或降低百分之几来计算，而应当包括原有基数（以上年实际水平为 100%）在内，即恢复"为上年的百分数"，然后进行对比，才符合计算计划完成程度指标的基本公式，得出正确的答案。其表达公式如下：

$$计划完成程度指标 = \frac{1 \pm 实际提高（或降低）百分数}{1 \pm 计划提高（或降低）百分数} = \frac{实际为上年的百分数}{计划为上年的百分数} \qquad (4-5)$$

【例 4-3】 某企业计划规定劳动生产率比上年提高 10%，实际提高 12%，劳动生产率计划完成程度为：

$$计划完成程度指标 = \frac{100\% + 12\%}{100\% + 10\%} = \frac{112\%}{110\%} = 101.82\%$$

计算结果表明，该企业劳动生产率提高超额完成计划 1.82%，或者说该企业劳动生产率计划完成 101.82%。

对于"消耗"类指标计划完成程度相对指标的计算，与日常观念刚好相反，即计划超额完成，则指标值小于 1，计划未完成，则指标值大于 1。即计划规定的若是降低率，则计算结果应是愈小愈好。

【例 4-4】 某企业某产品计划规定单位成本降低 5%，实际降低 7%，则成本降低计划完成程度指标为：

$$计划完成程度指标 = \frac{100\% - 7\%}{100\% - 5\%} = \frac{93\%}{95\%} = 97.89\%$$

计算结果表明实际成本比计划任务降低了 2.1%，或单位成本降低计划完成程度为 97.89%。

（二）结构相对指标

利用统计分组的方法，将总体区分为不同性质的各个部分，然后以部分的数值与总体的数值对比。

$$结构相对指标 = \frac{总体部分数值}{总体全部数值} \times 100\% \qquad (4-6)$$

结构相对指标常常用于分析社会经济现象总体的内部构成情况，以说明现象的性质和特征。由于事物的结构往往反映事物的性质，所以，因其结构不同，事物在质的方面就会有差别。对总体的结构进行分析，可以使我们分清事物的类型，掌握其特征。例如：某物业管理公司掌管房屋的建筑面积为 12 万 m²，其中，住宅为 9 万 m²，其他为 3 万 m²，则住宅占物业管理公司掌管总面积的 75%（9/12＝0.75），其他占 25%。

（三）比例相对指标

比例相对指标是总体中不同部分数量对比的相对指标，用以分析总体范围内各个局部、各个分组之间的比例关系和协调平衡状况。其计算公式如下：

$$比例相对指标 = \frac{总体中某一部分数值}{总体中另一部分数值} \qquad (4-7)$$

【例4-5】 我国第4次人口普查人口总数为11.4333亿人，其中男性为5.8904亿人，女性为5.5429亿人，则男女性别比例指标为106.27%（以女性为100），或男性与女性人口数之比为1.06：1。

比例相对指标在社会经济生活中主要被用来研究国家经济内部客观存在的各种比例关系的数量表现，调整不合理比例，促进国民经济协调发展，因此，它对国民经济宏观调控具有重要意义。

（四）比较相对指标

比较相对指标是反映社会经济现象在同一时期，不同单位现象数量的对比关系，用以说明同一时期同类现象在不同总体之间发展不均衡程度。

$$比较相对指数 = \frac{某条件下的某类指标数值}{另一条件下的同类指标数值} \qquad (4-8)$$

前面所讲的比例相对指标，虽然是两个同类指标进行对比，但它同比较相对指标所反映的内容不相同。比例指标反映的比例关系，一般情况下有一个宏观标准，不符合这个标准，就会造成经济上的破坏与损失。而比较相对指标，则只是反映客观事物的大小、多少以及达到某一标准的状况，不存在比例是否协调的问题。

比较相对指标也可以用平均水平和标准水平对比，用于先进与落后的比较。例如：2000年北京市职工年平均工资15726元，天津市为12414元，上海市为15420元，则北京市职工的年平均工资为天津的1.27倍，而上海市职工的年平均工资又为北京的0.98倍。

（五）强度相对指标

强度相对指标是不同现象总体之间的数量对比关系，也即是两个性质不同而又有联系的总量指标之间的对比，用来表明某一现象在另一现象中发展的强度、密度和普通程度。它与其他相对指标的区别在于它是不同类现象指标的对比，其计算公式：

$$强度相对指标 = \frac{某种现象总量指标}{另一个有联系而性质不同的现象总量指标} \qquad (4-9)$$

【例4-6】 我国第4次人口普查，人口总数为11.4333亿人，国土面积为960万 km^2，则人口密度为119.1人/km^2，反映人口与土地面积之间的比例关系；人均国民收入则以元/人来表示，反映国民收入与人口总量之间的关系。

由于强度相对指标反映的是性质不同而又互相关联的总量指标的数量对比关系，某些指标的分子和分母便可以相互转换，为此产生的强度相对指标就有了正逆之分。其中，数值大小与现象的发展程度或密度成正比例的，叫做正指标；反之，若与现象的发展程度或密度成反比例，则是逆指标。如：某地区人均居住面积分为：

$$人均居住面积 = \frac{房屋总面积}{人口数} = m^2/人（正指标） \qquad (4-10)$$

$$人均居住面积 = \frac{人口数}{房屋总面积} = 人/m^2（逆指标） \qquad (4-11)$$

（六）动态相对指标

动态相对指标又称现象的发展速度，反映同类现象总体的报告期（被研究的时期）水平与基期（用作比较标准的时期）水平对比的发展变化程度，其计算公式：

$$\text{动态相对指标} = \frac{\text{报告期水平}}{\text{基期水平}} \tag{4-12}$$

详细内容将在第六章介绍。

第三节　总量指标和相对指标应用原则

一、总量指标的应用原则

要使总量指标资料准确，在统计时应注意以下几方面：

（1）在计算实物总量指标时，现象必须具有同类性。

由于在计算实物总量时，经济现象表现的实物形态各种各样，在计算单位上一定要同类，只有同类现象才能相加汇总，计算其实物指标。如：钢材和水泥，砂石和木料等是不能进行相加汇总的。

（2）正确计算总量指标，还必须明确指标的涵义和范围。

统计研究工作主要是通过对统计指标的计算和分析进行的，在进行指标的计算和分析时，要特别注意各种指标的含义、计算方法和使用条件，避免计算错误或不恰当地使用指标。

（3）在计算总量指标时，还要注意统一计量单位。

在计算实物指标总量时，不同实物单位代表不同类现象，如不统一，就容易造成统计上的差错或混乱。所以，重要的总量指标的实物单位，应按照全国统一规定的指标目录中的单位计量。

二、相对指标的应用原则

可比性原则是计算和运用相对指标的基本要求。所谓的可比性是指用以对比的分子分母指标必须是可比的，也就是说两个用来对比的指标必须符合研究任务的要求，要能说明我们要说明的问题。

相对指标的可比性，主要是指指标所包含的内容、范围、计算方法等方面可比。如：比较不同城市居民的年收入水平，要求居民的年收入必须是同一年度。再如计算人均国内生产总值，要求国内生产总值和人口数为同一地区的数值。否则不具有可比性。在计算相对指标时，对比的数值在时间、空间、计算方法、范围等方面要取得一致，如果不一致，就需要进行调整和换算，使之具有可比性。

三、相对指标与总量指标的结合运用原则

相对指标是两个总量指标对比的结果，具有抽象化的特点，从而掩盖了总量指标数量方面的差别。为了全面地分析问题，运用相对指标分析问题时，必须结合总量指标进行分析，要看到相对指标背后所掩盖的绝对量的差别。这样才能使我们对客观事物有正确的认识。相对指标和总量指标结合运用的方法有两种，一是在计算相对指标的同时计算分子、分母差额的绝对指标；二是计算每增长1%的绝对值来分析。

复 习 思 考 题

1. 什么是总量指标？总量指标的种类？
2. 什么是时期指标和时点指标？二者各有何特点？
3. 强度相对指标和其他相对指标的主要区别是什么？
4. 计算和应用相对指标应注意哪些问题？

第五章　平均指标和变异指标

第一节　平　均　指　标

一、平均指标的概念和作用

平均指标又称统计平均数，它反映现象总体各单位某一数量标志在一定时间、地点、条件下所达到的一般水平，是统计中最常见、最常用的指标之一。如人均居住面积（m²/人）、平均物业管理费（元/m²）、平均工资（元/人）等等。

平均指标的特点在于把总体中数量标志值在各个单位之间的差异抽象化了，反映了总体各单位某一数量标志上的一般水平。

平均指标的作用有以下几点：

（1）利用平均指标可以将不同总体的某一变量值进行比较。例如要比较甲、乙两个城市的住房条件的差别情况，就不能用这两个城市的部分或住宅的总面积来进行比较，只有用人均居住面积这个平均标准，才能进行有针对性的比较。

（2）利用平均指标可以研究总体某一标志值的一般水平在时间上的变动，从而说明现象发展的规律性。例如："九五"时期天津城市居民人均住宅面积情况见表5-1所示。

"九五"时期天津城市居民人均住宅面积情况　　　　　　　　　　　表 5-1

年　　度	1996	1997	1998	1999	2000
人均住宅面积(m²)	7.7	7.9	8.1	8.4	8.9

注：资料来源《天津统计年鉴2000年》

通过资料可看出城市居民的居住水平在不断的提高。

（3）利用平均指标，可以分析现象间的相互依存关系。

社会经济现象都是在一定条件下相互影响、相互依存的，为了研究现象之间相互依存的数量关系，常常要用到平均指标。如将耕地按施肥量的多少进行分组，可以计算出各组农作物的收获率，即平均亩产量，从而分析施肥量与农作物的收获率之间的依存关系。

二、平均指标的种类和计算

平均指标主要有算术平均数、调和平均数、几何平均数、中位数和众数。算术平均数、调和平均数、几何平均数是根据总体中各单位变量值计算的，称为数值平均数。中位数和众数是根据总体中某一变量值的特殊位置确定的，因此中位数和众数又称为位置平均数。

（一）算术平均数

即以总体标志总量除以总体单位总量。它是社会经济现象计算平均数最常用的基本方法，其公式：

$$算术平均数 = \frac{总体标志总量}{总体单位总量} \tag{5-1}$$

$$如：\quad 商品房平均价格 = \frac{商品房总销售额}{商品房总销售面积} \tag{5-2}$$

$$住宅平均居住面积 = \frac{住宅居住总面积}{住宅居住人口总数} \tag{5-3}$$

算术平均数的计算，从形式上看，是两个总量指标对比的结果。其分子、分母的计算口径应一致，即同一总体的总体标志总量应是总体内各单位标志值的总和。如：计算某企业职工的平均工资，则分子一定是该企业全部职工的工资总额，分母一定为该企业的全部职工。如分子分母不属于同一总体，则计算出来的应为强度相对指标，它是由两个性质不同但又有联系的绝对指标计算的。如：人均国内生产总值，人均粮食产量等。

算术平均数又可分为简单算术平均数和加权算术平均数

1. 简单算术平均数

就是将总体各单位的变量值之和除以总体单位数。

$$\bar{x} = \frac{x_1 + x_2 + x_3 + \cdots\cdots + x_n}{n} = \frac{\Sigma x}{n} \tag{5-4}$$

式中　$\bar{x}$——算术平均数；

　　　x——变量值（即总体各单位标志值）；

　　　n——总体单位数；

　　　Σ——总和符号。

【例 5-1】　假设有 8 个物业小区，每个小区拥有的房屋面积分别为 56000m²，11000m²，13000m²，34000m²，68000m²，42180m²，91000m²，34780m²，则 8 个小区平均拥有房屋面积为：

$$\bar{x} = \frac{\Sigma x}{n} = \frac{56000 + 11000 + 13000 + 34000 + 68000 + 42180 + 91000 + 34780}{8}$$
$$= 43745 m^2$$

简单算术平均数适用于总体中各变量值出现的次数为一次的情况，只需将各变量值相加，除以项数便可得到算术平均数。如果总体中各变量值出现的次数很多，那么就要用加权算术平均数的方法计算。

2. 加权算术平均数。在计算算术平均数时，若所根据的资料是经过整理的、按数量标志分组后编成的变量数列，就采用加权算术平均数的方法计算。加权算术平均数的计算方法是，用标志值乘以相应的各组单位数求出各组标志总量，将各组标志总量相加求得总体标志总量，再除以总体单位总量。计算公式为：

$$\bar{x} = \frac{x_1 f_1 + x_2 f_2 + x_3 f_3 + \cdots\cdots + x_n f_n}{f_1 + f_2 + \cdots\cdots + f_n} = \frac{\Sigma x f}{\Sigma f} \tag{5-5}$$

式中　f——权数。

所谓权数，即各组变量出现的次数。次数多的变量值对平均数影响要大些，次数少的变量值对平均数的影响就相对小一些。它具有权衡轻重的作用，故此，被称为"权数"。由此可见，平均指标的大小不仅决定于总体单位的变量水平 x，同时也决定于各个变量值出现的次数 f。

【例 5-2】 某市 100 家物业公司按掌管物业面积分组，资料见表 5-2。

某市 100 家物业公司按掌管物业面积分组资料   表 5-2

按掌管面积分组（km²） x	物业公司数 （权数）f	组中值 x	各组掌管总面积 xf（km²）	$\dfrac{f}{\Sigma f}$
10km² 以下	10	5	50	0.1
10～20	15	15	225	0.15
20～30	34	25	850	0.34
30～40	22	35	770	0.22
40～50	16	45	720	0.16
50km² 以上	3	55	165	0.03
合　　计	100	—	2780	1.00

$$\bar{x}=\frac{\Sigma xf}{\Sigma f}=\frac{2780}{100}=27.8\text{km}^2$$

权数除了可以用绝对数的形式表示以外，也可以用比重（%）的形式表示，即为比重权数。比重权数是以绝对数权数为基础计算出来的，权数的权衡作用实质上体现在其比重的大小上，哪一组的单位数所占的比重大，哪一组标志值对平均数的影响就大。因此，比重权数更能直接地体现出权数的实质。

$$\bar{x}=x_1\frac{f_1}{\Sigma f}+x_2\frac{f_2}{\Sigma f}+\cdots\cdots+x_n\frac{f_n}{\Sigma f}=\Sigma x\frac{f}{\Sigma f} \tag{5-6}$$

式中　$\dfrac{f}{\Sigma f}$——比重权数。

则：$\bar{x}=5\times0.1+15\times0.15+25\times0.34+35\times0.22+45\times0.16+55\times0.03=27.8(\text{km}^2)$

在计算加权算术平均数时，当各个变量值出现的次数相同时，加权算术平均数就等于简单算术平均数，当 $f_1=f_2=\cdots\cdots=f_n=f$ 时，则：

$$\bar{x}=\frac{\Sigma xf}{\Sigma f}=\frac{x_1f_1+x_2f_2+\cdots\cdots+x_nf_n}{f_1+f_2+\cdots\cdots+f_n}$$

$$=\frac{f(x_1+x_2+\cdots\cdots+x_n)}{nf}=\frac{x_1+x_2+\cdots\cdots+x_n}{n}=\frac{\Sigma x}{n} \tag{5-7}$$

（二）调和平均数

调和平均数是总体各单位变量值倒数的算术平均数的倒数，也称倒数平均数。根据资料是否分组，调和平均数分为简单调和平均数和加权调和平均数两种。当我们掌握的是变量数列中各组标志总量时，应采用调和平均数。调和平均数是以各组标志总量为权数计算的。

1. 简单调和平均数

$$\bar{x}=\frac{n}{\dfrac{1}{x_1}+\dfrac{1}{x_2}+\cdots\cdots+\dfrac{1}{x_n}}=\frac{n}{\Sigma\dfrac{1}{x}} \tag{5-8}$$

简单调和平均数在实际应用中比较少见，常见的是加权调和平均数的计算。

2. 加权调和平均数

加权调和平均数，其计算形式与算术平均数不同，但实质上同算术平均数的计算方法是一致的，都是用总体标志总量除以总体单位总量。作为算术平均数变形的加权调和平均数，一般运用于没有直接提供被平均标志值的相应单位数的场合。其计算公式：

$$\bar{x}=\frac{m_1+m_2+\cdots\cdots+m_n}{\dfrac{m_1}{x_1}+\dfrac{m_2}{x_2}+\cdots\cdots+\dfrac{m_n}{x_n}}=\frac{\sum m}{\sum\dfrac{m}{x}} \tag{5-9}$$

式中　m——权数。

【例5-3】　某开发企业三种用途物业的销售资料见表5-3。

某开发企业三种用途物业的销售资料　　　　　　　　　表5-3

物业按用途分组	销售价格(元/m²)x	销售额(万元)m	销售量(万 m²)$\dfrac{m}{x}$
居　　　住	3500	7000	2
商　　　业	4500	7650	1.7
其　　　他	3800	5700	1.5
合　　　计	—	20350	5.2

则该开发企业三种用途物业的平均销售价格为：

$$\bar{x}=\frac{\sum m}{\sum\dfrac{m}{x}}=\frac{7000+7650+5700}{\dfrac{7000}{3500}+\dfrac{7650}{4500}+\dfrac{5700}{3800}}=\frac{20350}{5.2}=3913.46\ 元/m^2$$

通过计算可以看出，加权调和平均数是加权算术平均数的变形，其特定权数 $m=xf$

$$\bar{x}=\frac{\sum m}{\sum\dfrac{m}{x}}=\frac{\sum xf}{\sum\dfrac{xf}{x}}=\frac{\sum xf}{\sum f} \tag{5-10}$$

如例5-3，$\bar{x}=\dfrac{3500\times2+4500\times1.7+3800\times1.5}{2+1.7+1.5}=3913.46\ 元/m^2$

加权调和平均数，当各组权数均相等时，加权调和平均数就等于简单调和平均数。即 $m_1=m_2=\cdots\cdots=m_n=m$ 时：

$$\bar{x}=\frac{\sum m}{\sum\dfrac{m}{x}}=\frac{m_1+m_2+\cdots\cdots+m_n}{\dfrac{m_1}{x_1}+\dfrac{m_2}{x_2}+\cdots\cdots+\dfrac{m_n}{x_n}}=\frac{nm}{\sum\dfrac{m}{x}}=\frac{nm}{m\sum\dfrac{1}{x}}=\frac{n}{\sum\dfrac{1}{x}} \tag{5-11}$$

（三）几何平均数

几何平均数是几个变量值连乘积的 n 次方根，几何平均法适用于计算社会经济现象中的平均比率和平均速度。

几何平均法根据所掌握的资料是否分组，可分为简单几何平均数和加权几何平均数。

1. 简单几何平均数

$$\bar{x}_g=\sqrt[n]{x_1\cdot x_2\cdot x_3\cdots\cdots x_n}=\sqrt[n]{\pi x} \tag{5-12}$$

式中　$\bar{x}_g$——几何平均数；

　　　π——连乘符号；

　　　n——变量值的个数。

【例5-4】　某种产品的生产要经过4个车间的加工和检验，其中第一个车间检验的合格率为98％，第二个车间合格率为97％，第三个车间的合格率为99％，第四个车间的合格率为98％，则该种产品各车间的平均合格率为：

$$\overline{x}_g = \sqrt[4]{98\% \times 97\% \times 99\% \times 98\%} = 98\%$$

2. 加权几何平均数

当资料分组时，各变量值的资料不同，应采用加权几何平均数，其计算公式：

$$\overline{x}_g = \sqrt[\Sigma f]{x_1^{f_1} x_2^{f_2} \cdots \cdots x_n^{f_n}} = \sqrt[\Sigma f]{\pi x^f} \tag{5-13}$$

式中　Σf——变量值出现次数的总和；

　　　f——每个标志值出现的次数。

【例 5-5】　某建设银行某项投资的年利率是按复利计算的，20 年的利率分配为 1 年是 5%，3 年是 6%，8 年是 7%，6 年是 10%，2 年是 11%，则 20 年的平均年利率是：

$$\overline{x}_g = \sqrt[1+3+8+6+2]{(1+0.05)^1 \times (1+0.06)^3 \times (1+0.07)^8 \times (1+0.1)^6 \times (1+0.11)^2}$$

$$= 1.0803$$

则：20 年的平均年利率 = 1.0803 - 1 = 0.0803 = 8.08%

在计算几何平均数时，当每个标志值出现的次数都相同时，加权几何平均数就变为简单几何平均数，即：

$$\overline{x}_g = \sqrt[\Sigma f]{\pi x^f} = \sqrt[nf]{(\pi x)^f} = \sqrt[n]{\pi x} \tag{5-14}$$

（四）众数

众数是总体中出现次数最多的变量值，一般用 M_0 表示。在有些情况下，我们可以用众数来表示某种现象总体的一般水平，如要了解某一集市上某种商品的平均价格水平，不必统计出该集市上这种商品的销售总量和销售总额，计算平均数，只以该集市上这种商品的普遍交易价格来代替平均价格水平即可。

众数的计算方法：

（1）在单项式数列中，确定众数的方法比较简单，可以用观察法直接确定众数，即指出现次数最多的变量值即为众数。

（2）对于组距式（假设为等距）分布数列，确定众数时，首先确定次数最多的组为众数组，然后计算众数的近似值。其计算公式为

下限公式：$M_0 = L + \dfrac{\Delta_1}{\Delta_1 + \Delta_2} \times d$ $\tag{5-15}$

上限公式：$M_0 = U - \dfrac{\Delta_2}{\Delta_1 + \Delta_2} \times d$ $\tag{5-16}$

式中　M_0——众数；

　　　L——众数组的下限；

　　　U——众数组的上限；

　　　Δ_1——众数组次数与前一组次数之差；

　　　Δ_2——众数组次数与后一组次数之差；

　　　d——众数所在组的组距。

众数是由标志值出现次数多少决定的，不受数列中极端变量值的影响，可以反映总体各单位某一数量标志值的集中趋势。众数的次数越多，集中趋势越显著，对总体的一般水平的代表性也就越强。但当总体分布是均匀分布，即总体单位标志值出现的次数相同时，则没有众数。众数有时不止一个，如果只有一个众数称为单众数，多于一个的称为复众

数，复众数的出现可能是由于总体单位不具有同质性。

（五）中位数

中位数是将总体中各单位变量值按大小顺序排列，处在中间位置的那个变量值即为中位数，中位数是将总体中的变量分成两部分，其中一半变量值比它小，另一半变量值比它大。

中位数的计算方法，根据资料的分组情况其方法如下：

（1）对未分组资料，先对总体单位各标志值按大小做顺序排列，当总体单位数为奇数时，中位数是处于第 $\dfrac{N+1}{2}$ 项位置的标志值；当总体单位数为偶数时，中位数是第 $\dfrac{N}{2}$ 项和 $\dfrac{N+1}{2}$ 项两个标志值的平均数。

（2）当数据量较大时，资料常常以分组数列形式出现。对单项数列首先计算总次数 Σf 和 $\dfrac{\Sigma f}{2}$，然后，对各组次数顺序做累计，确定 $\dfrac{\Sigma f}{2}$ 所在的组，与此对应的标志值即为中位数。对丁组距数列首先应按上述办法确定出中位数所在的组，然后利用公式计算出中位数的近似值。其计算公式：

$$下限公式：M_e = L + \frac{\dfrac{\Sigma f}{2} - S_{m-1}}{f_m} \times d \tag{5-17}$$

$$上限公式：M_e = U - \frac{\dfrac{\Sigma f}{2} - S_{m+1}}{f_m} \times d \tag{5-18}$$

式中　　M_e——中位数；

L 和 U——中位数所在组的下限和上限；

f_m——中位数所在组的次数；

S_{m-1} 和 S_{m+1}——中位数所在组以下和以上各组的累计次数；

Σf——总次数；

d——中位数所在组的组距。

第二节　标志变异指标

一、标志变异指标的概念和作用

某一数量标志表现在各单位上的数值是不尽相同的，这种标志值之间的差异程度叫做标志变动度，也叫标志变异指标。换言之，标志变异指标就是总体各单位指标值变动的范围或离差的程度。

在统计分析中，不仅要计算总量指标、平均指标，用来反映现象的总体规模和一般水平。还要测定标志变异指标，用标志变异指标反映总体各单位标志值的差异程度，表明变量值的离中趋势。这对于说明统计数列的分配性质与特征，有效地进行经济管理和科学决策，具有重要的理论意义和实践意义。

首先，测定标志变异指标，可以说明平均指标代表性的大小。标志变异指标大，说明总体各单位标志值差异程度大，平均指标的代表性小；标志变异指标小，说明总体各单位标志值差异程度小，平均指标的代表性就大；如果标志变异指标等于零，说明总体各单位标志值相等，则平均指标就具有完全的代表性。因此，在计算平均指标的同时，还要测定各单位标志值的变异程度，以便对平均指标做出补充说明。如：某生产车间甲、乙、丙三个小组，各组均为6人，各人日产量资料如下：

甲组：20　20　20　20　20　20　$\bar{x}=20$

乙组：18　19　20　20　21　22　$\bar{x}=20$

丙组：16　17　20　21　22　24　$\bar{x}=20$

从平均数看，三组工人的平均日产量都是 20 件。如果结合标志变异指标来看，甲组 6 个工人之间生产件数一样，乙组 6 个工人生产件数相差不多，丙组每人生产的件数差异最大。因此，平均数 20 件对于甲组具有完全的代表性，对于乙组代表性大于丙组，丙组代表性最小。由此可见，要说明平均数代表性大小，必须与标志变异指标结合起来运用。

其次，测定标志变异指标，可以表明社会经济活动过程的节奏性或均衡性。例如，在工业企业中，在确定生产计划完成程度时，利用标志变异指标，可以测定计划执行过程中的节奏性。见表 5-4。

某企业 2000 年度甲、乙两车间计划执行情况　　　　　　　　　　　　表 5-4

项　目　　　　季　度	一季度	二季度	三季度	四季度
计划完成程度（％）　甲车间	18	20	24	38
乙车间	22	24	26	28

如果各期计划完成指标的变动程度较大，说明该企业计划执行中的节奏性差，有时松时紧、时作时辍的现象，如表 5-4 甲车间明显为前松后紧。又如对农作物某一新品种进行实验中，除了确定对这一品种作物达到的收获率外，还要研究它在生产中的均衡性。如果农作物在各个地块上的收获率和平均水平比较接近，则说明这一新品种收获率具有较大的均衡性。由此可见，标志变异指标是衡量生产和管理工作质量的一个重要指标。

二、变异指标的计算

在统计中，变异指标的计算方法有全距、平均差、标准差和标准差系数等几种主要方法。现分别说明如下。

（一）全距

全距是指一个数列中标志的最大值与最小值之差，用 R 来表示，即 $R=x_{max}-x_{min}$。

全距说明标志值的变动范围。全距大，说明离散程度大，平均数代表性小；全距小，说明离散程度小，平均数的代表性大。仍用上面三个班组的资料求出全距。甲组全距为 $R=0$ 件，乙组全距 $R=4$ 件，丙组的全距 $R=8$ 件。这说明平均数对于甲组来说具有完全代表性，对于乙组来说代表性较高，而对于丙组来说代表性最小。全距计算简便，意义清楚。但全距指标只是总体中两个极端标志值的差异，不是根据全部标志值计算的，极易受极端值的影响，又使其具有偶然性。因而它不能充分反映现象的实际离散情况。也不能用以评价平均指标的代表性。在实际工作中，全距常用于检查产品质量的稳定性和进行质量控制。如控制产品误差范围，即是全距。

（二）平均差

平均差是各单位标志值与平均数的离差的绝对值的算术平均数。平均差与全距不同，它考虑了总体中各单位标志值的变动影响，对整个变量值的离散趋势有较充分的代表性。平均差愈大，变量值的离散程度愈大，平均数的代表性愈小；平均差愈小，变量值的离散程度愈小，平均数的代表性愈大。平均差常用 $A.D$ 来表示，根据资料是否分组，有简单平均差和加权平均差，其计算公式如下：

(1) 简单平均差：资料未分组采用的平均差。

$$A.D = \frac{\Sigma \mid x - \bar{x} \mid}{n} \tag{5-19}$$

(2) 加权平均差：资料分组采用的平均差。

$$A.D = \frac{\Sigma \mid x - \bar{x} \mid f}{\Sigma f} \tag{5-20}$$

式中　$\mid x - \bar{x} \mid$——标志值与平均数离差的绝对值。

【例 5-6】　某车间 200 名工人日产量分组编成的分配数列见表 5-5。

某车间 200 名工人日产量分组编成的分配数列　　　表 5-5

工人按日产量分组（件）	工人人数 f	组中值(件)x	xf	$x-\bar{x}$	$\mid x-\bar{x} \mid$	$\mid x-\bar{x} \mid f$
30 件以下	10	25	250	−20.5	20.5	205
30～40	50	35	1750	−10.5	10.5	525
40～50	80	45	3600	−0.5	0.5	40
50～60	40	55	2200	9.5	9.5	380
60～70	20	65	1300	19.5	19.5	390
合　计	200	—	9100	—	—	1540

$$\bar{x} = \frac{\Sigma xf}{\Sigma f} = \frac{9100}{200} = 45.5 \text{ 件}$$

$$A.D = \frac{\Sigma \mid x - \bar{x} \mid f}{\Sigma f} = \frac{1540}{200} = 7.7 \text{ 件}$$

(三) 标准差

标准差也称均方差，它是各单位标志值与算术平均数离差的平方的算术平均数的平方根。标准差的平方又称方差。标准差是测定标志变动度的重要指标，它与平均差相同，考虑到总体中各单位标志值的变动影响，而且比较符合数学要求。所以，通常都采用标准差来表明标志变动程度。标准差常用 σ 表示。根据资料是否分组，有简单标准差和加权标准差。其计算公式如下：

(1) 简单标准差：资料未分组采用的标准差。

$$\sigma = \sqrt{\frac{\Sigma(x-\bar{x})^2}{n}} \tag{5-21}$$

(2) 加权标准差：分组资料采用的标准差。

$$\sigma = \sqrt{\frac{\Sigma(x-\bar{x})^2 f}{\Sigma f}} \tag{5-22}$$

如例 5-6 某车间 200 名工人日产量分组编成的分配数列，其标准差的计算见表 5-6。

工人按日产量分组 (件)	工人人数 f	组中值(件) x	xf	$x-\bar{x}$	$(x-\bar{x})^2$	$(x-\bar{x})^2 f$
30 件以下	10	25	250	-20.5	420.25	4202.5
30～40	50	35	1750	-10.5	110.25	5512.5
40～50	80	45	3600	-0.5	0.25	20.0
50～60	40	55	2200	9.5	90.25	3610.0
60～70	20	65	1300	19.5	380.25	7605.0
合　计	200	—	9100	—	—	20950.0

$$\sigma=\sqrt{\frac{\Sigma(x-\bar{x})^2 f}{\Sigma f}}=\sqrt{\frac{20950}{200}}=\sqrt{104.75}=10.23(\text{件})$$

上式计算结果表明 200 名工人日产量的标准差为 10.23 件，标准差越大，说明总体各单位变量值的差异程度愈大，平均数的代表性愈小；标准差愈小，说明总体各单位变量值的差异程度愈小，平均数的代表性也愈大。用标准差反映总体各单位变量值的变动程度，较其他变异指标更为科学，所以被广泛利用。

（四）标志变异系数

全距、平均差、标准差都是由绝对数来说明标志变异程度的，它的大小不仅受到标志值离散程度的影响，而且受平均指标高低的影响。因而对于具有不同平均水平的数列或总体，标准差不能直接比较用以说明标志值的离散程度，更不能比较两个不同计量单位的总体的标志变异指标，要用标志变异系数。

标志变异系数也称离散系数，是用来反映总体各单位标志值的相对离散程度的，最常用的是标准差与其算术平均数对比的离散系数，也称标准差系数，用 ν_σ 表示。

【例 5-7】　前例某车间工人日产量的平均水平为 45.5 件，标准差为 10.23 件，假定另一车间生产同种产品，则平均日产量件数为 61 件，标准差为 10.98 件。显然，它们之间生产的产品数量均匀性是不同的，而两者的标准差不同，因此看不出它们之间的差别，所以在统计中还需要用相对指标作为衡量标志变动的尺度，即以平均指标为标准，看标准差是平均指标的百分之几。这种衡量标志变异程度的相对指标叫做标准差系数。其公式如下：

$$\nu_\sigma=\frac{\sigma}{\bar{x}}\times 100\% \tag{5-23}$$

例 5-7 两个车间的标准差系数的计算公式如下：

某车间工人日产零件 $\bar{x}=45.5$ 件，$\sigma=10.23$ 件

$$\nu_\sigma=\frac{\sigma}{\bar{x}}\times 100\%=\frac{10.23}{45.5}=22.48\%$$

另一车间工人日产零件 $\bar{x}=61$ 件，$\sigma=10.98$ 件

$$\nu_\sigma=\frac{\sigma}{\bar{x}}\times 100\%=\frac{10.98}{61}\times 100\%=18\%$$

很明显，两个车间的差异程度是不相同的，后者的标志变动程度小于前者，从而后者的平均日产零件数代表性高于前者。

为了比较不同现象的各个数列的标志变异程度，也需要计算标准差系数。例如，用这种系数比较生产不同种类产品的工人的劳动生产率的变动度的大小，或者比较不同农作物收获率的变动度的大小等。

复 习 思 考 题

1. 什么是平均指标？它有何特点与作用？
2. 加权算术平均数受哪些因素的影响？怎样理解权数对平均数数值的影响？
3. 简述变异指标的意义和作用。
4. 什么是变异系数？其应用的条件？

第六章 动 态 数 列

第一节 动态数列的意义和种类

一、动态数列的意义

社会经济现象是不断发展变化的。统计中，把社会经济现象在时间上发展变化的过程称为动态。把社会经济现象在不同时间上的一系列指标值按时间先后顺序加以排列后形成的数列，称为动态数列，也称时间数列。动态数列由两个要素组成：一是现象所属的时间；二是反映现象特征的指标值。例如见表6-1。

天津市"九五"时期生活水平提高的情况 表 6-1

年　份	1996	1997	1998	1999	2000
国内生产总值(亿元)GDP	1099.47	1235.28	1336.38	1450.06	1639.36
年末城乡居民储蓄存款余额(亿元)	724.91	863.36	1020.14	1130.19	1172.40
人均国内生产总值(元)	12263	13739	14808	15976	17993
从业人员平均劳动报酬(元)	2643	8238	9895	11046	12414

注：资料来源《天津统计年鉴2001》

动态数列的运用，可以帮助我们分析社会经济现象发展变化的方向和速度，即不同时期现象的内部结构及变化规律，预测现象的发展趋势，为管理和决策提供依据。

二、动态数列的种类

动态数列按指标的表现形式不同可分为总量指标动态数列、相对指标动态数列和平均指标动态数列。其中，总量指标动态数列是最基本的数列，相对指标动态数列和平均指标动态数列是由总量指标动态数列派生的。

（一）总量指标动态数列

又称绝对数动态数列。把一系列统计绝对指标，按时间先后顺序排列形成的动态数列，叫做总量指标动态数列，反映社会经济现象在不同时期的绝对水平。如表6-1中天津市"九五"时期国内生产总值和年末城乡居民储蓄存款余额。总量指标动态数列按反映社会经济现象时间状态的不同，又可分为时期指标动态数列和时点指标动态数列。

1. 时期指标动态数列

简称时期数列。在总量指标动态数列中，如果每一指标都是反映某现象在一段时间内发展过程的总量，则这种动态数列称为时期数列。表6-1所列"九五"时期国内生产总值就是一个时期数列。时期数列与时期指标特点一样，具有连续统计、可加性的特点，其数值的大小与计算时间长短有关。一般来说，时间愈长，时期数列中各指标值愈大，反之愈小。

2. 时点指标动态数列

简称时点数列。在总量指标动态数列中，若每一个指标值所反映的是现象在某一时刻（或某一瞬间）上的总量，则这种动态数列称为时点数列。表 6-1 所列"九五"时期年末城乡居民储蓄存款余额就是一个时点数列。时点数列与时点指标特点一样，不具有连续统计、可加性的特点，其数值的大小与计算时间长短无关。正确区分时期数列和时点数列具有重要意义，不同数列其相关指标的计算不同。

（二）相对指标动态数列

又称相对数动态数列。把一系列统计相对数，按时间先后顺序排列而形成的时间数列叫做相对指标动态数列。它反映社会经济现象之间的相互联系和发展变化过程。如表 6-1 所列"九五"时期人均国内生产总值就是一个相对指标动态数列。相对指标的分子、分母可以都为时期指标或都为时点指标，也可一个为时期指标一个为时点指标，在相对指标动态数列中，各期指标数值是不能相加的。

（三）平均指标动态数列

又称平均数动态数列。把一系列统计平均数按时间先后顺序排列形成的时间数列叫做平均指标动态数列。它反映社会经济现象总体各单位标志一般水平的发展趋势。如表 6-1 所列"九五"时期从业人员平均劳动报酬就是一个平均指标动态数列。在平均指标动态数列中，各期指标数值也是不能相加的。

三、编制动态数列的原则

为了使所编制的动态数列能够正确地反映被研究现象的动态，最重要的条件就是动态数列的每个指标必须具有可比性。要保证动态数列中各指标的可比性，应遵守下列基本原则：

（1）时期长短应该前后一致。时期数列的指标数值具有可加性，所以指标数值的大小与时期长短有着直接关系，时期愈长，指标值就愈大，反之就愈小。所以时期数列各指标所属时期的长短应该相等，否则时期不同，长短不一，就很难直接作出判断和比较。但这个原则也不能绝对化，有时为了特殊的研究目的也可将时期不等的指标编成动态数列。

对于时点数列，由于各个指标数值都表明一定时点的状态，所以不存在时期长短应该一致的问题。但是，时点数列指标数值间的时间间隔（两个相邻指标在时间上的距离）最好相等，这样才便于分析对比。

（2）总体范围应该前后一致。在动态数列中，各个指标所包括的总体范围前后应该一致。例如，我们要研究一个地区的工业和农业生产情况，如果那个地区的行政区域划分有了变动，则前后指标值就不能直接对比，必须将资料进行调整，以求总体范围前后一致时，再作动态分析，才能说明所研究的问题。

（3）指标的经济内容应该一致。一般来说，只有同质的现象才能进行动态对比，才能表明现象发展变化的过程及趋势。因此，保证各期指标经济内容的一致性就十分必要。

（4）指标的计算方法和计量单位应该一致。动态数列中各期指标的计算方法如果不一致，就不便于动态对比。指标数值的计量单位也应该一致，否则也不具有可比性。

第二节　动态数列的水平指标

为了研究社会经济现象的发展水平和发展速度，认识事物的发展规律，需要对动态数列作进一步的指标分析和计算，包括现象的发展水平、平均发展水平、增长量、平均增长量、发展速度、增长速度、平均发展速度和平均增长速度等。其中前2种为水平分析，后6种为速度分析，水平分析是基础，速度分析是深入。本节主要介绍发展水平和平均发展水平。

一、发展水平

发展水平是指动态数列中每一项具体的指标数值，又称发展量。它反映社会经济现象在各个时期所达到的规模和发展的程度。通常用a来表示。发展水平既可以是数列中的绝对数，也可以是相对数或平均数。如：国内生产总值、人均居住面积、每平方米物业管理费、设备完好率等。动态数列中的第一项指标值为最初的水平，用a_0表示，动态数列中的最后一项指标值为最末的水平，用a_n表示。动态数列可用符号表示为：a_0，a_1，a_2，……，a_{n-1}，a_n。其中a_1，a_2，……，a_{n-1}在数列中被称为中间水平。在统计分析中，通常将所研究的那一时期的指标值叫做报告期水平，将用来比较的基础时期的水平叫做基期水平。

二、平均发展水平

用动态数列中不同时期的发展水平计算的平均数叫做平均发展水平。统计上也称序时平均数或动态平均数。它和一般平均数有共同之处，都是将各个变量值差异抽象化，但二者又有区别，平均发展水平所平均的是现象总体在不同时间上的数量表现，是从动态上说明某一时期内发展的一般水平，故又称动态平均数。而一般平均数是将总体各单位同一时间的变量值差异抽象化，用以反映总体现象在某一时间上的一般水平，故又称静态平均数。

序时平均数可以用总量指标动态数列计算，也可以用相对指标动态数列或平均指标动态数列来计算。

（一）总量指标动态数列计算序时平均数

由于总量指标动态数列可以分为时期数列和时点数列，其序时平均数的计算也不相同，现分别加以说明。

1. 时期数列计算序时平均数

时期数列计算序时平均数，根据数列中各期指标值的特点，可采用简单算术平均法，即将各期指标值直接相加除以时期项数求得。其计算公式如下：

$$\bar{a} = \frac{a_1 + a_2 + a_3 + \cdots\cdots + a_n}{n} = \frac{\Sigma a}{n} \tag{6-1}$$

式中　$\bar{a}$——序时平均数；

　　　a——各期发展水平；

　　　n——时期项数。

【例6-1】　表6-1所列"九五"时期国内生产总值为1099.47亿元、1235.28亿元、1336.38亿元、1450.06亿元、1639.36亿元。则天津市"九五"时期年均国内生产总值为：

$$\bar{a} = \frac{\Sigma a}{n} = \frac{1099.47 + 1235.28 + 1336.38 + 1450.06 + 1639.36}{5} = 1352.11 \text{亿元}$$

2. 时点数列计算序时平均数

时点数列计算序时平均数较为复杂，有连续时点数列和间断时点数列，它们的序时平均数计算是不同的。

（1）以天为间隔的时点数列称为连续时点数列，在连续时点数列条件下的计算有两种情况：

第一种情况，时点数列资料是逐日登记又逐日排列，用简单算术平均数方法计算，即以时点指标值之和除以时点项数，计算公式为：

$$\bar{a}=\frac{\Sigma a}{n} \tag{6-2}$$

第二种情况，时点数列资料不是逐日变动，只在发生变动时加以登记，就要用每次资料持续不变的时间长度为权数进行加权平均，计算公式为：

$$\bar{a}=\frac{\Sigma af}{\Sigma f} \tag{6-3}$$

【例 6-2】 下表 6-2 为某厂某年 4 月份的产品库存变动记录资料。

某厂某年 4 月份的产品库存变动记录资料　　单位：t　　　表 6-2

	1 日	5 日	9 日	16 日	20 日	26 日	30 日
库存量	32	34	28	25	12	14	0

4 月份平均库存量：

$$\bar{a}=\frac{\Sigma af}{\Sigma f}=\frac{32\times4+34\times4+28\times7+25\times4+12\times6+14\times4+0\times1}{30}=22.93(t)$$

（2）在间断时点数列条件下的计算也有两种情况：

第一种情况，时间间隔不相等时点数列的计算，要先假定指标值在两个时点之间的变动是均匀的，即先求出两点指标值的平均数，然后再以间隔时间为权数进行加权平均。其计算公式：

$$\bar{a}=\frac{\dfrac{a_1+a_2}{2}f_1+\dfrac{a_2+a_3}{2}f_2+\cdots\cdots+\dfrac{a_{n-1}+a_n}{2}f_{n-1}}{f_1+f_2+\cdots\cdots+f_{n-1}} \tag{6-4}$$

式中　a——各期指标值；

　　　f——时间间隔长度。

【例 6-3】 某建筑设备仓库中某设备在 2000 年的库存量见表 6-3。

某建筑设备仓库中某设备在 2000 年的库存量　　单位：台　　表 6-3

	1 月 1 日	3 月 1 日	7 月 1 日	8 月 1 日	11 月 1 日	12 月 31 日
设备库存量	40	38	32	50	24	2

以上所记录的库存量资料间隔不等，我们假定库存量在两时点之间均匀变动，来计算全年平均库存量。

则 2000 年平均库存量为：

$$\bar{a}=\frac{\dfrac{a_1+a_2}{2}f_1+\dfrac{a_2+a_3}{2}f_2+\cdots\cdots+\dfrac{a_{n-1}+a_n}{2}f_{n-1}}{\Sigma f}$$

$$= \frac{\dfrac{40+38}{2}\times2+\dfrac{38+32}{2}\times4+\dfrac{32+50}{2}\times1+\dfrac{50+24}{2}\times3+\dfrac{24+2}{2}\times2}{2+4+1+3+2}$$

$$= \frac{396}{12} = 33 \text{ 台}$$

第二种情况，时间间隔相等时点数列的计算，采用"首末折半法"计算。

即当：$f_1 = f_2 = f_3 = \cdots\cdots = f_n = f$

$$\bar{a} = \frac{\dfrac{a_1+a_2}{2}f_1 + \dfrac{a_2+a_3}{2}f_2 + \cdots\cdots + \dfrac{a_{n-1}+a_n}{2}f_{n-1}}{f_1 + f_2 + \cdots\cdots + f_{n-1}}$$

$$= \frac{\dfrac{a_1}{2} + a_2 + a_3 + \cdots\cdots + \dfrac{a_n}{2}}{n-1}$$

即　$\bar{a} = \dfrac{\dfrac{a_1}{2} + a_2 + a_3 + \cdots\cdots + \dfrac{a_n}{2}}{n-1}$ 　　　　　　　　　　　　　(6-5)

【例 6-4】　某企业第二季度职工人数资料见表 6-4。

某企业第二季度职工人数资料　　　　　　表 6-4

月　　份	4 月	5 月	6 月	7 月
月初职工人数（人）	236	268	264	260

则第二季度平均职工人数为：

$$\bar{a} = \frac{\dfrac{a_1}{2} + a_2 + a_3 + \cdots\cdots + \dfrac{a_n}{2}}{n-1} = \frac{\dfrac{236}{2} + 268 + 264 + \dfrac{260}{2}}{3} = 260 \text{ 人}$$

（二）相对指标动态数列或平均指标动态数列计算序时平均数

相对指标动态数列或平均指标动态数列是根据两个有相互联系的总量指标动态数列对比计算的。因此要分别计算出这两个总量指标动态数列的分子和分母的序时平均数，再进行对比计算，求出相对指标动态数列或平均指标动态数列的序时平均数。其计算公式：

$$\bar{c} = \frac{\bar{a}}{\bar{b}}$$　　　　　　　　　　　　(6-6)

式中　$\bar{c}$——相对指标动态数列或平均指标动态数列序时平均数；

　　　$\bar{a}$——作为分子的动态数列序时平均数；

　　　$\bar{b}$——作为分母的动态数列序时平均数。

【例 6-5】　某企业 1996～2000 年各年底职工人数资料见表 6-5。

某企业 1996～2000 年各年底职工人数资料　　　　　表 6-5

年　　份	全部职工人数 b	女性职工人数 a
1996	2300	980
1997	2386	1135
1998	2473	1232
1999	2506	1150
2000	3018	1658

则该企业 1996～2000 年女性职工所占的平均比重为：

$$平均比重 = \frac{平均女职工人数}{平均工人人数} = \frac{\bar{a}}{\bar{b}} = \frac{\dfrac{\left(\dfrac{a_1}{2} + a_2 + a_3 + \cdots\cdots + \dfrac{a_n}{2}\right)}{n-1}}{\dfrac{\left(\dfrac{b_1}{2} + b_2 + b_3 + \cdots\cdots + \dfrac{b_n}{2}\right)}{n-1}}$$

$$= \frac{\dfrac{\left(\dfrac{980}{2} + 1135 + 1232 + 1150 + \dfrac{1658}{2}\right)}{4}}{\dfrac{\left(\dfrac{2300}{2} + 2386 + 2473 + 2506 + \dfrac{3018}{2}\right)}{4}}$$

$$= \frac{1209}{2506} = 48.24\%$$

【例 6-6】 某企业资料见表 6-6。

某企业资料 　　　　　　　　　　　　　　　　表 6-6

	1 月	2 月	3 月	4 月
工业总产值(万元)a	180	160	200	190
月初工人数(人)b	600	580	620	600

则：一季度平均劳动生产率为：

$$劳动生产率 = \frac{总产值}{工人人数}$$

$$\bar{c} = \frac{\bar{a}}{\bar{b}} = \frac{\dfrac{\sum a}{n}}{\dfrac{\dfrac{b_1}{2} + b_2 + b_3 + \cdots\cdots + \dfrac{b_n}{2}}{n-1}}$$

$$= \frac{\dfrac{180 + 160 + 200}{3}}{\dfrac{\dfrac{600}{2} + 580 + 620 + \dfrac{600}{2}}{3}}$$

$$= 0.3 \text{ 万元/人}$$

劳动生产率是单位时间内生产的产品总量。则一季度劳动生产率应等于月平均劳动生产率乘以 3 个月，即 $= 0.3 \times 3 = 0.9$ 万元/人或 9000 元/人。

第三节　现象发展的速度指标

一、发展速度

发展速度是以相对数形式表现的动态分析指标，它是两个不同时期发展水平指标对比的结果。计算结果一般用倍数或百分数表示。其计算式为：

$$发展速度 = \frac{报告期水平}{基期水平} \tag{6-7}$$

在计算发展速度时，根据所采用的基期不同，可以分为定基发展速度和环比发展速度。如采用报告期水平与某一固定基期水平对比计算的发展速度，称为定基发展速度，它说明现象在较长时期内发展的总速度。如用报告期水平与前一期水平对比计算的发展速度，则称为环比发展速度，它反映现象在前后两期的发展变化，表示现象的短期变动。其关系式如下：

定基发展速度：$\dfrac{a_1}{a_0}$，$\dfrac{a_2}{a_0}$，$\dfrac{a_3}{a_0}$，……，$\dfrac{a_n}{a_0}$

环比发展速度：$\dfrac{a_1}{a_0}$，$\dfrac{a_2}{a_1}$，$\dfrac{a_3}{a_2}$，……，$\dfrac{a_n}{a_{n-1}}$

两种发展速度之间的关系如下：

（1）一定时期的定基发展速度等于该期各个环比发展速度的连乘积。

$$\frac{a_n}{a_0}=\frac{a_1}{a_0}\times\frac{a_2}{a_1}\times\frac{a_3}{a_2}\times\cdots\cdots\times\frac{a_n}{a_{n-1}} \tag{6-8}$$

（2）相邻两个时期的定基发展速度之比等于该期的环比发展速度。

$$\frac{a_i}{a_0}\div\frac{a_{i-1}}{a_0}=\frac{a_i}{a_{i-1}} \tag{6-9}$$

二、增长速度

增长速度是反映现象数量增长方向和程度的动态相对指标，是由增长量与基期水平对比而得，公式如下：

$$增长速度=\frac{增长量}{基期水平}=\frac{报告期水平-基期水平}{基期水平}=发展速度-1 \tag{6-10}$$

增长速度等于发展速度减1，它们之间所说明的内容是不同的。发展速度说明报告期水平发展到基期水平的多少倍或百分之几，增长速度只是说明增加了多少倍或减少了百分之几。当发展速度小于1时，增长速度为负值，表明现象减少的程度。即所谓"负增长"就是这种情况。

增长速度同样由于比较的基期不同，分为定基增长速度和环比增长速度。定基增长速度是累积增长量除以固定基期的发展水平，或是定基发展速度减1，表明现象在这一时期内增长的速度。环比增长速度是逐期增长量对前一期发展水平之比，表明现象逐期增长的速度。

其关系式如下：

定基增长速度：$\dfrac{a_1}{a_0}-1$，$\dfrac{a_2}{a_0}-1$，$\dfrac{a_3}{a_0}-1$，……，$\dfrac{a_n}{a_0}-1$

环比增长速度：$\dfrac{a_1}{a_0}-1$，$\dfrac{a_2}{a_1}-1$，$\dfrac{a_3}{a_2}-1$，……，$\dfrac{a_n}{a_{n-1}}-1$

定基增长速度和环比增长速度之间没有直接的换算关系，要想由环比增长速度求定基增长速度，就要借助定基发展速度和环比发展速度之间关系来确定。即先将各环比增长速度加1后连乘，再将所得的结果减1。

三、增长量

增长量是以绝对数形式表示的速度分析指标，是用来说明某种经济现象在一定时期内增长的绝对值。它是报告期水平与基期水平之差。其计算公式为：

$$增长量＝报告期水平－基期水平 \qquad (6-11)$$

它表明报告期比基期增减的绝对量。增长量可以称为现象发展的绝对速度。

根据采用基期的不同，增长量可以分为累计增长量和逐期增长量。

累计增长量是以某一固定时期为基期水平计算的增长量；逐期增长量是以前一期水平为基期计算的增长量。其关系式如下：

累计增长量：a_1-a_0，a_2-a_0，a_3-a_0，$\cdots\cdots$，a_n-a_0

逐期增长量：a_1-a_0，a_2-a_1，a_3-a_2，$\cdots\cdots$，a_n-a_{n-1}

两种增长量之间的关系：

（1）一定时期的累计增长量等于该期各逐期增长量之和。

$$a_n-a_0=(a_1-a_0)+(a_2-a_1)+\cdots\cdots+(a_n-a_{n-1}) \qquad (6-12)$$

（2）相邻两期累积增长量之差等于相应的逐期增长量。

$$(a_i-a_0)-(a_{i-1}-a_0)=a_i-a_{i-1} \qquad (6-13)$$

社会经济现象中，有的现象发展水平表现为不断降低的趋势，如单位产品成本、人口死亡率等，这时，增长量为负值，宜称为"降低量"指标。

【例 6-7】 某市房地产总值资料见表 6-7。

某市"九五"时期房地产总值资料 表 6-7

年　　份		1995 a_0	1996 a_1	1997 a_2	1998 a_3	1999 a_4	2000 a_5
房地产总值（亿元）		16850	26290	34250	43210	47230	69350
发展速度（%）	定基 a_i/a_0	—	156.02	203.26	256.44	280.30	411.57
	环比 a_i/a_{i-1}	—	156.02	130.28	126.16	109.30	146.83
增长速度（%）	定基 a_i/a_0-1	—	56.02	103.26	156.44	180.30	311.57
	环比 $a_i/a_{i-1}-1$	—	56.02	30.28	26.16	9.3	46.83
增长量	累计 a_i-a_0	—	9440	17400	26360	30380	52500
	逐期 a_i-a_{i-1}	—	9440	7960	8960	4020	22120

增长量还可以加以平均，用来说明某经济现象在一定时期内平均每期增长的数量。

$$平均增长量＝\frac{逐期增长量之和}{逐期增长量个数}＝\frac{累积增长量}{逐期增长量个数}$$

如前例："九五"时期房地产总值的平均增长量为

$$平均增长量＝\frac{9440+9760+8960+4020+22120}{5}＝10500 \text{ 亿元}$$

$$或＝\frac{52500}{5}＝10500 \text{ 亿元}$$

四、增长 1% 的绝对值

为了反映现象增长速度的实际效果，有时需要计算每增长 1% 的绝对值指标。增长 1% 的绝对值是对于基期现象而言，即每增长 1% 的相对量所对应增加的绝对额，这一指标是把相对数分析和绝对数分析相结合运用的一种分析方法。其计算公式：

$$增长 1\% 的绝对值＝\frac{基期水平}{100}＝\frac{逐期增长量}{环比增长速度} \qquad (6-14)$$

47

五、平均发展速度和平均增长速度

平均速度包括平均发展速度和平均增长速度。平均速度是各个时期环比速度的平均数，说明社会经济现象在较长时期内速度变化的平均程度。

平均发展速度与平均增长速度的关系是：

$$平均增长速度＝平均发展速度－1(或100\%) \tag{6-15}$$

平均发展速度总是正值，而平均增长速度则可为正值也可为负值。正值表明现象在一定发展阶段内逐期平均递增的程度；负值表示现象逐期平均递减的程度。计算平均发展速度有以下几种方法。

平均速度是总速度的平均，但现象发展的总速度，不等于各年发展速度之和，而等于各年环比发展速度的连乘积。其计算公式：

$$\bar{x} = \sqrt[n]{x_1 \cdot x_2 \cdot x_3 \cdot \cdots \cdot x_n} = \sqrt[n]{\pi x} \tag{6-16}$$

式中　$\bar{x}$——平均发展速度；

　　　x——各年环比发展速度；

　　　π——连乘符号。

如例6-7："九五"时期房地产总值的平均发展速度为：

$$\bar{x} = \sqrt[5]{156.02\% \times 130.28\% \times 126.16\% \times 109.30\% \times 146.83\%}$$
$$= \sqrt[5]{411.54\%} = 132.70\%$$

动态数列中定基发展速度等于各环比发展速度的连乘积，故计算平均发展速度的公式可表示为：

$$\bar{x} = \sqrt[n]{\frac{a_1}{a_0} \times \frac{a_2}{a_1} \times \cdots \times \frac{a_n}{a_{n-1}}} = \sqrt[n]{\frac{a_n}{a_0}}$$

则：

$$\bar{x} = \sqrt[n]{\frac{a_n}{a_0}} = \sqrt[5]{\frac{69350}{16850}} = 132.70\%$$

一定时期的定基发展速度又为现象的总速度。用 R 表示总速度，则平均发展速度的公式还可写成：

$$\bar{x} = \sqrt[n]{R}$$

则：

$$\bar{x} = \sqrt[n]{R} = \sqrt[5]{411.54\%} = 132.70\%$$

【例6-8】　某地区1995年底人口数为2000万人，假定以后每年以9‰的增长率增长；又假定该地区1995年粮食产量为120亿斤，要求到2000年平均每人粮食产量达到800斤，试计算2000年的粮食产量应该达到多少？粮食产量每年平均增长速度如何？

$$2000年粮食总产量＝2000年平均每人粮食产量 \times 人口数$$

$$2000年底人口数＝a_0(\bar{x})^n＝2000 \times (1+9‰)^5＝2000 \times (1.009)^5$$
$$＝2091.63 万人$$

$$2000年粮食总产量＝800 \times 2091.63＝167.33 亿斤$$

$$\bar{x} = \sqrt[n]{\frac{a_n}{a_0}} = \sqrt[5]{\frac{167.33}{120}} = 106.88\%$$

$$2000年粮食产量每年平均增长速度＝106.88\%－1＝6.88\%$$

复习思考题

1. 什么是动态数列？它包括哪两个要素？
2. 简述编制动态数列的原则。
3. 简述序时平均数和一般平均数的联系和区别。
4. 什么是定基发展速度？什么是环比发展速度？两者有何关系？

第七章 指 数 分 析

第一节 指数的意义和种类

一、指数的概念

指数是统计分析中最常用，最特殊的一种分析方法。它产生于18世纪的欧洲，当时欧洲正成为世界经济贸易的中心，大量的金银流入欧洲市场，物价飞速上涨，使人们认识到物价问题对经济的发展和国家安定的重要影响，便产生了要反映物价变动程度的价格指数。随着经济的发展，社会的进步，指数的应用也随之由反映单个商品不同时期价格的变动到综合反映多种不同商品不同时期的数量变动。

指数的涵义有广义和狭义之分。广义的指数是指所有社会经济现象数量对比计算的相对数。因此，我们前面讨论过的动态相对数、比较相对数等都可以称为指数。狭义的指数是指反映总体社会经济现象中不能直接加总和不能直接对比的复杂现象数量变动的相对数。在统计分析中，指数分析通常指狭义的指数分析。

二、指数的作用

（1）指数可以反映复杂现象总体数量的变动方向和变动程度。

统计指数首先是把总体中不能直接相加和对比的复杂现象总的数量变动进行对比计算。由于复杂现象总体数量关系中，产品的使用价值不同，计量单位不同，不能直接相加计算出总量进行对比，要借助指数来完成。如：各种零售商品的价格指数，不同建筑产品的工程量或多种房屋造价的综合变动指数。

（2）指数可以反映各因素变动对现象总体变动的影响方向和变动程度。

复杂现象总体的数量变动是受多种因素变动影响的。例如：房屋的销售额受销售数量和销售价格等因素的影响，而产品的总成本则受产品产量、单位产品原材料消耗量和单位原材料价格三个因素的影响。用指数方法进行因素分析则可以计算出每种因素变动对总指数的影响程度。

（3）指数可以用来研究总体现象数量的长期变动趋势。

社会经济现象总体数量长期变动趋势主要是通过编制指数数列，观察现象发展变动的趋势。

（4）指数可以对社会经济现象进行综合评价和测定。

许多社会经济现象都可以运用统计指数进行综合评价和测定，以便对某种经济现象进行综合的数量判断。

三、指数的种类

（1）指数按反映的对象范围不同，可分为个体指数和总指数。

个体指数是反映个别现象变动情况的相对数。如：一种产品的价格指数、成本指数、产量指数等。

总指数反映多种社会经济现象总体数量变动的相对数。如：多种产品的价格指数、产量指数、职工人数指数等。总指数的特点使多种不同现象、不同计量单位的事物可以直接加总、计算。

（2）指数按指标的性质不同，可分为数量指标指数和质量指标指数。

数量指标指数是反映现象总体规模的变动程度。如工业产品产量指数、商品销售量指数、职工人数指数等。质量指标指数如产品成本指数、商品价格指数、劳动生产率指数等，用以说明生产经营所得效益状态，说明生产工作质量的提高程度。

（3）指数按照采用基期的不同，可分为定基指数和环比指数。

定基指数是指在指数数列中，每一个指数都以某一个固定时期作为基期。编制定基指数数列可以反映现象总体的长期变化动态及发展过程情况。

环比指数是指在指数数列中，每一个指数都以与其相邻的前一个时期作为基期。编制环比指数数列可以反映现象总体的逐期变动情况。

（4）指数按总指数编制方法不同，可分为综合指数和平均指数。

综合指数是由两个总量指标对比而形成的指数。平均指数是个体指数的平均数。指数形式既各具独立意义，又有一定相互联系。在一定的条件下，平均数指数公式可以转变为综合指数公式，综合指数公式也可以演变为平均数指数公式。

第二节 个 体 指 数

个体指数的概念和种类

个体指数是反映个别现象变动的相对数。个体指数根据指标的性质不同分为个体数量指标指数和个体质量指标指数。

个体数量指标指数可用公式 $K_q = \dfrac{q_1}{q_0}$ 来计算，其中 q_1 为报告期数量指标，q_0 为基期数量指标，K_q 为个体数量指标指数。

个体质量指标指数是用公式 $K_p = \dfrac{p_1}{p_0}$ 来计算的。其中 p_1 为报告期的质量指标，p_0 为基期的质量指标，K_p 为个体质量指标指数。

这两个公式中的字母 p 和 q 并不是硬性规定的。在实际工作中，人们一般把产量、销售量等数量指标用 q 表示；价格、平均工资等质量指标用 p 表示；也有用 z 表示成本指标的。

【例 7-1】 某建材公司经营的三种建筑材料资料见表 7-1。

某建材公司经营的三种建筑材料资料 表 7-1

产 品	计量单位	建筑材料销售量			价格（元）		
		基 期	报告期	个体指数（%）	基 期	报告期	个体指数（%）
		q_0	q_1	$K_q = \dfrac{q_1}{q_0}$	p_0	p_1	$K_p = \dfrac{p_1}{p_0}$
钢 材	t	500	600	120	2500	2800	112
木 材	m³	600	660	110	1000	1200	120
水 泥	t	850	720	84.71	500	400	80

第三节 综合指数

一、综合指数的意义和特点

综合指数是总指数的一种计算形式，它是由两个总量指标对比形成的。对于总量指标中包含两个或两个以上因素的，将其中一个或一个以上的因素指标固定下来，仅观察其中一个因素的变动情况，这样编制出来的总指数叫综合指数。

综合指数的特点：

（1）先综合后对比。即先解决现象总体中各个体由于使用价值不同、度量单位不同而不能直接加总的问题。为此，需要从现象的内在联系出发，确定与研究对象相联系的因素，使其成为同度量因素，从而将不能直接加总的指标过渡到能够相加和对比的指标，然后进行对比。例如表 7-1 中三种建筑材料的度量单位不同，所以，其销售产量不能直接相加，要借助销售价格指标为同度量因素，将其转化为销售额指标，则三种建筑材料的销售额才可以相加。这里销售价格起到了将不同产品同度量的作用，被称为同度量因素，我们所要研究的指标——三种建筑材料的销售量，被称为指数化指标。

（2）只有把总量指标中的同度量因素加以固定，才能测定所要研究的因素，即指数化指标的变动程度。指数化指标乘以同度量因素并没有完全解决指数的编制问题。选择不同时期的同度量因素计算出的指数也不尽相同，历史上同度量因素可以固定在基期、报告期和固定时期。通常情况下，编制数量指标指数时，把作为同度量因素的质量指标固定在基期水平上。历史上称为拉氏数量指标指数。编制质量指标指数时，把作为同度量因素的数量指标固定在报告期水平上。历史上称为帕氏质量指标指数。

（3）分子、分母所研究对象的范围原则上必须一致。

二、综合指数的计算

（一）数量指标综合指数的计算

数量指标指数是说明总体规模变动情况的比较指标，如商品销售量指数、产量指数、职工人数指数等。现仍以建筑材料销售量指数为例说明数量指标综合指数的一般编制原理。

由于各种建筑材料的使用价值不同，其计量单位也不同，因此不能把它们的销售数量直接相加进行对比，必须通过分别乘以相应的销售价格之后，得到销售额指标，才能相加汇总。在这里，价格起着某种媒介的作用，它可以把度量单位不同，不能直接相加的数量指标过渡到能够相加的指标。为此被称做同度量因素，且通常固定在基期。数量指标综合指数的一般计算公式如下：

$$\overline{K}_q = \frac{\Sigma p_0 q_1}{\Sigma p_0 q_0} \tag{7-1}$$

式中　$\overline{K}_q$ ——数量指标综合指数；

q_0 ——基期数量指标；

q_1 ——报告期数量指标；

p_0 ——基期质量指标；

p_1 ——报告期质量指标；

Σ ——总和的符号。

仍以例 7-1 某建材公司经营的三种建筑材料为资料编制数量指标的综合指数，见表 7-2。

某建材公司经营的三种建材的数量指标　　　　　　表 7-2

| 产　品 | 计量单位 | 建筑材料销售量 | | 价格（元） | p_0q_0 | p_0q_1 |
		基　期 q_0	报告期 q_1	基期 p_0		
钢　材	t	500	600	2500	1250000	1500000
木　材	m³	600	660	1000	600000	660000
水　泥	t	850	720	500	425000	360000
合　计	—			—	2275000	2520000

三种建筑材料的销售量指数：

$$\overline{K}_q = \frac{\Sigma p_0 q_1}{\Sigma p_0 q_0} = \frac{2520000}{2275000} = 110.77\%$$

指数的计算除可以以相对数形式表示，也可用绝对数表示。

$$\Sigma p_0 q_1 - \Sigma p_0 q_0 = 2520000 - 2275000 = 245000 \text{ 元}$$

在这一指数中，相对数的计算，表明三种建筑材料的销售量报告期比基期增加了 10.77%。绝对数的计算，则说明了由于三种建筑材料销售量的增加而使销售总额增加了 245000 元。

（二）质量指标综合指数的计算

质量指标指数是说明生产经营所取得的效益变动程度，如产品成本指数、商品价格指数、劳动生产率指数等。在观察质量指标指数计算时，如前例三种建筑材料的价格是不能够直接相加汇总的，要借助数量指标（销售量）为同度量因素，将其换算为销售额，才能进行相加对比，通常将作为同度量因素的数量指标固定在报告期。质量指标综合指数的一般计算公式如下：

$$\overline{K}_p = \frac{\Sigma p_1 q_1}{\Sigma p_0 q_1} \tag{7-2}$$

式中　$\overline{K}_p$——质量指标综合指数。

我们仍以例 7-1 某建材公司经营的三种建筑材料为资料编制质量指标的综合指数。见表 7-3。

某建材公司经营的三种建材的质量指标　　　　　　表 7-3

| 产　品 | 计量单位 | 销　售　量 | 建筑材料价格（元） | | p_1q_1 | p_0q_1 |
		报告期 q_1	基期 p_0	报告期 p_1		
钢　材	t	600	2500	2800	1680000	1500000
木　材	m³	660	1000	1200	792000	660000
水　泥	t	720	500	400	288000	360000
合　计	—	—	—	—	2760000	2520000

则三种建筑材料的价格指数：

$$\overline{K}_p = \frac{\Sigma p_1 q_1}{\Sigma p_0 q_1} = \frac{2760000}{2520000} = 109.52\%$$

$$\Sigma p_1 q_1 - \Sigma p_0 q_1 = 2760000 - 2520000 = 240000 \text{ 元}$$

该指标相对数的计算，表示三种建筑材料的销售价格报告期比基期增加了 9.52％。绝对数的计算，则说明了由于三种建筑材料销售价格的增加而使销售总额增加了 240000 元。

第四节　平　均　指　数

一、平均指数编制方法

综合反映许多产品或商品所组成的复杂现象总体的动态，也可以采用平均指数方法，它是从个体指数出发来编制总指数的。也就是先计算出各种产品的数量指标或质量指标的个体指数，而后进行加权平均计算，来测定现象的总变动程度。平均指数也是编制总指数的一种重要形式，有它的独立应用意义。平均指数的计算形式为算术平均数指数和调和平均数指数。

（一）算术平均数指数

算术平均数指数就是形式上像算术平均数的总指数，它是对各种产品或商品的数量指标个体指标按加权算术平均法加以计算。例如，我们以 K_q 表示各产品或商品数量指标的个体指数，即 $K_q = q_1 : q_0$，则有：

$$算术平均数指数 = \frac{\sum K_q p_0 q_0}{\sum p_0 q_0} \tag{7-3}$$

式中 $p_0 q_0$ 表示基期总值指标，以它为权数计算的算术平均数指数是比较常用的形式。我们仍以某建材公司经营的三种建筑材料资料为依据，用算术平均数指数方法来计算产量指数。原有资料和计算过程见表 7-4。

某建材公司经营的三种建材的产量指数　　　　　表 7-4

产品	计量单位	建筑材料销售量			基期总销售量 (元) $p_0 q_0$	个体指数和基期总值的乘积 (万元) $K_q q_0 p_0$
		基　期 q_0	报告期 q_1	个体指数（％）K_q		
甲	乙	(1)	(2)	$(3) = \frac{(2)}{(1)}$	(4)	$(5) = (3) \times (4)$
钢　材	t	500	600	120.00	1250000	1500000
木　材	m³	600	660	110.00	600000	660000
水　泥	t	850	720	84.71	425000	360017.5
合　计	—	—	—	—	2275000	2520017.5

$$销售量算术平均数指数 = \frac{\sum K_q p_0 q_0}{\sum p_0 q_0} = \frac{2520017.5}{2275000} = 1.1077 \text{ 或 } 110.77\%$$

$$\sum K_q p_0 q_0 - \sum p_0 q_0 = 2520017.5 - 2275000 = 245017.5 (元)$$

计算结果表明三种建筑材料的销售量报告期比基期综合提高了 10.77％，使得销售总额增加了 245017.5 元。

（二）调和平均数指数

调和平均数指数则是形式上如调和平均数的总指数，它是在计算各种产品或商品质量指标的个体指数的基础上，利用个体质量指标指数进行加权调和平均计算的方法。调和平均数指数多以报告期总值指标为权数。以报告期总值为权数的调和平均数指数的计算公式如下：

$$调和平均数指数 = \frac{\Sigma p_1 q_1}{\Sigma \frac{1}{K_p} p_1 q_1} \qquad (7\text{-}4)$$

我们仍用某建材公司经营的三种建筑材料价格指数的资料为依据，用加权调和平均数指数计算三种建筑材料的价格指数，见表7-5。

某建材公司经营的三种建材的价格指数   表 7-5

产 品	计量单位	价　格（元）		个体指数（%）$K_p = \frac{p_1}{p_0}$	报告期的总销售额（元）$p_1 q_1$	报告期的总销售额除以个体指数 $\frac{p_1 q_1}{K_p}$
		基　期 p_0	报告期 p_1			
甲	乙	(1)	(2)	$(3) = \frac{(2)}{(1)}$	(4)	$(5) = \frac{(4)}{(3)}$
钢　材	t	2500	2800	112	1680000	1500000
木　材	m³	1000	1200	120	792000	660000
水　泥	t	500	400	80	288000	360000
合　计	—	—	—	—	2760000	2520000

$$销售价格调和平均数指数 = \frac{\Sigma p_1 q_1}{\Sigma \frac{1}{K_p} p_1 q_1} = \frac{2760000}{2520000} = 1.0952 \text{ 或 } 109.52\%$$

$$\Sigma p_1 q_1 - \Sigma \frac{1}{K_p} p_1 q_1 = 2760000 - 2520000 = 240000 \text{ 元}$$

上面计算结果表明报告期三种建筑材料比基期综合上升了 9.52%，使得销售总额增加了 240000 元。

二、平均指数的应用

从上面算术平均数指数和调和平均数指数的举例计算结果来看，它们与综合指数方法所计算的结论都是相同的，销售量指数为 110.77%，销售价格指数为 109.52%。但是，这种相同是有条件的：当数量指标的算术平均数指数，在采用基期总值 $p_0 q_0$ 为权数的特定情况下，和一般综合指数的计算结论相同；而质量指标的调和平均数指数，在采用报告期总值 $p_1 q_1$ 为权数的特定情况下，计算结果和综合指数相一致。证明如下：由于数量指标的个体指数 $K_q = \frac{q_1}{q_0}$，$K_q p_0 q_0 = p_0 q_1$；同时质量指标的个体指数的倒数 $\frac{1}{K_p} = \frac{p_0}{p_1}$，$p_1 q_1 \frac{1}{K_p} = p_0 q_1$，所以，平均数指数等于综合指数：

$$\frac{\Sigma K_q p_0 q_0}{\Sigma p_0 q_0} = \frac{\Sigma p_0 q_1}{\Sigma p_0 q_0} \qquad (7\text{-}5)$$

$$\frac{\Sigma p_1 q_1}{\Sigma \frac{1}{K_p} p_1 q_1} = \frac{\Sigma p_1 q_1}{\Sigma p_0 q_1} \qquad (7\text{-}6)$$

因此可以说以基期总值指标加权计算的数量指标的算术平均数指数和以报告期总值指标加权计算的质量指标的调和平均数指数是综合指数的变形。

我们说过综合指数是常用的总指数计算方法，是由于它的组成内容具有明确的经济意义。而作为综合指数变形的这两种平均指数也成为比较常用的算式。也就是，编制数量指标指数多用基期总值加权计算的算术平均数指数；编制质量指标指数多用报告期总值加权计算的调和平均数指数。

与综合指数比较，平均指数形式及其权数的应用上，有两个重要特点：

第一，综合指数主要适用于全面资料编制，而平均指数既可以依据全面资料编制，也可以运用非全面资料编制。有些社会经济现象的研究还非得应用非全面资料按平均指数形式来计算不可。以社会商品零售物价指数为例，市场上成千上万零售商品，不可能取得这成千上万商品的全部资料来编制物价指数，反映零售商品价格的变动。即使假定选用 200 种代表规格品调查零售物价变动来编制总指数，用综合指数方法也只能包括这 200 种规格品价格及相对应的零售量资料，这样编成的指数，反映了代表规格品价格变动，虽然基本上可以代表商品集团价格动态，但各规格品的零售量并不等于商品集团的全面销售规模，难免会影响到指数的计算结论。而采用平均指数，除了选用代表规格品计算个体物价指数外，可以采用商品集团零售额为权数进行平均计算，这就可以比较完整地反映出市场上的零售物价动态了。

第二，综合指数一般采用实际资料作为权数来编制，仍用上述社会零售物价指数为例来说明，计算综合指数，要用 200 种代表规格品价格相对应的实际零售量资料，既有困难，也不恰当。用平均数指数编制，除了可用实际零售额为权数外，也可以在实际零售资料的基础上推算确定零售比重进行加权平均计算。因此编制质量指标指数，可以节省不少调查工作量，而又能够保证指数计算结论的准确性，是经济指数编制工作中值得重视的实际问题。

第五节　因　素　分　析

一、因素分析的意义

因素分析就是借助指标体系来分析社会经济现象变动中各种因素发生变动的作用及影响程度。社会经济现象指标之间存在一定的数量对等关系，这种数量对等关系依赖于社会经济现象客观上的经济联系。如：

$$总成本＝单位产品成本×产量 \tag{7-7}$$

$$总产值＝单位产品出厂价格×产量 \tag{7-8}$$

$$销售额＝单位商品销售价格×销售量 \tag{7-9}$$

社会经济现象之间的这种相互联系、相互影响的关系，在统计中还可以通过指数体系来表现。如：

$$总成本指数＝单位产品成本指数×产量指数 \tag{7-10}$$

$$总产值指数＝单位产品出厂价格指数×产量指数 \tag{7-11}$$

$$销售额指数＝单位商品销售价格指数×销售量指数 \tag{7-12}$$

这种反映社会经济现象之间的相互联系、相互影响的指数所组成的体系称为指数体系。因素分析主要作用是利用指数体系可以测定复杂现象总体变动中各个因素变动的影响方向和影响程度，分析影响总变动的原因。

二、因素分析方法应用

因素分析的种类很多，按分析对象的特点不同，有简单现象因素分析和复杂现象因素分析。按指标的表现形式不同，有总量指标变动因素分析和平均指标、相对指标变动因素分析。按影响因素的多少，有两因素分析和多因素分析。本节就总量指标两因素分析作简要说明。

（一）总量指标的两因素分析

总量指标因素分析的指数体系有相对数和绝对数两种表达方式：

$$\frac{\Sigma p_1 q_1}{\Sigma p_0 q_0}=\frac{\Sigma p_1 q_1}{\Sigma p_0 q_1}\times\frac{\Sigma p_0 q_1}{\Sigma p_0 q_0} \quad \text{（相对数表达式）} \tag{7-13}$$

$$\Sigma p_1 q_1 - \Sigma p_0 q_0 = (\Sigma p_1 q_1 - \Sigma p_0 q_1) + (\Sigma p_0 q_1 - \Sigma p_0 q_0) \quad \text{（绝对数表达式）} \tag{7-14}$$

【例 7-2】 根据表 7-6 某企业所生产三种产品的资料，分析总成本的变动情况。

某企业所生产的三种产品的资料　　　　　　　　　　　　　表 7-6

产 品	计量单位	单位成本（元）		产 量		总成本（元）		
		基期 p_0	报告期 p_1	基期 q_0	报告期 q_1	$p_0 q_0$	$p_1 q_1$	$p_0 q_1$
甲	kg	5	6	400	500	2000	3000	2500
乙	m²	8	10	500	600	4000	6000	4800
丙	t	12	15	150	200	1800	3000	2400
合 计	—	—	—	—	—	7800	12000	9700

三种产品总成本变动的情况：

$$\text{总成本指数}=\frac{\Sigma p_1 q_1}{\Sigma p_0 q_0}=\frac{12000}{7800}=153.85\%$$

增加的总成本 $=\Sigma p_1 q_1 - \Sigma p_0 q_0 = 12000 - 7800 = 4200$ 元

其中：（1）由于产量变动的影响：

$$\text{产量指数}=\frac{\Sigma p_0 q_1}{\Sigma p_0 q_0}=\frac{9700}{7800}=124.36\%$$

由于产量变动影响总成本的增加额 $=\Sigma p_0 q_1 - \Sigma p_0 q_0 = 9700 - 7800 = 1900$ 元

（2）由于单位成本变动的影响：

$$\text{单位成本指数}=\frac{\Sigma p_1 q_1}{\Sigma p_0 q_1}=\frac{12000}{9700}=123.71\%$$

由于单位成本变动影响总成本的增加额 $=\Sigma p_1 q_1 - \Sigma p_0 q_1 = 12000 - 9700 = 2300$ 元

（3）指数体系：

$$153.85\%=124.36\%\times123.71\%$$

$$4200\ \text{元}=1900\ \text{元}+2300\ \text{元}$$

由以上计算可知：该企业生产的三种产品的总成本指数报告期比基期提高了 53.85%，使得总成本的绝对值增加了 4200 元，这是由于三种产品的产量指数报告期比基期上升了 24.36%，使得总成本增加 1900 元和由于三种产品的单位成本指数报告期比基期上升了 23.71%，使得总成本增加 2300 元这两因素所共同影响的。

（二）平均指标指数的因素分析

1. 平均指标指数因素分析的意义

统计指数分析法不仅用于总量指标的分析，还可用于平均指标的动态分析。平均指标指数是为了对平均指标的变动进行因素分析，这种用于动态分析平均指标的方法我们称之为平均指标指数分析法。即同一经济内容的两个不同时期的平均指标指数值之比。总体的平均指标一般受两个因素的影响，即各组变量值大小和总体内部结构变化的影响。总体平均指标的变动是这两个因素变动的综合结果。平均指标变动的因素分析，就是利用指数因素分析方法，从数量上分析总体各部分变量值与总体内部结构这两个因素变动对总体平均指标变动的影响。例如，一个部门的劳动生产率水平决定于部门内各单位劳动生产率水平与各单位在部门内的比重两个因素。通过因素分析，可以弄清楚这两个因素各自影响的方向、程度和数量，从而对部门劳动生产率的变动能有更深的认识。

平均指标指数变动的因素分析是一种重要的统计分析方法，对经济管理与研究有重要的意义。

2. 平均指标变动的因素分析方法

常见的平均指标指数有：劳动生产率指数、平均工资指数、平均单位成本指数等。下面以劳动生产率指数为例，介绍平均指标指数的基本原理和分析方法。

劳动生产率指数的公式如下：

$$k = \frac{\overline{q}_1}{\overline{q}_0} = \frac{\dfrac{\Sigma q_1 T_1}{\Sigma T_1}}{\dfrac{\Sigma q_0 T_0}{\Sigma T_0}} \qquad (7-15)$$

式中　$\overline{q}_1$——报告期平均劳动生产率；

$\overline{q}_0$——基期平均劳动生产率；

q_1——报告期劳动生产率；

q_0——基期劳动生产率；

$\Sigma q_1 T_1$——报告期产量；

$\Sigma q_0 T_0$——基期产量；

ΣT_1——报告期工人总数；

ΣT_0——基期工人总数。

上式也可改写为：

$$k = \frac{\Sigma q_1 \cdot \dfrac{T_1}{\Sigma T_1}}{\Sigma q_0 \cdot \dfrac{T_0}{\Sigma T_0}} \qquad (7-16)$$

可以看出，劳动生产率指数反映两个因素变动的影响，即各组工人劳动生产率变动的影响和各组工人人数在全部工人总数中所占比重变动的影响。这是因为加权算术平均数本身包括标志值和权数两个因素，所以平均指标指数所反映的变动程度，也包括两个因素的影响，即不仅受所平均的经济指标变动的影响，而且还受所研究总体内部单位数结构变动的影响。

因为平均指标指数受两个因素的影响，这又类似于综合指数中的两个因素间的关系。为了测定一个因素的变动情况，必须将另一个因素固定下来。因此，应利用因素分析法对平均指标指数进行分析。平均指标变动的因素分析需要编制三种平均指标指数。它们是可变构成指数、固定构成指数和结构变动影响指数，并组成如下指数体系：

可变构成指数＝固定构成指数×结构变动影响指数　　　　　(7-17)

即 $\dfrac{\Sigma q_1 T_1}{\Sigma T_1} \div \dfrac{\Sigma q_0 T_0}{\Sigma T_0} = \left(\dfrac{\Sigma q_1 T_1}{\Sigma T_1} \div \dfrac{\Sigma q_0 T_1}{\Sigma T_1} \right) \times \left(\dfrac{\Sigma q_0 T_1}{\Sigma T_1} \div \dfrac{\Sigma q_0 T_0}{\Sigma T_0} \right)$ （相对数） (7-18)

$\dfrac{\Sigma q_1 T_1}{\Sigma T_1} - \dfrac{\Sigma q_0 T_0}{\Sigma T_0} = \left(\dfrac{\Sigma q_1 T_1}{\Sigma T_1} - \dfrac{\Sigma q_0 T_1}{\Sigma T_1} \right) + \left(\dfrac{\Sigma q_0 T_1}{\Sigma T_1} - \dfrac{\Sigma q_0 T_0}{\Sigma T_0} \right)$ （绝对数） (7-19)

【例 7-3】 见表 7-7 资料，某厂劳动生产率的上升是由两个因素共同影响的：一是甲、乙两车间职工平均劳动生产率的变动；二是由于甲、乙两车间人员比重的变动。具体分析如下：

某厂甲、乙两车间资料   表 7-7

单 位 类 别	总产值（万元）		平 均 人 数				劳动生产率（万元/人）		劳动生产率指数（%）q_1/q_0
	基期 $q_0 T_0$	报告期 $q_1 T_1$	基 期		报告期		基 期 q_0	报告期 q_1	
			人 数 T_0	（%）$T_0/\Sigma T_0$	人 数 T_1	（%）$T_1/\Sigma T_1$			
甲车间	1800	2520	80	40	140	50	22.5	18	80
乙车间	2000	3500	120	60	140	50	16.67	25	149.97
合 计	3800	6020	200	100	280	100	19	21.5	113.16

① 可变构成指数：

它是指现象总体的变动由各组平均水平和总体结构变动两个因素相互作用的结果的指数。根据表 7-7 资料，可得该厂基期和报告期的劳动生产率分别为：

$$\bar{q}_1 = \frac{\Sigma q_1 T_1}{\Sigma T_1} = \Sigma q_1 \frac{T_1}{\Sigma T_1} = \frac{6020}{280} = 21.5 \text{ 万元/人}$$

$$\bar{q}_0 = \frac{\Sigma q_0 T_0}{\Sigma T_0} = \Sigma q_0 \frac{T_0}{\Sigma T_0} = \frac{3800}{200} = 19 \text{ 万元/人}$$

劳动生产率可变构成指数为：

$$\frac{\bar{q}_1}{\bar{q}_0} = \frac{\Sigma q_1 T_1 / \Sigma T_1}{\Sigma q_0 T_0 / \Sigma T_0} = \frac{21.5}{19} = 113.16\%$$

这说明该厂劳动生产率水平平均提高了 13.16%（113.16%－100%），该厂劳动生产率水平的绝对数增加了 2.5(21.5－19)万元/人。

我们不仅要研究劳动生产率水平的变动程度和方向，更重要的是找出各车间职工劳动生产率水平变动和职工比重变动对全厂劳动生产率的影响情况。同综合指数相似，在观察一个因素变化时，需将另一个因素固定。固定时期可以是报告期，也可以是基期。但一般情况下，在观察平均水平变化的时候，把结构固定在报告期；在观察结构变动时，把平均水平固定在基期。我们以这种方式来计算固定构成指数和结构影响指数。

② 固定构成指数：

为了观察各车间劳动生产率的变动影响，将职工结构假定在报告期情况下，来计算劳动生产率指数。这个指数被称为劳动生产率固定构成指数。其公式为：

$$劳动生产率固定构成指数 = \frac{\Sigma q_1 T_1}{\Sigma T_1} \div \frac{\Sigma q_0 T_1}{\Sigma T_1}$$

$$= \frac{6020}{280} \div \frac{5484}{280} = \frac{21.5}{19.59} = 109.75\%$$

这个结果说明，由于两车间劳动生产率水平平均提高 9.75%，使该厂劳动生产率水平提高的绝对数为 1.91（21.5－19.59）万元/人。

③ 结构影响指数：

为了观察车间人员比重结构对该厂劳动生产率变动影响，将各车间劳动生产率水平假定在基期条件下，来计算劳动生产率指数。这个指数被称为劳动生产率结构影响指数。其公式为：

$$劳动生产率结构影响指数 = \frac{\Sigma q_0 T_1}{\Sigma T_1} \div \frac{\Sigma q_0 T_0}{\Sigma T_0}$$

$$= \frac{5484}{280} \div \frac{3800}{200} = \frac{19.59}{19} = 103.11\%$$

其结果表明：两个车间人员比重的变动，使全厂劳动生产率提高了 3.11%（103.11%－100%），提高的绝对数为 0.59（19.59－19）万元/人。

④ 指数体系：

$$113.16\% = 109.757\% \times 103.11\%$$

2.5 万元/人＝1.91 万元/人＋0.59 万元/人

复习思考题

1. 什么是指数？如何分类？
2. 指数的作用有哪些？
3. 什么是同度量因素？同度量因素固定时期的一般方法？
4. 综合指数和平均指数有哪些联系与区别？平均指数在什么条件下是综合指数的变形？

第八章　物业管理前期工作统计

第一节　物业管理招投标工作程序

一、物业管理招投标的意义

物业管理是指对住宅小区、公共商业楼宇等进行全面综合的管理，实行有偿服务，独立核算，自负盈亏、自我经营、自我发展，自我约束的企业法人。物业管理行业的快速发展和物业管理企业、业主委员会的诞生，使物业管理市场逐步活跃，这也为物业管理企业通过竞争取得物业的管理权提供了可能。物业管理企业只有通过市场才能真正走上企业化经营的道路，通过招投标达到企业和业主之间的双向选择，实现优胜劣汰。物业管理的招投标工作是活跃物业管理市场的基础工作，是物业管理公司进入市场的必然趋势。

（一）物业管理招投标的涵义

物业管理招投标实质上是围绕着物业管理权的一种交易形式。物业管理的招标是物业所有权人或法定代表的开发商或业主委员会在为物业选择管理者时，通过制定招标文件，向社会公布招标信息，由物业管理企业竞投，从中选择最佳者，并与之订立物业管理合同的过程。是物业的业主、开发商（或业主）运用价值规律和市场竞争来组织物业委托管理的基本方式。招标就是竞争信号。物业管理投标是指符合招标文件中要求的物业管理企业，根据公布的招标文件中确定的各项管理服务要求与标准，根据国家有关法律、法规与本企业管理条件和水平，编制投标文件，积极参与投标活动的整个过程。也即物业管理企业依据委托方的招标文件的要求组织编制标书，争取获得物业管理资格的一种竞争行为。它是物业管理公司前期介入的基本前提和经常工作。

（二）物业管理招投标的意义

物业管理实行招标投标，是业主选择管理者竞争物业管理权的行为。业主和物业管理企业通过市场双向选择，挑选管理者并与其签订委托管理合同，明确双方的权利、责任和义务，从技术、经济和法律上规范双方的行为，对协调和保障双方的利益具有重要的意义。具体内容如下：

（1）物业管理招投标是物业管理市场发展的需要。随着社会主义市场经济的发展，物业管理企业的管理服务作为一种劳务商品也要进入市场，进行等价交换，接受市场公平竞争的考验。物业管理企业提供的管理服务——劳务性的无形商品要通过市场进行交换，它的价值和价格就必须被物业管理市场所接受。因此通过物业管理投招标，评定其价格和价值在现行市场价格水平下能否被接受，是保证等价交换顺利进行的前提，也是价值规律的客观要求。

（2）物业管理招投标是房地产管理体制改革的需要。随着我国经济体制改革的不断深化，原来行政福利性的房地产管理体制已不能适应市场经济的发展需要，必须对旧的管理体制进行改革，走出一条符合我国国情、适应社会主义市场经济发展的社会化、专业化、企业化、经营型的管理新路。为此，对房屋的管理，必须从原来的行政管理终身制变为企业经营性的聘用制。在这种新的体制下物业管理的业主方和管理方才能真正实现双向选择。

（3）物业管理招投标是提高物业管理水平的需要。目前我国物业管理水平整体不高，许多物业管理企业规模小、成本高，服务水平不高，有些物业管理企业出现亏损状态经营，这对物业管理整体水平提高不利，要想提高物业管理水平，就要引进竞争机制。只有在竞争中，一些经营管理好，服务水平高，竞争能力强的企业才会赢得信誉和更多的委托管理业务；一些经营管理差，服务水平低的企业，将在竞争中被淘汰。因此物业管理实行招投标，有利于提高物业管理的质量和增强物业管理企业的活力，有利于市场竞争的开展。

（三）物业管理招投标的原则

物业管理招投标的目的就是物业管理企业和业主利用市场竞争机制，找到自己最理想的物业管理企业。开发商或业主要想吸引尽可能多的物业管理企业参与投标并从竞争性投标中得益，招投标就必须贯彻"公平、公正、公开、合理"的原则。

二、物业管理招投标工作程序

根据国家有关规定，住宅小区已交付使用且入住率达到50％以上时，物业管理主管部门应会同开发建设单位召集全体业主举行业主选举大会，选举产生业主委员会。业主委员会在业主大会的监督下，通过公开招标选定物业管理公司，与物业管理企业订立、变更或解除物业管理合同。物业管理公司根据与业主委员会的合同，承担住宅小区的物业管理工作。

物业管理招投标的程序：

（1）物业管理主管部门发布《招标书》、《标书的项目和要求》。

（2）物业管理公司提交营业执照复印件（正本交审）、投标申请书及公司情况介绍等资料。

（3）招标领导小组对报名参加投标的单位进行资质审查，根据具体情况，确定数家管理力量雄厚、经验丰富、水平先进、信誉好的物业管理公司参加投标，并书面通知各参加投标单位。

（4）参加投标的单位根据《招标书》、《标书的项目和要求》编制标书，密封后在指定的时间前送达投标地点。

（5）评标委员会将由招标人代表和物业管理方面专家组成。

（6）由评标委员会采用会议形式开标、定标。评标人员在开标会上对各参加投标单位的标书逐项进行无记名评分。记分时每个项目去掉最高分和最低分，然后算出其总分，总分最高者中标。

三、物业管理招投标实例

南京百家湖花园物业管理招标书

百家湖花园坐落于国家级开发区——南京江宁开发区百家湖畔，由南京利源物业发展有限公司投资建设，是规模较大、功能较全的高档住宅小区。为加强百家湖花园的物业管理，创造优质的居住环境，现决定采用国家公开招标方式选聘物业管理企业进行管理。

一、百家湖花园规划建设概况

百家湖花园总占地面积 28 万 m²，总建筑面积约 26.8 万 m²，由四个区域组成：

(1) 百家湖别墅花园 3.2 万 m²。

(2) 百家湖公寓花园 11.5 万 m²。

(3) 米兰城小高层住宅区约 10.7 万 m²。

(4) 威尼斯别墅区约 1.4 万 m²。

总计住宅 1180 套。

(一) 百家湖别墅花园

百家湖别墅花园 1997 年 12 月 28 日建成封园，建成后一直由开发商下属的百家湖物业管理有限公司实施管理。1996 年经市政府批准为涉外商住区，1998 年被评为全国城市物业管理优秀住宅小区。

1. 总建筑面积

百家湖别墅花园占地面积 7.2 万 m²，建筑面积 32078.5m²，分为：别墅 80 幢 22640m²、百家湖度假村 5614m²、俱乐部 1247m²、办公楼 2577.5m²。

2. 设备设施情况

(1) 绿化面积 46918.9m²，其中公共绿地面积 16660m²，共有植物 228 种，其中乔木 35 种，灌木 36 种。

(2) 道路面积 7446.6m²，铸铁护栏长 7024m。

(3) 变电配电房 240m²，配 8 台抽出式开关柜。

(4) 公共照明：高杆灯 132 盏，草坪灯 50 盏，围墙灯 33 盏，亮化彩灯 600m。

(5) 污水检查井 294 座，雨水检查井 92 座。

(6) 消防设备：消防栓 6 只，消防栓胶水带 6 盘，干粉消防推车 2 辆，消防箱 10 只，灭火器 30 只。

(7) 通讯设备：办公电话一部，内部办公电话交换机一套，园区电话分线盒 14 个，无线对讲机 5 台。

(8) 有线电视设备：有线电视分线盒 10 个，CATV 箱 40 个。

(9) 卫星电视系统：卫星天线 3 座，捷变调制器 10 台，松下卫星接收机 8 台，12 路混频器 1 个，监视器 1 台。

(10) 监控系统：监控摄像头 14 个（其中 4 个可旋转头），显示器 12 台，控制平台 1 个。

(11) 意大利进口冲浪公共泳池 1 座。

(12) 垃圾中转站 1 座，活动垃圾桶 30 个。

(13) 化粪池 15 座。

(14) 物业管理办公用房：214m²。

(15) 东西门卫及监控室：72m²。

(二) 百家湖公寓花园

1. 总建筑面积及交付时间

百家湖公寓花园由维也纳城、罗马城、综合门楼和附属商业门面房四部分组成，总面积 115590m²。

(1) 维也纳城占地 46690m², 建筑面积 55084m²。其中多层公寓 24 套, 跃层公寓 221 套, 私家半地下车库 180 个 3960m²。首期 24 套多层公寓 1824m²、80 套跃层公寓 21100m²、1408m² 私家车库, 1999 年 12 月 31 日前交付; 141 套跃层公寓和其他私家车库 2000 年 6 月底交付。

(2) 罗马城占地面积 42200m², 建筑面积 53846m²。其中多层公寓 152 套 21584m², 跃层公寓 116 套 29232m², 私家半地下车库 116 个 3030m², 1999 年 12 月 31 日交付。

(3) 综合门楼建筑面积 1900m²(共 7 层), 其中物业管理办公用房 150m², 控制中心 75m², 保安及宿舍用房 209m², 变频加压供水泵房 75m², 其他用房 1391m², 电梯一部, 2000 年 3 月交付。物业管理用房由开发商负责按办公标准装修, 若中标单位另行装修, 费用自理。

(4) 商业门面房 4760m², 2000 年 6 月交付。

2. 设备设施情况

(1) 绿化面积 35243m²。

(2) 道路面积 10804m²。

(3) 箱式变压站 2 座, 内有 400kVA 箱式变压器 4 台。

(4) 主干道高杆路灯 122 盏。

(5) 化粪池 3 座 275m³。

(6) 污水检查井 200 个, 雨水检查井 200 个。

(7) 垃圾中转站 2 座。

(8) 公共停车位 100 个。

(9) 高杆远红外 180° 旋转摄像头监控系统一套。

(10) 全进口纯净水供水系统一套(经营服务项目)。

(11) 管道煤气供应系统。

(12) 蓄水池一座。

(13) 智能化系统(①~⑤为收费服务项目):

1) IP 电话;

2) Internet/Intranet 网络快速接入;

3) 自办电视节目, 卫星电视, 有线电视;

4) VOD 点播系统;

5) 网上交互式电子游戏;

6) 网上电子公告。

(14) 每户可视对讲系统。

(三) 米兰城

占地 48490m², 总建筑面积约 107000m², 共 10 幢。其中: 商用门面房 10000m², 地下停车场约 1000m², 车位 80 个, 地面车位 200 个, 组团景观花园 8 个 8000m², 步行景观大道 300m, 网球场 2 片, 羽毛球场 4 片, 于 2002 年 6 月前陆续交付使用。

(四) 威尼斯别墅区

占地 60030m², 总建筑面积 14000m², 共建别墅 40 幢, 于 2002 年 3 月前陆续交付使用。

二、物业管理招标内容

(1) 房屋及公用部位的使用维修养护;

(2) 小区内公共设施、设备及场所的使用、维修、养护、管理和收费(含门楼、消防、电梯、机电设备、净水站、道路、路灯、公共绿化、沟、渠、池、井、管道、地下车库、地面车位、雕塑、景观景点等);

(3) 园区公共区域的清洁卫生;

(4) 公共生活秩序;

(5) 住宅区内所有营业场所、文化娱乐、体育活动场所的管理、收费及维修养护;

(6) 住宅区智能化系统的管理、维修养护和经营;

(7) 住宅区车辆(包括机动和非机动车辆)行驶及停泊的管理、收费;

(8) 住宅区文化活动;

(9) 住宅区档案资料管理;

(10) 法律政策及合同规定的其他事项。

三、物业维修基金

开发商提供部分商业用房及营业性设备设施,参照《南京市物业管理暂行办法》中的物业管理用房的做法折算为物业维修基金。此处物业管理用房、商业用房产权为政府代管,由物业管理企业承租使用,租金纳入物业维修基金管理。中标后开发商办理移交时,由其一并办理产权变更手续。

本招标项目物业维修基金总额为13695082元。

(一) 开发商应交物业维修基金

开发商应交物业维修基金10071532元。

(1) 本次招标开发商提供物业管理用房573m²:

1) 南京利源物业发展有限公司办公楼中提供物业管理用房214m²;

2) 百家湖公寓花园综合门楼中提供物业管理用房359m²(其中办公室150m²,保安兼宿舍209m²);

3) 折算物业维修基金:573m²×1140元/m²=653220元。

(2) 本次招标开发商提供商业用房325m²:

1) 百家湖公寓花园商用门面房250m²;

2) 百家湖公寓花园控制中心75m²;

3) 折算物业维修基金:325m²×1500元/m²=487500元。

(3) 本次招标开发商提供商用设施设备:

1) 全进口纯净水供水系统,总投资约296万元(以工程决算审计为准),折抵物业维修基金。另,业主入住时,由开发商按每户1000元收取使用费共110万元,直接划拨到政府指定的物业维修基金专户,作为物业维修基金增值部分。

2) 控制中心设施设备总投资约100万元(以工程决算审计为准),折抵物业维修基金。

3) 以上经营收益,中标单位按20%留作补贴,80%作为物业维修基金的增值部分,直接划缴到政府指定的物业维修基金专户。

(4) 开发商应交物业维修基金现金4970812元,首次缴纳3000000元,在签订合同后一个月内直接划缴到政府指定的物业维修基金专户,余额在全部工程竣工后缴齐。

（二）业主应交物业维修基金

业主应交物业维修基金 3623550 元，由开发商在住房销售时代收代缴，直接划缴到政府指定的物业维修基金专户。

四、有关说明

（1）中标单位应根据国家、省、市的有关法律、法规及与开发商签订的物业管理委托合同对百家湖花园实施统一管理、综合服务、自主经营、自负盈亏。

（2）百家湖花园委托管理期限为三年（从 2000 年 1 月 1 日至 2003 年 12 月 31 日止，含试管期一年）。

（3）中标单位在定标后一个月内与南京利源物业发展有限公司签订物业委托管理合同。

（4）定标后，中标单位即介入管理。开发商另在百家湖公寓花园免费提供 140m² 的临时办公用房供中标单位使用，直至门楼竣工交付使用为止。

（5）住宅区物业管理公共服务费的收取标准：

1）百家湖别墅花园：按建筑面积每平方米每月收取 3 元。

2）百家湖公寓花园：按建筑面积交付初期每平方米每月收取 0.5 元，一年以后，按照物价部门核准的标准收取。

3）米兰城和威尼斯城的物业管理公共服务费交付时按照物价部门核定标准执行。

（6）百家湖花园不允许封闭阳台，设防盗网，但可以在窗户内侧安装防盗窗花，由中标单位统一格式，统一施工；空调安装在指定位置，不得乱挂室外机；不允许安装太阳能热水器；室外衣架统一位置、统一材质、统一颜色和统一施工。

（7）开发商不付开办费，由中标单位自行解决。

（8）百家湖花园除临湖处外，均为永久性通透式围栏。因施工原因暂不能设置永久性围栏时，则设置临时围栏，费用由开发商承担。

（9）百家湖花园信报箱由中标单位统一安装，向住户收取费用。

（10）百家湖公寓花园在施工过程中已预埋智能化设备管线和安装接口，在住户装修完工后再由开发商安装终端设备，中标单位必须加强装修监管，除不能有违章装修、违章搭建外，还不得对预留安装口、预埋管线造成破坏，否则由中标单位承担相应的监督责任。

（11）在做标书时统一以 2000 年 1 月 1 日为中标进住时间。

（12）中标单位可按住宅区每年物业管理公共服务费总收入的 10% 提取物业管理单位佣金。

（13）投标单位必须根据本招标书提供的条件，制作投标书，除小区内标识牌、道闸、地下停车库设施、岗亭、垃圾收集中转站、大门、宣传栏等由开发商投资配套的设施外，在投标书中提出的需增设的其余设施，被视为投标单位承担费用，中标单位须在承诺期内予以实施。

（14）中标单位必须加强对住宅区所有建筑物内、外墙、屋顶花园的管理，杜绝违章装修和违章搭建，每发生一户违章给予中标单位罚款 5000 元并限期拆除，发生 2 户违章装修、违章搭建不能拆除或造成严重后果的，委托方有权向市房产局提出终止委托管理合同。

（15）中标单位应向南京市房产管理局物业管理处交纳风险抵押金20万元，如不能完成投标书承诺或托管期内达不到国家城市优秀物业管理住宅小区标准的，抵押金不予返还。押金期限三年，返还时按银行同期定期存款利率一并返还本息。

（16）百家湖花园物业管理标准执行《全国城市物业管理优秀小区（大厦）考评标准》以及投标书和委托管理合同的约定，如出现达不到规定要求，管理维护服务水平下降现象，住户投诉多或出现重大管理失误，委托方有权向南京市房产局提出终止委托管理合同，并进行财务审计，责任由中标单位负责。

（17）在托管期内，若达到全国城市物业管理优秀住宅小区或示范级住宅小区标准，由委托方分别给予三万或五万元奖励。

五、投标、开标时间

（1）各参加投标单位做好标书，密封后于1999年11月30日17：00前送达招标领导小组办公室，逾期按弃权处理。

（2）开标时间为1999年12月5日。

六、其他约定事项

（1）本次招标中，任何违反招标文件规定，在投标过程中违法违纪，或采用任何不正当竞争手段的，一经查实，由招标领导小组按规定，取消投标单位本次投标资格，已经中标的，终止委托管理合同，一切后果由责任方负责。

（2）发展商未出售的空置房，自中标单位2000年1月1日进入后，三个月内免交物业管理公共服务费，三个月后按规定支付应付物业管理公共服务费的50%。

（3）业主自竣工交房之日起，三个月内免交物业管理公共服务费。

（4）中标单位获得的物业管理用房，商业用房不得转售，不得从事违法经营。

第二节　物业的接管、验收工作的统计

一、物业接管验收的概念

接管验收不同于竣工验收。接管验收是房管部门、物业管理公司、建设单位自身以及个人对物业的接管验收。

物业的接管验收是指物业管理企业接管开发企业、建设单位或个人托管的新建房屋或原有房屋等物业时，以主要结构安全和满足使用功能为主要内容的接管检验。对新建房屋，接管验收是竣工验收的再检验。物业接管验收过程中材料的的收集、整理、分析等统计工作，是物业管理过程中不可缺少的一个重要环节。

（一）物业接管验收的统计原则

物业的接管验收是一个比较复杂的过程，它不仅涉及到建筑工程技术，而且牵涉到许多法律法规问题，常常出现一些实际结果与理论要求不一致之处。为了处理好接管验收过程中发现的问题，需掌握以下基本原则：

（1）用制度来保证接管验收的规范性，在接管过程中，要讲原则，依法接管。

物业管理公司的接管验收要严格按照《房屋接管验收标准》执行，应对验收中查出的各种问题做非常详细的记录，该返工的要责成施工单位返工，属无法返工的问题就应索赔。返工没有达到规定要求的，不予签字，直到达到要求。但是，对于大规模的物业，难免出现一些不尽人意之处，接管验收人员就要针对不同问题分别采取不同的相应解决办法。不能把接管验收双方置于对立状态，而应共同协商，力争合理、圆满地解决接管验收过程中发现的问题。

（2）细致入微与整体把握相结合的原则。

工程质量问题对物业产生不良影响的时间是相当久远的，有时会给后期物业管理带来巨大的困难，所以，物业管理公司在进行物业验收时必须细致入微，否则将严重损害业主的利益。大的方面如建筑结构的安全性，给排水管道是否通畅，供电线路的正确与否以及各种设备的运行是否正常；细微之处如所用材料的性能，供电线路的大小是否恰当；对电梯、空调等大型设备的检测和验收必须是在其负载运行一段时间以后进行。整体上把握是从更高层次上去验收，是站在整个物业的角度对物业的内在和外在的综合条件进行评价和检验，物业的土地情况、市政公用设施、公共配套设施等综合性项目将标示该物业的档次和发展潜力。对住宅小区，营造一个舒适、优美、安静的环境是小区建设和管理的重要目标。写字楼则重视能体现使用者的地位和身份，因此装饰、地段和一流的设施系统应是接管验收的重点。

（二）接管验收统计应准备的资料

1. 新建物业接管验收应准备的资料

（1）产权资料：

1）项目批准文件；

2）用地批准文件；

3）建筑执照；

4）拆迁安置资料。

（2）技术资料：

1）竣工图纸：包括总平面、建筑、结构、设备、附属工程及隐蔽管线的全套图纸；

2）地质勘察报告；

3）工程合同及开工、竣工报告；

4）工程预决算；

5）图纸会审记录；

6）工程设计变更通知及技术核定单（包括质量事故处理记录）；

7）隐蔽工程验收签证；

8）沉降观察记录；

9）竣工验收说明书；

10）钢材、水泥等主要材料的质量保证书；

11）新材料、构配件的鉴定合格证书；

12）水、电、采暖、卫生洁具、电梯等设备的检验合格证书；

13）砂浆、混凝土试块试压报告；

14）供水、供暖、管道煤气的试压报告。

2. 原有物业接管验收统计应准备的资料

（1）产权资料：

1）房屋所有权证；

2）土地使用权证；

3）有关司法、公证文书和协议；

4）房屋分户使用清册；

5）房屋设备及固定附着物清册。

（2）技术资料：

1）房地产平面图；

2）房屋分间平面图；

3）房屋及设备技术资料。

（三）接管验收的统计标准

1. 新建物业的接管验收统计标准

质量与使用功能的检测：

（1）主体结构

1）地基基础的沉降不得超过建筑地基基础设计规范的允许变形值；不得引起上部结构的开裂或相邻房屋的损坏。

2）钢筋混凝土构件产生变形、裂缝，不得超过钢筋混凝土结构设计规范的规定值。

3）木结构应节点牢固，支撑系统可靠、无蚁害，其构件的选材必须符合结构工程施工及验收规范规定。

4）砖石结构必须有足够的强度和刚度，不允许有明显裂缝。

5）凡应抗震设防的房屋，必须符合建筑抗震设计规范的有关规定。

（2）外墙不得渗水

（3）屋面

1）各类屋面必须符合屋面工程施工及验收规范的规定，排水畅通，无积水，不渗漏。

2）平屋面应有隔热保温措施，三层以上房屋在公用部位设置屋面检修孔。

3）阳台和三层以上房屋的屋面应有组织排水，出水口、檐沟、落水管应安装牢固，接口严密，不渗漏。

（4）楼地面

1）面层与基层必须粘结牢固，不空鼓。整体面层平整，不允许有裂缝、脱皮和起砂等缺陷；块料面层应表面平整，接缝均匀顺直、无缺棱掉角。

2）卫生间、阳台、盥洗间地面及相邻地面的相对标高应符合设计要求，不应有积水，不允许倒泛水和渗漏。

3）木楼地面应平整牢固，接缝密合。

（5）装修

1）钢木门窗应安装平正牢固，无翘曲变形、开关灵活，零配件装配齐全，位置准确，钢门窗缝隙严密，木门窗缝隙适度。

2）进户门不得使用胶合板制作，门锁应安装牢固，底层外窗、楼层公共走道窗、进户门上的亮子均应装设铁栅栏。

3）木装修工程应表面光洁，线条顺直，对缝严密，不露钉帽，与基层必须钉牢。

4）门窗玻璃应安装平整，油灰饱满，粘贴牢固。

5）抹灰应表面平整，不应有空鼓、裂缝和起泡等缺陷。

6）饰面砖应表面洁净，粘贴牢固，阴阳角与线脚顺直，无缺棱掉角。

7）油漆、刷浆应色泽一致，表面不应有脱皮、漏刷现象。

（6）电气

1）电气线路安装应平整、牢固、顺直，过墙应有导管。导线连接必须紧密，铅导线连接不得采用绞接或绑接。采用管子配线时，连接点必须紧密、可靠，使管路在结构上和电气上均连成整体并有可靠的接地。每回路导线间和对地绝缘电阻值不得小于 $1M\Omega/kV$。

2）应按套安装电表或预留表位，并有电器接地装置。

3）照明器具等低压电器安装支架必须牢固，部件齐全，接触良好，位置正确。

4）各种避雷装置的所有连接点必须牢固可靠，接地电阻值必须符合电气装置安装工程施工及验收规范的要求。

5）电梯应能准确地启动运行、选层、平层、停层，曳引机噪声和震动声不得超过电器装置安装工程施工及验收规范的规定值。制动器、限速器及其他安全设备应动作灵敏可靠。安装的隐蔽工程、试运转记录、性能检测记录及完整的图纸资料均应符合要求。

6）对电视信号有屏蔽影响的住宅，电视信号场强微弱或被高层建筑遮挡及反射波复杂地区的住宅，应设置电视共用天线。

7）除上述要求外，同时应符合地区性"低压电气装置规程"的有关要求。

（7）水、卫、消防

1）管道应安装牢固，控制部件启闭灵活，无滴漏。水压试验及保温、防腐措施必须符合采暖与卫生工程施工及验收规范的要求。应按套安装水表或预留表位。

2）高位水箱进水管与水箱检验口的设置应便于检修。

3）卫生间、厨房内的排污管应分设，出户管长不宜超过 8m，并不应使用陶瓷管、塑料管。地漏、排污管接口、检查口不得渗漏，管道排水必须流畅。

4）卫生器具质量良好，接口不得渗漏，安装应平正，牢固，部件齐全，制动灵活。

5）水泵安装应平稳，运行时无较大震动。

6）消防设施必须符合建筑设计防火规范、高层民用建筑设计防火规范的要求，并且有消防部门检验合格签证。

（8）采暖

1）采暖工程的验收时间，必须在采暖期以前两个月进行。

2）锅炉、箱罐等压力容器应安装平正、配件齐全、不得有变形、裂纹、磨损、腐蚀等缺陷；安装完毕后，必须有专业部门的检验合格签证。

3）炉排必须进行 12h 以上试运转，炉排之间、炉排与炉镗之间不得互相摩擦，且无杂声，不跑偏、不受卡，运转自如。

4）各种仪器、仪表应齐全精确，安全装置必须灵敏、可靠，控制阀门应开关灵活。

5）炉门、灰门、煤斗闸板、烟、风档板要安装平正、启闭灵活，闭合严密，风室隔墙不得透风透气。

6）管道的管径、坡度及检查井必须符合采暖与卫生工程施工及验收规范的要求，管沟大小及管道排列应便于维修，管架、支架、吊架应牢固。

7）设备、管道不应有跑、冒、滴、漏现象，保温、防腐措施必须符合采暖与卫生工程施工及验收规范的规定。

8）锅炉辅机应运转正常、无杂声。消烟除尘、消声减震设备应齐全，水质、烟尘排放浓度应符合环保要求。

9）经过 48h 连续试运行，锅炉和附属设备的热工、机械性能及采暖区室温必须符合设计要求。

（9）附属工程及其他

1）室外排水系统的标高、窨井（检查井）设置、管道坡度、管径均必须符合室外排水设计规范要求。管道应顺直且排水通畅，井盖应搁置稳妥并设置井圈。

2）化粪池应按排污量合理设置，池内无垃圾杂物，进出水口高差不得小于 5cm。立管与粪池间的连接管道应有足够坡度，并不应超过两个弯。

3）明沟、散水、落水沟内不得有断裂、积水现象。

4）房屋入口处必须做室外道路，并与主干道相通。路面不应有积水、空鼓和断裂现象。

5）房屋应按单元设置信报箱，其规格、位置须符合有关规定。

6）挂物钩、晒衣架应安装牢固。烟道、通风道、垃圾道应畅通，无阻塞物。

7）单体工程必须做到工完料净场地清，临时设施及过渡用房拆除清理完毕。室外地面平整，室内外高差符合设计要求。

8）群体建筑应检验相应的市政、公建配套工程和服务设施，达到应有的质量和使用功能要求。

2．原有物业的接管验收统计标准

（1）质量与使用功能的检验

1）以危险房屋鉴定标准和国家有关规定作检验依据，例如，以房屋完损等级鉴定标准为依据对房屋进行检验；

2）从外观检查建筑整体的变异状态；

3）检查房屋结构、装修和设备的完好与损坏程度；

4）检查房屋使用情况（包括建筑年代、用途变迁、拆改添建、装修和设备情况）。评估房屋现有价值、建立资料档案。

（2）危险和损坏问题的处理

1）属于有危险的房屋，应由移交人负责排险解危后，始得接管；

2）属于有损坏的房屋，由移交人和接管单位协商解决，既可约定期限由移交人负责维修，也可采用其他补偿形式；

3）属法院判决没收并通知接管的房屋，按法院判决办理。

二、物业接管验收统计程序

在验收无误的情况下，就可以对所验收的物业实施接管。

（一）接管验收统计程序

1．新建物业的接管验收统计程序

（1）由建设单位书面提请接管单位验收。

（2）接管单位按接管验收条件和应提交的资料逐项进行审核，对具备条件的，应在 15 天内签发验收通知并约定验收时间。

（3）接管单位会同建设单位对物业的质量与使用功能进行检验。

（4）对验收中发现的问题，按质量问题处理办法处理。

（5）经检验符合要求的房屋，接管单位应签署验收合格凭证，签发接管文件，做好统计记录。

2. 原有物业接管验收统计程序

（1）移交人书面提请接管单位接管验收。

（2）接管单位按接管验收条件和应提交的资料逐项进行审核，对具备条件的，应在15天内签发验收通知并约定验收时间。

（3）接管单位会同移交人对原有房屋的质量与使用功能进行检验。

（4）对检验中发现的危损问题，按危险和损坏问题的处理办法处理。

（5）交接双方共同核点房屋装修、设备、附着物，核实房屋使用状况。

（6）经检验符合要求的房屋，接管单位应签署验收合格凭证，签发接管文件，办理房屋所有权转移登记（若无产权转移，则无需办理），做好统计记录。

（二）交接双方责任统计

（1）为尽快发挥投资效益，建设单位应按接管验收应具备的条件和应检索提交的资料提前做好房屋交验准备，房屋竣工后，及时提出接管验收申请，接管单位应在15天内审核完毕，及时签发验收通知并约定时间验收。经验收符合要求，接管单位应在7日内签署验收合格凭证，并应及时签发接管文件。未经接管的新建房屋一律不得分配使用。

（2）接管验收时，交接双方均应严格按照标准执行。验收不合格时，双方协商处理办法，并商定时间复验，建设单位应按约定返修合格，组织复验。

（3）房屋接管交付使用后，如发生隐蔽性的重大质量事故，应由接管单位会同建设单位组织设计、施工等单位，共同分析研究，查明原因，如属设计、施工、材料的原因应由建设单位负责处理，如属使用不当、管理不善的原因，则应由接管单位负责处理。

（4）新建房屋应明确规定保修日期，并执行建筑工程保修的有关规定，由建设单位负责保修并向接管单位预付保修保证金。接管单位在需要时予以代修。保修期满，按时结算，也可以在验收接管时，双方达成协议。建设单位一次性拨付保修费用，由接管单位负责保修。

（5）新建房屋一经接管，建设单位应负责在三个月内组织办理承租手续，逾期不办，应承担因房屋空置而产生的经济损失。

三、物业接管验收实例

上海××物业管理公司工程检查验收统计内容

1. 强电系统（表8-1）

强电系统检查统计表 表8-1

类　别	编　号	检 查 统 计 内 容	检 查 统 计 结 果	备　注
高配（35kV）和10kV）	1	室内照明、应急灯及亮度		
	2	室内墙、地面		
	3	高配室出入口及逃生通道		
	4	各类地沟及电缆出入处密封情况		
	5	标牌明确，双重命名，资料齐全		
	6	10kV值班室照明及模拟屏电源		

类 别	编 号	检 查 统 计 内 容	检 查 统 计 结 果	备 注
高配(35kV和10kV)	7	35kV SF6 断路器		
	8	真空断路器		
	9	避雷针		
	10	断路器操路机构		
	11	二次回路		
	12	常用电器绝缘工具		
	13	CO2 房门外说明		
低 配	1	室内照明、应急灯及亮度		
	2	室内墙地面		
	3	各种地沟、托盘等电缆汇流排出入处密封情况		
	4	标牌及编号		
	5	桥架上电缆固定情况		
	6	配电箱箱内表格		
	7	低配手车开关的操作机构及钥匙		
	8	低配自动应急切换		
发 电 机 静态检查	1	机器外观、护板和油嘴		
	2	各皮带装置情况		
	3	冷却液面高度		
	4	缸体加热器工作情况，保护水套温度		
	5	空气滤芯堵塞指示器		
	6	油水分离器		
	7	柴油箱内油平面及油面显示器		
	8	柴油自动补给装置		
	9	柴油滤芯堵塞指示器		
	10	电瓶液面高度		
	11	电瓶接线柱及接头		
	12	全部仪表情况		
	13	充电器情况		
	14	曲轴箱呼吸器		
	15	气门肢间隙		
	16	报警及停车装置工作情况		
	17	调节器励磁器及定子各线圈		
发 电 机 动态检查	1	机油压力		
	2	柴油压力		
	3	机油平面高度		
	4	发电机频率及电压		
	5	散热器的百叶窗的开闭情况		
	6	各部位是否漏油、气、水，声音是否正常		
	7	加额定负荷最少30%的荷载2h以上		

类 别	编 号	检 查 统 计 内 容	检 查 统 计 结 果	备 注
发电机 动态检查	8	运转 1h 后，记录以下数据： 机油压力 柴油压力 机油平面 转速/频率 电压 水套温度		
	9	发电机座的安装情况		
发电机停 机后检查	1	自动启动开关位置		
	2	柴油和平面下降情况		
	3	充电电流值		
	4	取 SOS 油样分析		
	5	切开机油滤芯检查杂物		
照明及 插 座	1	各电表房内照明开关区域标示完整 清楚，装饰照明与一般照明分开，与 插座有关的照明、漏电开关要标明		
	2	全部插座的漏电保护		
	3	插座、地插座固定		
	4	出口指示灯与一般照明开关分开		
	5	出口指示灯与应急照明灯应急实验		
	6	安全通道和安全楼梯的应急照明		
电气箱、 柜及马达	1	应急自动切换箱情况		
	2	各控制箱、指示灯情况		
	3	各电器箱(柜)线头连接情况，线槽 及号码等标志		
	4	各控制箱主回路绝缘测试		
	5	马达热保护整定值，紧急停止功能		
	6	马达冷却风叶及罩情况，固定情况		
	7	马达运行时电流测试，马达减压启 动时间整定检查		
	8	消防联动功能		
	9	给排水系统自控		
	10	空调系统自控		
接 地	1	接地体及连接		
	2	防雷接地		
航 空 障碍灯	1	功能		
	2	防水		

2. 弱电系统(表 8-2)

类　别	编　号	检查统计内容	检查统计结果	备　注
电视及 电话系统	1	机房接地及防电磁防静电措施		
	2	机房恒温防潮		
	3	设备情况		
	4	技术指标		
	5	信号传输		
	6	天线防雷及接地		
安　保 监控系统	1	机房接地及抗干扰		
	2	各监控点位置		
	3	信号传输线绝缘无损伤		
	4	巡更、门禁信号		
大　厦 管理系统	1	机房防静电、防十扰及接地情况		
	2	终端及操作台情况		
	3	信号传输线绝缘无损伤		
	4	各控制点信号传输正常、合理		

3. 消防系统（表 8-3）

消防系统检查统计表 　　　　　　　　　　表 8-3

类　别	编　号	检查统计内容	检查统计结果	备　注
消防系统	1	消防控制室		
	2	消防设备		
	3	电器设备接地情况、接线情况		
	4	控制线、信号线绝缘情况		
	5	电脑终端操作台位置		
	6	公共区域探头、模块安装情况		
	7	公共区域送排风阀情况		
	8	消防栓箱情况		
	9	消防系统的减压阀减压情况		
	10	消防系统的阀的状态牌		
	11	裙楼消防设备控制箱的检修口		
	12	CO_2 室、储能室通风及安装情况		
	13	防火卷帘门的开关状况		

4. 电梯系统（表 8-4）

电梯系统检查统计表 　　　　　　　　　　表 8-4

类　别	编　号	检查统计内容	检查统计结果	备　注
电梯及 扶手梯	1	机房墙面、地坪		
	2	照明及应急灯		
	3	控制箱、开关箱标牌		
	4	箱柜内是否清洁，指示灯完好		
	5	安全准运证是否贴好		
	6	张贴电梯应急措施说明栏且工具整齐		

5. 空调系统（表 8-5）

类　别	编　号	检 查 统 计 内 容	检 查 统 计 结 果	备　注
水系统	1	水阀		
	2	温度计		
	3	流量计		
	4	压力表		
	5	保温层		
	6	水泵		
	7	排污渗漏		
	8	过滤器		
	9	油漆及防腐		
	10	冷却塔		
	11	热交换器		
风系统	1	风阀		
	2	保温层		
	3	散热器		
	4	过滤网		
	5	风机		
	6	油漆及防腐		
	7	支架及连接部分		
机　房	1	照明		
	2	隔声		
	3	墙体与地漏		
	4	挡水墙		
	5	环境清洁度		

6. 给排水系统（表 8-6）

类　别	编　号	检 查 统 计 内 容	检 查 统 计 结 果	备　注
给水水缸	1	控制水位浮球阀的启闭		
	2	通气口尺寸		
	3	溢流管是否延伸至地面		
	4	阀门位置是否合理、易于维修		
	5	室内设施完好		
	6	管道的防腐保暖		
	7	线槽、风管护栏墙		
	8	排水出口是否延伸至地面		
给水泵	1	运行状态		
	2	配套设施完备率		
	3	防腐设施		
	4	接口是否有漏		

类　别	编号	检查统计内容	检查统计结果	备　注
给水阀	1	启闭是否灵敏		
	2	使用方便、便于维修		
给水管道	1	接口是否无漏		
	2	防腐保温设施		
	3	无变形、碰壁		
	4	走向、口径、用途、标牌明确		
排水窨井	1	尺寸按图纸		
	2	管道走向成否梯形		
	3	出口是否与市政接通		
	4	畅通		
污水管	1	流向落差		
	2	接口无漏		
	3	防腐设施		
	4	走向及名称的标注		
	5	畅通		
	6	透气口高于屋面300，安风帽		
排水通气管	1	出口是否高于屋面300		
	2	安防雨帽		
	3	连接污水管辅助通气管的污水是否溢流		
地漏、雨水斗	1	口径流量按图纸		
	2	地漏、雨水斗畅通		
	3	算子顶完整		
	4	算子顶安装比地面低5（栅网盖）		
检查口	1	位置合理		
	2	便于检查、疏通清扫		
隔油缸	1	进口、出口位置高低合理		
	2	排水口位置		
潜水泵	1	泵位置		
	2	链条与泵固定		
	3	泵淹没在水中		
	4	泵四周布隔离栏网		
	5	运行正常、防腐设施齐全		
污水处理	1	全部设备运行状况		
	2	管道状况		
	3	阀门启闭		
	4	防腐设施		
明渠	1	沟内清洁		
	2	网板可拿起		
	3	无损坏		
洁具	1	安装稳定、牢固		

类 别	编 号	检 查 统 计 内 容	检 查 统 计 结 果	备 注
洁 具	2	设施完整无损		
	3	管道畅通		
	4	水箱水位		
加热器	1	安装		
	2	位置		
	3	设施完整		
	4	运行		
消防栓	1	设施完整		
	2	阀的启闭		
	3	箱体		
消防阀	1	启闭		
	2	安装位置		
	3	标牌		
消防管道	1	标注		
	2	接口		
	3	防腐保温设施		
	4	畅通		
消防泵	1	运行		
	2	接口		
	3	防腐设施		
	4	配套设施		

7. 锅炉系统(表 8-7)

锅炉系统检查统计表　　　　　　　　　表 8-7

类 别	编 号	检 查 统 计 内 容	检 查 统 计 结 果	备 注
油系统 (燃烧系统)	1	贮油罐		
	2	日用油箱		
	3	阻火呼吸器		
	4	输油泵		
	5	阀门、管道、过滤器		
	6	油压力表		
	7	油管连接		
	8	燃烧器(喷嘴、风机等)		
蒸汽系统	1	锅炉本体(安全附件等)		
	2	主蒸汽阀(主阀)		
	3	分汽缸(保湿等)		
	4	分汽缸阀门		
水 系 统	1	进水管道		
	2	水压力表		
	3	软化水装置		
	4	除氧头(给水箱、水位计)		

类 别	编 号	检 查 统 计 内 容	检 查 统 计 结 果	备 注
水系统	5	除氧减压阀、温度压力表		
	6	软水箱(或冷凝水箱)		
	7	除氧泵		
	8	给水泵		
	9	加药装置		
烟气系统	1	烟囱、烟道		
	2	防爆门		
机 房	1	照明、环境		
	2	泻爆面积		
	3	锅炉设置证		
	4	锅炉使用证		
	5	检验证(年度)		

8. 土建(表 8-8)

土建检查统计表　　　　　　　　　　　　　　　　　　表 8-8

类 别	编 号	检 查 统 计 内 容	检 查 统 计 结 果	备 注
地 面	1	面层与基层粘结牢固、无空鼓		
	2	面层平整、无裂缝、脱皮和起砂		
	3	块料面层接缝均匀顺直,无缺棱掉角		
	4	卫生间、管事房地坪相对标高符合设计要求,地面无积水,不允许倒泛水和渗漏		
	5	地面沉降应符合有关允许变形值		
墙 体	1	外墙无渗水		
	2	墙体平直,转角处无缺棱掉角		
	3	墙体乳胶漆均匀、色泽一致,表面无脱皮、漏刷,无污染		
	4	墙纸平直,无气孔、无污染		
	5	卫生间饰面砖或大理石表面洁净,粘贴牢固,线脚顺直		
门 窗	1	门窗安装平整牢固,无翘曲变形,开关灵活		
	2	窗封密实,无渗水		
	3	窗玻璃安装平整		
	4	阻火门应达到消防局规定的阻燃时间 2h 的规定		
管 道	1	地漏按设计分布,泄水通畅,无阻塞		
	2	上、下水管安装牢固,进排水通畅,无渗漏水现象		

类　别	编　号	检查统计内容	检查统计结果	备　注
管　道	3	管道阀门启闭灵活，且保温措施得当		
	4	隔油池封盖，隔油管材料符合有关标准		
天　花	1	盘管风机按图施工，位置确切		
	2	矿棉板密封整齐，无污染		
	3	检修口按图设置，上部应无阻碍		

第三节　房地产权属登记统计

一、房地产权属登记的概念和作用

（一）房地产权属登记的概念

房地产产权主要是指对房屋的所有权以及对房屋所占基地、院墙、院落等所占用土地的使用权。由于房屋是建筑在一定的土地上的，房屋和土地二者不可分割，在管理上两者的权利主体具有一致性，所以我们所说的房地产产权，实际上是包括对房屋的所有权和对土地的使用权。产权登记也就是通常所说的房屋所有权登记。包括房产的所有权登记和房产的他项权利登记。

房地产权属登记，主要是通过对产权的审查和确认，颁发土地使用权证和房产证等手段，保证公民、法人对房屋及附属物的所有权和对房屋所占有土地的使用权得到法律上的认可，从而使公民、法人的合法权益受到法律保护。

有些国家对房地产的产权管理是通过合同来控制的，而我国是通过产权证来控制的，以此确定房地产的权属关系。根据我国的有关规定，业主置产后必须到政府主管部门注册登记，办理土地使用证和房屋所有权证。房地产是消费期限较长的固定财产，在长期的使用过程中，需要有一个合法的证明，来说明业主与物业之间的权属关系。房地产权属登记是法律规定的管理机构对房地产权属状况进行的持续记录。

（二）房地产权属登记的作用

权属登记的主要作用有三个，即产权确认、产权公示和产籍管理。产权确认是指确认房地产的权属状态，赋予房地产以法律效力，建立房地产与其权利人之间的法律支配关系。经过登记的房地产权利受到国家强制力保护，可对抗权利人以外的任何主体的侵害。对于异产毗连房屋也包括互相侵害和对公有财产的侵害。物业管理公司受权利人团体的委托管理物业，就要依此保护每个业主所拥有的物业不受权利人以外任何主体的侵害。也就是说物业管理公司要加强保安工作，避免外来人员破坏物业。同时也要注意到某些业主对其他业主拥有的物业或业主共有物业的破坏，如野蛮装修、拆改主体结构等。产权公示是指将房地产权利变动的事实向社会公开，以标示房地产变化的过程和结果。物业管理正是利用了权属登记的这一作用，使了解产权变化信息成为可能。产籍管理是对权属登记所形成的房地产产权登记档案的管理，它反映出房地产权属的现状和历史情况。

房地产权属登记在大的类别上，可以分为国有土地使用权登记和房屋所有权登记；从权属登记的内容上分，可分为新生房地产的初始登记、产权转移变更登记、他项权利变更登记等。

二、房地产权属登记的程序

房地产权属登记是一项比较复杂的工作，每个环节都非常重要。登记工作是房地产脱离生产领域后，所要做的第一项工作。房地产权属登记统计资料的真实性和全面性，对房地产的开发经营和消费管理都至关重要。房地产权属登记的统计程序如下：

（一）登记收件

登记收件包括检验证件、填写申请书及收取证件等三项内容。

1. 检验证件

产权管理机构需检验的证件主要是产权人身份证明和权属关系证明。产权人可以是自然人也可以是法人，因此产权人身份证明可以是身份证也可以是营业执照和法人代表的身份证。

2. 填写申请书

所谓申请书实际上是一种表格式的书面申请，是产权申请人向登记机关陈述合法产权来源和房屋状况，请求对其房地产给予法律承认和保护的一种文件。

3. 收取证件

申请书写好后，连同应交验的其他资料一起交给工作人员。工作人员查验无误后，办理收件手续，并给申请人收件收据，作为领取户权证的凭证。所有资料收齐后，将资料及收据存根装入档案袋。

（二）勘丈绘图

勘丈绘图是对申请登记的房地产进行实地勘察。勘察时要以产权人为单位，清查房屋状况、丈量面积、核实归属、确认范围四至，同时绘制分户平面图，补测或修改房屋平面图，为产权审查和制图发证提供依据。

（三）房地产权属审查

房地产的权属审查一般分四步进行，即初审、公告、复审和审批。

1. 初审

工作人员首先对申请登记的房地产有关资料和申请人提交的各种证件进行详细审查。核实房屋的墙界和土地使用权的四至范围，弄清产权来源及产权变动情况。对符合有关法律、法规和国家政策的产权申请进行确认，并提出审查的初步意见。

2. 公告

公告的目的主要是征询非申请人对确认房地产权属关系的意见，如有异议可向管理部门提出。公告是通过媒体将申请人申请的房地产状况及其权属状况和初步核定的有关情况公布于众。在规定的时间内，对产权有异议者，可书面向房地产行政主管部门提出，并提出重新申请复核。如在规定时间内未发现有人提出异议，即可准予确认产权。

3. 复审

经公告后，产权无异议的由复审人员进行全面复核审查，发现问题立即进行调整处理。

（1）进行权属登记的原因是否清楚，产权的取得是否有依据；

（2）审查申请人交来的各种证件、证明是否有效，各项手续是否完备；

（3）对于不符合要求的"证件"不能确认，应令其补齐手续、证件或重新调查核实后，再予复审。

4. 审批

审批是对经过初审、复审、初步确认房屋产权和经过公告无异议的案件进行最后的审查，并且决定是否批准房屋产权和发放产权证的一项重要程序，也是产权审查的最后程序。审查批准是权属登记中的关键环节，只有经审查批准才能确认权属关系，才能准予发给证件。

经审查合格可以确认其权属关系的报件，应在"审批栏目"中签署肯定性的意见。

（四）绘制权证

对申请登记的报件，经审查批准准予发给权属证件后，即可进行绘制权证工作。权证是具有法律效力的证件，是产权人与所申请登记的房地产之间权属关系的证明。

（五）收费发证

房地产权属登记收费属行政收费，应由登记申请的产权人交纳。如属买卖转移登记应由交易双方分别负担。属于买卖转移登记应以买卖房价总值为基数乘以千分之几的比率作为收费标准。继承登记、分析登记和更名登记以标准房价总值为基数，改扩建登记以投资额为基数，商品房登记以房屋造价为基数，房地产抵押登记以房地产抵押价款为基数，在此基础上分别乘以不同的比率来确定收费的数额。登记收费除收取登记费外，还有工本费、勘察测量费等，收费标准必须经当地政府批准。

三、房地产权属登记的统计报表

1. 房地产权属登记表（表 8-9）

房地产权属登记表　　　　　　　　　　表 8-9

日期：

序　号	栋号或房号	产权所有人	证书发放日期	证书编号	联系电话	备　注

2. 业主（住户）入住登记表（表 8-10）

业主（住户）入住登记表　　　　　　　　表 8-10

序号	日期	房屋属性	业主名称	使用人姓名	身份证（暂住证）号码	联系电话	备　注

复习思考题

1. 简述物业管理招投标的程序。
2. 接管验收的统计原则有哪些?
3. 什么是物业管理的招标和投标? 物业管理实施招投标的意义是什么?
4. 产权登记的程序有哪些?

第九章　物业经营统计

第一节　物业经营统计的意义、内容和特点

一、物业经营统计的意义

物业经营统计是房地产市场经济发展的产物。在商品经济发达的国家和地区，房地产经营的收入一般可占到财政收入的 10％～40％。大量事实证明发展房地产业可以为一个国家或地区创造大量的财政收入。据统计，在美国政府课于房地产的税收每年都在增加。1960 年为 120 亿美元，1971 年高达 6950 亿美元。在我国，随着房地产市场经济体制改革的深入，房地产的商品属性得到确认后才得以恢复并得到快速发展。自 20 世纪 80 年代以来全国房地产业得到了迅速的发展，房地产开发工作量平均每年以 26％的速度递增，每年商品房施工面积都在亿平方米以上。国家用于住宅建设的投资累计已超过 4000 亿元，是我国建国后前 31 年住宅建设的投资总额的 5 倍多。目前，在我国城镇住房中，一半以上住房是改革开放以后修建的，我国城镇居民的人均住房面积，已由 1978 年的 3.6m² 提高到 1999 年的 9.8m²。如果折合成建筑面积，大约是 19m² 左右。特别是近年来，在中央采取积极的财政政策，扩大内需，拉动消费，促进国民经济持续稳定快速增长的方针指引下，城镇住房的竣工量连续达到 4 亿～5 亿 m² 之巨，这在我国住宅建设史上，是空前的规模。要管好、用好，的确是物业经营统计面临的重要问题。

二、物业经营统计的内容和特点

物业经营统计的主要内容是房产经营统计，是物业管理公司以物业管理市场为对象，充分考虑业主的需求和物业管理企业的自身条件，以生产和服务为交换手段，为实现物业管理企业的目标而进行的一系列有组织的经济活动。市场经济条件下，独立的商品生产者或经营者，都是以赢利为目的，都要从事生产经营活动。物业经营既然也是一种生产和流通的经济活动，其目的也是追求经济利益最大化，也是要以最小的投入获取最大的效益。物业作为一种特殊的商品，其价值大、位置固定，使用周期长等特点，使物业经营与一般商品经营具有不同的特点。

（1）物业经营形式的多样性，决定物业经营统计的多样性。

物业购置的巨额费用，并不是任何用户都能承受的，决定了物业除了像一般商品那样，以售卖形式进行交易外，尚有出租、信托经营、综合经营等形式。

物业的出售是一次性交换，其所有权与使用权是同时转移，物业的拥有者通过出售该物业进入消费领域，在这种方式下，物业的交换过程和消费过程是分离的。

物业的出租是零星交换，物业的拥有者只转移该物业的使用权，不转移所有权，在整个交换过程中，边交换、边消费，实际上是交换过程与消费过程的统一。

（2）物业经营的服务性，决定物业经营统计的经常性。

对于出租的物业,其所有权仍归业主所有,为了保护物业的使用价值,业主必须依靠自己或委托物业管理公司对该物业进行经常性的维护、修缮、管理与服务。物业租赁的维修服务贯穿该物业整个租赁过程的始终,而不像一般商品那样只提供保修期内有限期、有限次的服务。

(3)物业经营的生产、经营职能双重性,决定物业经营统计的复杂性。

物业经营除了组织商品流通外,还有直接组织生产的职能。如物业经营企业可以靠收取租金进行房屋修缮,更新改造或重新建房等。一般是一手组织物业的经营流通,一手组织物业的再生产。

第二节 经济效益统计

一、经济效益的概念

经济效益是经济活动中有用的效果与从事经济活动的消耗之比。

经济效果可以简单地表述为:人们进行生产经营活动所取得的物质效用和经济收益。物质效用表现为生产经营活动对社会所具有的效用,它通过生产量、劳动量、品种、质量、服务年限等满足人民生活和社会生产的某种需要,着重从使用价值方面考察。经济收益表现为生产经营活动获得的利益,它通过资金、成本、利润等价值形式的指标来反映,着重从价值形态方面来考察。

我们称从事某项生产经营活动所消耗和占用的物质和劳动力资源为"投入",称通过经营活动所产生的物质效用和经济收益为"产出",这种"投入"与"产出"的比较,即是经济效益,一个社会要发展,必须使它自身经济活动中,"产出"大于"投入"。人类在生产经营活动的过程中,都在不同程度上,以不同形式关注着经济活动的经济效益。

二、经济效益的评价

由于生产经营活动的投入包括劳动的耗用和占用两个方面,经济效益评价也应从劳动耗用和劳动占用两个方面进行。

1. 劳动耗用

劳动耗用是指生产经营活动所消耗的物化劳动和活劳动。一般来说,在耗用同样的物化劳动和活劳动条件下,获得的产品数量多,质量好,价值高,经济效益就大。反之,获得的产品数量少,质量差,价值低,经济效益就低。具体表现在指标形式上,有以下两种:

(1)以单位劳动耗用量所创造的产品量来计算,如每小时产品件数、每工日抹灰面积数等。

(2)以单位产品耗用的劳动量来计算,如每件产品需耗用的工时数、每平方米抹灰工时数等。

2. 劳动占用

劳动占用是指生产经营所需要的物质因素。劳动占用是产品生产的保证。如生产储备的材料,是保证生产经营过程得以继续。而且,同一生产资料,一个企业占用了,别的企业就不可能占用它。因而,劳动耗用和劳动占用是衡量经济效益的内容。在其指标的具体形式上,有如下两种:

（1）占用等量劳动所提供的产品增长程度，即单位劳动占用量的产品增长率；

（2）等量产品占用劳动的节约程度，即单位产品的劳动占用节约率。

具体地分析、评价经济效益的标准有质和量的规定性。质的规定性是以企业生产的产品适销对路，满足社会需求。量的规定性以下列五种标准来评价：

1）计划标准。即以能否完成计划指标进行评价；

2）历史标准。以本企业上年实际水平或历史最好水平进行评价；

3）社会标准。以本行业的社会平均水平进行评价；

4）同行业先进标准。以国内同行业最先进水平为评价标准；

5）国际先进水平。以国际先进水平为评价标准。

五种标准，说明的问题也不一样，如计划标准只能用来反映企业经济效益是否符合起码要求，不一定是最优标准，历史标准只反映本企业经济效益的发展变化；社会标准和先进标准可说明企业经济效益水平是否进入国内外先进行列。在实际应用中，应按分析的需要和目的，选用不同的标准。

三、经济效益的评价指标

经济效益评价指标是反映企业的经营成果与活劳动消耗、物质消耗、资金占用对比情况的指标，是评价经济效益的量化。它反映在以下几方面：

1. 生产经营成果指标

（1）反映向社会提供产品的数量和质量的指标。如总产值、净产值、销售收入等。

（2）反映企业实现效益的指标。如产品销售利润、向国家提交利润及税金等。

2. 生产经营消耗指标

指企业在生产经营中为生产产品消耗的活劳动和物化劳动，如原材料、能源的消耗、厂房、机器设备的折旧，工资和各种费用的支出等。它的价值量表现为生产费用、生产成本、销售成本等。

3. 生产经营资金占用指标

指企业在生产经营活动中，为生产经营产品而占用的资金。一般包括固定资金占用额和定额流动资金占用额。

4. 生产经营消耗效果指标

反映生产经营成果与生产经营消耗对比关系的指标包括：单位产品费用支出、人均净产值、人均总产值、人均纯收入、人均利润、产值利润率、成本利润率等。

5. 生产经营资金占用效果指标

反映生产经营成果与生产经营资金占用对比关系的指标，包括：固定资产占用指标，固定资金产值率、固定资金周转率等；流动资金占用指标，如流动资金周转率、流动资金利润率等。

生产经营消耗效果与生产经营资金占用效果指标是互相联系、互相依存、互相制约的。它们构成一个全面综合评价企业经济效益的指标体系。

第三节　物业经营的经济效益统计

在市场经济条件下，从事物业经营的企业同其他行业的企业一样，必须以自己的活动为社会和自身创造尽可能多的财富，获得尽可能高的经济效益，从而为企业的扩大再生产和社会发展提供尽可能多的积累。

房产的出租、出售与售后管理是发生在流通领域内的经济活动。因而，房产经营的经济效益可与一般的商品经济活动分析一样，从商品流转额、劳动效率、资金占用、流通费用与利润实现等方面来进行经济效益评价。

房产经营同时兼有房产的出租、出售、管理等不同类型的经营方式，因而反映房产经营经济效益的指标不完全与一般商品相同。

反映物业经营企业经济效益的指标主要有如下几类：

一、房屋经营流转总额

房屋流转是指房屋作为商品从生产领域进入流通领域的过程。房屋经营流转总额是指房产购销价值实体的变化与运动。

出售房屋是通过一次交换而实现价值转换的，从购、销、存三方面来研究其平衡关系。其平衡关系式为：

$$期初商品房＋本期购入房＝本期销出房＋期末商品房 \qquad (9-1)$$

式中的期初与期末商品房是指计划期初与期末积压未销出的商品房；本期购入和本期销出是指本期经营购入和销出的商品房。当商品房表示为数量指标(间数、套数、平方米数)时，可直接应用上式。当商品房表示为价值指标时，注意统一计价口径。

出租房要通过多次交换才能实现其价值的全部转换。因而，出租房产流转额是贯穿整个流通过程的流转额，它持续相当长的时间。

物业管理是运用经济手段管理物业，从事对物业(包括对物业周围的环境)的养护、修缮、经营，并为使用人提供多方面的服务，使物业发挥最大的使用价值和经济效益，它的流转额贯穿在整个管理过程。

二、房屋经营收入指标

房屋经营收入指标主要是指房屋销售收入与房屋租金收入。

1. 房屋销售收入的主要指标

房屋销售收入统计分析，是通过房屋销售业务的数量分析，检查物业管理企业所经营房屋销售计划的执行情况，通过对商品房销售统计资料的计算和分析，可以考核和评价物业管理企业的经营成果。主要有以下几个方面的统计指标。

(1) 商品房销售计划完成率：是用报告期商品房实际销售额与同期计划销售额的百分比来反映该时期商品房销售计划的完成情况。

$$商品房销售计划完成率＝\frac{报告期商品房实际销售额}{计划销售额}×100\% \qquad (9-2)$$

(2) 商品房销售收入增长率：是用报告期商品房销售收入增长额与上期销售收入的百分比来反映该时期商品房销售收入的增长情况。

$$商品房销售收入增长率＝\frac{报告期商品房销售收入－上期销售收入}{上期销售收入}×100\% \qquad (9-3)$$

(3) 商品房销售合同完成率：是用报告期实际商品房销售量与占合同规定销售量的百分比来反映该时期商品房销售合同的完成情况。

$$商品房销售合同完成率＝\frac{报告期实际商品房销售量}{合同规定销售数量}×100\% \qquad (9-4)$$

2. 房屋租金收入的主要指标

房屋租金收入统计分析，是通过对房屋租赁业务的数量的分析，检查物业管理企业所经营房屋的租赁计划的执行情况及租金的收缴情况，分析完成和超额完成或未完成计划的原因，一方面为物业管理企业总结好的经验和做法；另一方面发现问题，及时采取措施，保证经营计划的完成。主要有以下几个方面的统计指标。

（1）租金收缴率：是用房屋报告期实际收取租金总额与应收租金总额的百分比来反映租金收缴的情况。

$$租金收缴率 = \frac{报告期实收租金总额}{报告期应收租金总额} \times 100\% \qquad (9-5)$$

（2）经营计划完成率：是用报告期实际收取租金总额与报告期计划收取租金总额的百分比来反映租金收缴的指标计划的完成情况。

$$经营计划完成率 = \frac{报告期实收租金总额}{报告期计划收取租金总额} \times 100\% \qquad (9-6)$$

（3）旧欠租金收缴率：是用已收回本年度以前拖欠金额占本年度以前欠租总额的百分比来反映拖欠租金追缴的情况。

$$旧欠租金收缴率 = \frac{已收回本年度以前拖欠租金总额}{本年度以前拖欠租金总额} \times 100\% \qquad (9-7)$$

（4）欠租户发生率：是用本期拖欠租金户数与本期应收租金户数的百分比来反映本期承租户租金拖欠的情况。

$$欠租户发生率 = \frac{本期拖欠租金户数}{本期应收户数} \times 100\% \qquad (9-8)$$

表 9-1 反映租金的收缴情况，通常有月报和季报两种形式。

租金收缴情况统计表　　　　　　　　　　　　表 9-1
（月、季报）

填报单位：

填报日期：

经营名称	经租房屋建筑面积(m²)	当　年			追　缴			旧　欠		
		应　缴	实　收	收缴率	应　缴	实　收	收缴率	应　缴	实　收	收缴率

三、经营房产状况指标

房产经营状况指标主要有房屋完好率、房屋完好增长率和房屋出租（售）率。

（1）房屋完好率：是用完好与基本完好房建筑面积与所管房屋总建筑面积的百分比来反映物业管理企业能为用户提供完好房屋的情况。

$$房屋完好率 = \frac{完好与基本完好房屋建筑面积}{所管房屋的总建筑面积} \times 100\% \qquad (9-9)$$

(2) 房屋完好增长率：是用新增加完好房屋的建筑面积与所管房屋总建筑面积的百分比来反映物业管理企业能为用户提供新增完好房屋的情况。

$$房屋完好增长率 = \frac{新增加完好房屋建筑面积}{所管房屋总建筑面积} \times 100\% \qquad (9-10)$$

(3) 房屋出租（售）率：是用出租（售）房屋建筑面积与所掌握房屋建筑面积的百分比来反映物业管理企业为用户提供房屋的情况。

$$房屋出租（售）率 = \frac{出租（售）房屋建筑面积}{掌管房屋建筑面积} \times 100\% \qquad (9-11)$$

房屋完好是房屋出租和出售的前提，房屋完好率愈高，出租和出售的房屋数量才会愈大。因此房屋的出租率和出售率可以反映物业管理企业经营效益的大小。

四、房屋经营流通费用指标

房屋经营流通费用是房屋经营流通过程中劳动消耗的货币表现。流通费用的降低，意味着劳动消耗的节约和经营利润的增加。主要有以下几个方面的统计指标。

(1) 出租房屋流通费用率：是用出租房屋发生的流通费用总额占房屋出租额的百分比来反映出租房屋过程所消耗的费用情况。

$$出租房屋流通费用率 = \frac{出租房屋发生的流通费用总额}{房屋出租额} \times 100\% \qquad (9-12)$$

(2) 出售房屋流通费用率：是用出售房屋发生的流通费用总额占房屋出售额的百分比反映出售房屋过程所消耗的费用情况。

$$出售房屋流通费用率 = \frac{出售房屋发生的流通费用总额}{房屋出售额} \times 100\% \qquad (9-13)$$

五、房屋经营成本指标

反映企业经济效益的成本指标主要是成本节约额与成本降低率。

1. 出租房产经营成本指标

(1) 出租房产经营成本节约额：反映出租房产经营实际成本比租金成本的降低幅度。

$$出租房产经营成本节约额 = \frac{出租房产经营实际成本}{出租成本的降低幅度} \times 100\% \qquad (9-14)$$

(2) 出租房产经营成本降低率：反映出租房产经营成本占租金成本的百分比。

$$出租房产经营成本降低率 = \frac{出租房产经营成本}{租金成本} \times 100\% \qquad (9-15)$$

2. 出售房产经营成本指标

(1) 出售房产经营成本降低额：反映出售房产经营成本比计划成本降低的幅度。

$$出售房产经营成本降低额 = \frac{出售房产经营成本}{计划成本降低的金额} \times 100\% \qquad (9-16)$$

(2) 出售房产经营成本降低率：反映出售房产经营成本占出售房产计划经营成本的百分比。

$$出售房产经营成本降低率 = \frac{出售房产经营成本}{出售房产计划经营成本} \times 100\% \qquad (9-17)$$

六、房屋经营资金占用指标

房产经营资金主要是流动资金，反映流动资金占用经济效益的指标主要有流动资金周转率、流动资金占用率和自有流动资金增长速度。

（1）流动资金周转率：是用房屋出售或出租销售收入与流动资金平均占用额之比来反映物业管理企业流动资金周转速度的情况。

$$流动资金周转率 = \frac{房屋出售（或出租）销售收入}{流动资金平均占用额} \times 100\% \qquad (9-18)$$

（2）流动资金占用率：是用房屋出售或出租流动资金平均占用额与销售收入之比来反映物业管理企业占用流动资金效果情况。

$$流动资金占用率 = \frac{房屋出售（或出租）流动资金平均占用额}{销售收入} \times 100\% \qquad (9-19)$$

（3）自有资金增长率：是用自有资金增长额与上期自有资金总额的百分比来衡量物业管理企业自有资金的增长速度。

自有资金是指企业自有的，包括国拨的和企业内部形成的资金。

$$自有资金增长率 = \frac{自有资金增长额}{上期自有资金总额} \times 100\% \qquad (9-20)$$

七、房产经营利润指标

利润是物业管理企业房产经营经济效益的综合反映。从利润角度考察房产经营的经济效益，应从利润总额增长率、利润计划完成率、房屋出售与出租的利润率等指标来分析。

（1）房产经营利润总额增长率：是用房产经营企业本期的经营利润较上期经营利润的增长额与上期经营利润的百分比来反映房产经营利润总额增长的情况。

$$房产经营利润总额增长率 = \frac{经营利润的增长额}{上期经营利润} \times 100\% \qquad (9-21)$$

（2）房产经营利润计划完成率：是用本期实现的房产经营利润总额占本期经营计划利润的百分比来反映房产经营利润的计划完成情况。

$$房产经营利润计划完成率 = \frac{本期实现的房产经营利润总额}{本期经营计划利润} \times 100\% \qquad (9-22)$$

（3）房屋销售利润率：是用房屋经营利润额与销售额的比，它间接、综合地反映了房屋经营劳动消耗的节约程度，应按房屋出租与出售两类销售利润来分析。

$$出售房屋利润率 = \frac{出售房屋利润额}{房屋销售总额} \times 100\% \qquad (9-23)$$

$$出租房屋利润率 = \frac{出租房屋利润额}{已收租金总额} \times 100\% \qquad (9-24)$$

（4）房屋经营资金利润率：是用房屋经营利润与定额流动资金平均占用额之比来反映房屋经营资金的利润情况。同样应按出售与出租两类资金利润率分别分析。

$$出售房屋资金利润率 = \frac{出售房屋利润额}{出售房屋定额流动资金平均占用额} \times 100\% \qquad (9-25)$$

$$出租房屋资金利润率 = \frac{出租房屋利润额}{出租房屋定额流动资金平均占用额} \times 100\% \qquad (9-26)$$

八、物业管理劳动效率指标

指一定时期内物业管理职工人数与管理总面积之比，用来衡量物业管理劳动消耗的经济效益。物业管理劳动效率指标主要有：

（1）人均物业管辖面积：即每个职工平均管理面积。

（2）人均经济收入：即每个职工平均的收入。

（3）人均利税率：即每个职工平均创造的利润和税收额。

第四节　物业经营管理活动统计考核综合评价指标体系

物业经营管理活动统计考核综合评价指标体系包括以下几方面的内容。

一、物业经营活动统计考核综合评价指标

（一）经营效益方面统计指标

有销售利润率和总资产报酬率两个指标，分别从销售收入和总资产角度考核经营的净盈利成果。

$$销售利润率 = 成本利润率 \times \frac{1}{1 + 成本利税率} \times 100\% \tag{9-27}$$

$$总资产报酬率 = \frac{报告期利润总额 + 报告期利息净收入}{报告期总资产平均余额} \times 100\% \tag{9-28}$$

该方面指标是评价和考核企业盈利能力的核心指标，充分反映了企业全部资产的获利能力，是企业管理水平和经营业绩的集中体现。

（二）资本经营方面统计指标

有资本收益率和总资本保值增值率两个指标，均以资本为出发点，考核资本的盈利能力和扩张能力。

$$资本收益率 = \frac{报告期收益额}{报告期资本平均余额} \times 100\% \tag{9-29}$$

$$资本保值增值率 = \frac{报告期期末股东权益额}{报告期期初股东权益额} \times 100\% \tag{9-30}$$

该方面指标是评价和考核企业资本扩张能力的核心指标，它充分反映了企业净资产的变动状况，是企业发展后劲的集中体现。指标值越大，说明企业的经济效益越好。

（三）偿债能力方面统计指标

有总资产负债率和流动比率或速动比率两个指标，分别考核总资产的偿债能力和流动资产的偿债能力。

1. 总资产负债率

该指标反映了企业报告期总负债占总资产的比重。它表明了企业一定时期内总的偿债能力和长期偿债能力，是长期债权人关注的主要指标。当指标值等于50%时，说明企业有充分的偿还长期债务的能力；当指标值大于60%时，说明企业属于高度风险经营。其计算公式如下：

$$总资产负债率 = \frac{报告期末总负债}{报告期末总产值} \times 100\% \tag{9-31}$$

$$或 \qquad 总资产负债率 = \frac{报告期平均总负债}{报告期平均总资产} \times 100\% \tag{9-32}$$

2. 流动比率

该指标是反映企业报告期流动资产总额和流动负债总额比例关系的指标。它表明了企业短期偿债能力，它的一般标准为1.5～2.0，低于1.5说明企业短期偿债能力较弱，即债权人风险较大；高于2.0，虽然债权人风险很小，但是说明企业经营比较保守，不善于

举债经营。其计算公式如下：

$$流动比率 = \frac{报告期末流动资产}{报告期末流动负债} \times 100\% \qquad (9\text{-}33)$$

或

$$流动比率 = \frac{报告期平均流动资产}{报告期平均流动负债} \times 100\% \qquad (9\text{-}34)$$

3. 速动比率

该指标是反映企业报告期流动资产项目中容易变现的速动资产总额与流动负债总额比例关系的指标。它表明了企业在近期内可以立即偿还短期债务的能力，它的一般标准为1，低于1说明企业短期立即偿债能力较弱，即债权人风险较大；高于1，说明企业短期立即偿债能力较强，即债权人风险较小。其计算公式如下：

$$速动比率 = \frac{报告期末速动资产}{报告期末流动资产} \times 100\% \qquad (9\text{-}35)$$

或

$$速动比率 = \frac{报告期平均速动资产}{报告期平均流动负债} \times 100\% \qquad (9\text{-}36)$$

式中　速动资产＝货币资金＋短期投资＋应收票据＋应收账款净额＋其他应收款　或
　　　速动资产＝流动资产－存货－待摊费用－预付费用

该方面指标是评价和考核企业经营能力的核心指标，它既充分反映了企业经营风险的大小，又反映了企业利用债权人提供的资金从事经营活动的能力，是企业融资、用资水平的集中表现。

（四）运行能力方面统计指标

有应收账款周转率和存货周转率两个指标，反映了物业管理企业流动资产经营水平的高低，是考核资金营运效率和企业产出的市场销售能力的指标。

1. 应收账款周转率

该指标反映了应收账款转化为货币资金速度的快慢，通常以一定时期内的周转次数或周转一次所用天数表示。计算公式如下：

$$应收账款周转次数 = \frac{报告期赊销净额}{报告期应收账款平均余额} \qquad (9\text{-}37)$$

$$应收账款周转天数 = \frac{报告期日历日数}{报告期应收账款周转次数} \qquad (9\text{-}38)$$

2. 存货周转率

该指标反映了物业管理企业存货经营效率的高低，是衡量存货所占用资金的周转速度，通常以一定时期内的存货周转次数和存货周转天数表示。计算公式如下：

$$存货周转次数 = \frac{报告期销货成本}{报告期存货平均余额} \qquad (9\text{-}39)$$

$$存货周转天数 = \frac{报告期日历日数}{报告期存货周转次数} \qquad (9\text{-}40)$$

该方面指标是将资材、在产品、产成品汇集在一起计算，尽管统计口径不同于单独计算资材、在产品、产成品各自的周转率，但计算公式基本上是一致的。

二、物业经营管理活动统计考核综合评价指标

物业管理企业常用的物业管理活动统计考核综合效益评价指标主要有综合效益指标和服务质量指标两类。

（一）综合效益指标

1. 人均利润

它是反映企业人均创利水平的指标。其计算公式如下：

$$人均利润 = \frac{利润总额}{职工人数} \qquad (9-41)$$

2. 资本金利润率

它是衡量投资者投入公司资本金获利水平高低的指标。资本金利润率越高，则说明公司运用资金的效果越好。资本金利润率可用下式来计算：

$$资本金利润率 = \frac{利润总额}{资本金总额} \times 100\% \qquad (9-42)$$

3. 成本费用利润率

它是反映公司所花代价的水平的指标。成本费用利润率越高，说明花同样代价所获得的利润越高。其计算公式为：

$$成本费用利润率 = \frac{利润总额}{成本费用总额} \times 100\% \qquad (9-43)$$

4. 营业收入利税率

它是反映公司所创造的利润与经营净收入的比例关系的指标。营业收入利税率越高，则表明相同营业收入所创造的利税额越高。计算公式如下：

$$营业收入利税率 = \frac{利税总额}{净收入总额} \times 100\% \qquad (9-44)$$

5. 每股利润

又称每股收益。它是衡量股份公司普通股创利多少的指标，可用以下两个公式来计算：

$$普通股每股利润 = \frac{净利润 - 优先股股利}{普通股流通股数} \qquad (9-45)$$

$$普通股权益报酬率 = \frac{净利润 - 优先股股利}{平均普通股权益} \qquad (9-46)$$

6. 股利报酬率

它是普通股每股股利与每股市场价格的比率，反映股票投资在股利方面所获得的报酬。其计算公式为：

$$股利报酬率 = \frac{每股股利}{每股市价} \qquad (9-47)$$

7. 市盈率

又称价格盈余率或价格与收益比率，是普通股每股市价与每股利润之比，可用公式表示：

$$市盈率 = \frac{普通股每股市场价格}{普通股每股利润} \qquad (9-48)$$

（二）服务质量统计指标

物业管理企业的服务质量统计指标是比较难以确定和量化的指标。这里主要介绍以下一些指标：

1. 物业完好率

它是衡量物业管理好坏的一个重要指标，具体又可分为房屋完好率、附属设备完好率和配套设施完好率。完好率越高，则说明物业维修、保养越好。

2. 维修及时率

它是反映房屋、附属设备及配套设施维修效率的指标，维修及时率越高，则说明物业管理企业的服务效率越高。

3. 维修合格率

这是反映维修质量的指标，维修合格率越高，则说明物业管理企业的服务质量越高。

4. 火灾事故率、刑事发案率、交通事故率

这是反映保安质量好坏的指标。火灾事故率、刑事发案率、交通事故率越低，则说明保安工作做得好；反之，保安工作做得不好。

5. 物业保值增值率

它也是反映物业管理好坏的综合性指标。其计算公式如下：

$$物业保值增值率 = \frac{期末物业总价值}{期初物业总价值} \times 100\% \tag{9-49}$$

6. 环境绿化率与绿化完好率

环境绿化率(人均环境绿化面积与标准人均绿化面积之比率)和绿化完好率越高，则说明公司的绿化与养护工作做得好。

7. 卫生保洁程度

这是反映环境卫生工作做得好坏的指标。保洁程度越高，反映卫生保估工作做得越好。

8. 物业档案资料完备率

它是反映对物业产权产籍管理好坏的指标。档案资料齐备，管理有序，容易查找，则说明对物业产权产籍管理的好。

9. 环境综合效益指标

这是综合反映环境效益高低的指标。物业整体完好、整洁、美观，无违章乱搭、乱建、乱设摊子、乱设广告牌、乱贴、乱画，无违反规定养家禽、家畜及宠物，车辆停放有序，路面完好、畅通，无三废污染源和噪声污染源等，则环境综合效益好；反之，环境综合效益就差。

10. 居民满意率

居民是物业管理的直接受益者，居民满意率的高低也是衡量物业管理质量好坏的一个重要指标。一般地，居民满意率通过居民的调查和居民的反馈信息求得。居民满意率是一个综合性的动态指标。随着居民生活水平的提高，衡量居民满意程度的标准也随之提高，因而居民满意率会发生变化。

第五节　物业市场经营预测

一、市场调查的意义和内容

1. 市场调查的意义

现代市场调查已成为企业制定各种经营策略必须依据的信息资料的来源，是掌握机会

探测风险的基本手段。市场调查是运用科学的方法，收集、整理、分析有关市场的信息，为企业经营决策提供可靠依据的活动。其作用主要表现在：①为企业预测和经营决策提供资料依据；②有利于制定正确的市场竞争策略；③有利于开发和研究适销对路的产品和服务；④有利于改善企业的经营管理，提高经济效益。

2. 物业管理市场调查的主要内容

其主要内容包括市场容量，市场占有率，潜在需求量及其投向，社会需求层次变化，居民消费模式，物业的售价、租金，竞争对手，潜在竞争对手，现有商品房存量。拆迁与扩建商品房数量，与物业发展有关的城市经济数据和资料，等等。

二、经营预测

1. 经营预测的意义和内容

（1）经营预测的意义。所谓预测是对某一客观事物发展趋势的推断。企业经营预测是指在调查研究的基础上对未来一定时期经营变化趋势的推断。企业经营预测的重要性表现在：①经营预测是进行企业经营决策的前提。经营决策是企业经营的关键，只有正确的市场预测，才能有正确的经营决策。②经营预测是制定经营计划、经营方针的重要依据。企业经营计划、经营方针是指导企业经营活动的行动纲领，企业制定经营计划、经营方针必须借助于经营预测。③经营预测能减少经营中的盲目性和风险性，增强企业市场竞争力，提高经济效益。

（2）经营预测的内容。经营预测的内容主要有经营服务项目的市场需求量的预测，经营服务供应预测，价格与竞争预测，市场占有率预测，经营服务项目的技术发展预测，盈亏预测等。

2. 经营预测步骤

①确定预测的对象与目标；②收集、整理、分析资料；③选择预测方法；④建立预测模型；⑤分析评价；⑥修正预测值。

3. 经营预测方法

（1）定性预测法。它是依据个人的知识、经验和分析判断能力作出的判断。主要有：①领导人员判断法。由企业领导召集有关部门的负责人，广泛交换意见，各自根据其占有资料作出判断，然后由领导集中各部门负责人的意见，结合自己的经验和判断，对经营前景作出的预测。②销售人员意见法。由企业的业务人员，根据自己的经验对未来趋势发表意见，然后综合汇总作出预测。③顾客意见法。通过对顾客进行调查或征询来预测的方法。④专家意见法。其基本过程是：第一，由主持预测的机构选定预测题目和参加预测的专家；第二，将预测题目和必要背景资料寄给各位专家，分别向他们征求意见；第三，预测机构把专家们寄回来的个人意见加以汇集、归纳、整理、得到各种意见；第四，预测机构把这些不同的预测结果及其理由反馈给每位专家，让专家再次作出判断。如此反复，直至组织者满意为止。此法又称德尔菲法，具有匿名性、反馈性、统计性三个特点。

（2）定量预测法。它是利用历史资料，根据相关因素的关系，选用一定数学模型来预测未来的一种方法。较常用的预测方法有：

1）简单移动平均法。其数学模型为：

$$Y_t = \frac{F_{t-1} + F_{t-2} + \cdots\cdots + F_{t-n}}{n} \tag{9-50}$$

式中　t——资料的时间期数(年或季或月或周)；

Y_t——预测值；

F——实际值；

n——预测资料期(移动平均的时段长)。

2) 加权移动平均法。其数学模型为：

$$Y_t = W_{t-1}F_{t-1} + W_{t-2}F_{t-2} + \cdots\cdots + W_{t-n}F_{t-n} \qquad (9\text{-}51)$$

式中　Y_t——预测值；

F——实际值；

W——权数，$W_{t-1} > W_{t-2} > \cdots\cdots > W_{t-n}$，$\Sigma W = 1$

3) 指数平滑法。其数学模型为：

$$Y_t = Y_{t-1} + \alpha(F_{t-1} - Y_{t-1}) \qquad (9\text{-}52)$$

式中　Y_t——第 t 期预测值；

Y_{t-1}——第 $t-1$ 期预测值；

F_{t-1}——第 $t-1$ 期实际值；

α——平滑系数，$0 \leqslant \alpha \leqslant 1$。

4) 回归分析法。利用回归方程进行物业经营统计预测，有直线回归分析预测和曲线回归分析预测。其数学模型为：

① 直线回归预测法：　　　$Y = a + bt$ 　　　　　　　　　　(9-53)

式中　Y——预测值；

t——自变量；

$a，b$——待定参数，可通过以下公式求得：

$$\begin{cases} \Sigma Y = na + b\Sigma t \\ \Sigma tY = a\Sigma t + b\Sigma t^2 \end{cases}$$

求得

$$\begin{cases} a = \dfrac{\Sigma y - b\Sigma t}{n} \\ b = \dfrac{n\Sigma ty - \Sigma t\Sigma y}{n\Sigma t^2 - (\Sigma t)^2} \end{cases}$$

② 曲线回归预测法：$y = ab^t$

现以某地区近几年来房屋竣工面积为例介绍经营预测方法的应用。资料见表 9-2。

某地区近几年来房屋竣工面积资料　　　单位：万 m² 表 9-2

年　　份	房屋竣工面积 y	时间代码 t	t^2	ty
1995	736.5	1	1	736.5
1996	725.1	2	4	1450.2
1997	655.2	3	9	1965.6
1998	790.4	4	16	3161.6
1999	873.6	5	25	4368
2000	968.0	6	36	5808
合　　计	4748.8	21	91	17489.9

根据以上资料求解得：

$$b = \frac{n\Sigma ty - \Sigma t\Sigma y}{n\Sigma t^2 - (\Sigma t)^2} = \frac{6 \times 17489.9 - 21 \times 4748.8}{6 \times 91 - 21^2} = \frac{5214.6}{105} = 49.66$$

$$a = \frac{\Sigma y - b\Sigma t}{n} = \frac{4748.8 - 49.66 \times 21}{6} = 617.66$$

则直线方程为 $\qquad y_c = a + bt = 617.66 + 49.66t$

2001 年房屋的竣工面积可根据直线方程预测为：

$$y_c = a + bt = 617.66 + 49.66t = 617.66 + 49.66 \times 7 = 965.28 \ 万 \ m^2$$

复 习 思 考 题

1. 物业经营统计的特点有哪些？
2. 物业经营经济效益统计指标有哪些？
3. 物业经营活动统计考核综合评价指标有哪些？
4. 什么是经营预测？经营预测的方法有哪些？

第十章 物业管理资金统计

第一节 物业管理资金来源统计

一、物业管理资金来源统计的意义

物业管理公司作为具有独立法人资格的经济实体，在其经营管理过程中，必须要有资金支持，而且物业管理公司还应使其资金在循环过程中增值。物业管理公司立足于受托管理的物业，通过提供系统化的物业管理服务和辅助性经营取得资金，维持物业管理公司的正常运转。在日常资金筹集中，物业管理公司应采取"物业管理为主，多种经营为辅"的方针，坚持"取之于民，用之于民"和"谁受益，谁负担"的原则，合理地筹措资金。物业管理公司要把严格科学的管理建立于优质服务之上，不仅要为业主(租户)提供良好的服务，而且应通过多种渠道，提供综合性服务来积累资金。要克服物业管理公司单一依靠收取管理费来维持开支的做法，这样不仅使物业管理公司自身处于良性循环之中，而且也通过物业管理手段，创造了良好小区环境，使物业保值、增值。

分析国内大多数取得良好经济效益和社会效益的物业管理公司，其日常资金来源主要有三个方面：一是按有关规定获得的发展商物业管理基金、房屋维修费、质量保证金、验收费以及业主(租户)应交纳的维修基金和管理费用；二是为业主(租户)提供各种服务所收取的费用；三是物业管理公司开展多种经营所获得的盈利。由于物业管理公司受托管理的物业用途有所不同，如有的是居住性物业，有的是经营性物业，所以物业管理公司日常资金来源也会有不同之处。

资金筹措是指为建立物业管理公司及满足公司运转对资金的需要，通过各种形式和渠道，集中使用内部资金和从外部借入资金，在市场经济条件下，外部资金的筹措只能通过健全的金融市场来进行，并且借入资金必须有偿，这些都直接冲抵了物业管理公司的经营收益。资金筹措是物业投资经济活动过程中关键的一环。而广泛地寻找资金来源，获取借贷资金，几乎成了物业投资资金筹措的主导思想。为物业管理公司的业务发展筹措到数量充足且成本较低的资金并合理的使用是物业管理统计要解决的主要问题。

二、物业管理资金来源

（一）居住性物业管理资金的来源

以住宅管理为主的物业管理公司的日常资金来原主要有以下几个方面：

1. 房地产发展商提供的管理资金

居住小区一般是由房地产开发公司按照"统一规划，统一建设，统一配套"的小区建设要求建成，交由物业管理公司管理，并留下一定数额的管理基金，用作物业管理的启动资金。这笔资金的数额一般是根据小区建设总投资的一定比例提取的。不同的地区提取的比例不同，全国没有统一的标准。在一些沿海经济发达地区这个比例相对就高一些。例如深圳市莲花二村，总投资为 1.2 亿元，发展商从中提供 120 万元给深圳市物业管理公司作为管理基金，相当于总投资的 1%。也有些地区规定发展商以房价的 7‰ 提供给物业管理公司作为管理基金。

2. 物业业主和租户定期交纳的物业管理费

业主在向发展商购买商品房后，接到入住通知书，便到物业管理公司办理入住手续，并开始预缴管理费。收费标准是根据国家有关规定和各类不同物业的用途、档次来制订。下面分别列出广州名雅苑"普通住宅综合管理费（表 10-1）"、"复式住宅综合管理费（表10-2）"、"高层住宅综合管理费（表 10-3）"，仅供参考。

名雅苑普通住宅综合管理费　　　　　　　　　　　　　　　　表 10-1

18 栋楼、20 条楼梯、36 个水池、35 个化粪池、474 户、绿化面积 4882m²

1	管理员	4 人	600 元/人	2400 元
2	保安员	6 人	500 元/人	3000 元
3	楼管员	20 人	350 元/人	7000 元
4	水电工	1 人	500 元/人	500 元
5	环卫员	4 人	350 元/人	1400 元
6	绿化员	2 人	400 元/人	800 元
7	垃圾清运	300 桶/月	5 元/桶	1500 元
8	垃圾袋 474 户	30 个/每户·月	0.25 元/个	3555 元
9	楼梯打扫	8 次/月	1 元/次	160 元
10	水池清洗	3 次/年	40 元/次	360 元
11	化粪池清洗	1 次/年	300 元/次	875 元
12	绿化用水	147t/月	0.35 元/t	51.5 元
13	值班用水	540t/月	0.35 元/t	189 元
14	值班用电	1080 度/月	0.40 元/度	432 元
15	公杂费	474 户	2.68 元/户	1270.32 元
合计				23492.82 元
每月每户支出				49.56 元

名雅苑复式住宅综合管理费　　　　　　　　　　　　　　　　表 10-2

12 栋楼、12 条楼梯、12 个水池、12 个化粪池、72 户、绿化面积 742m²

1	管理员	1 人	600 元/人	600 元
2	保安员	4 人	500 元/人	2000 元
3	楼管员	12 人	350 元/人	4200 元
4	水电工	1 人	500 元/人	500 元
5	环卫员	1 人	350 元/人	350 元
6	绿化员	1 人	400 元/人	400 元
7	垃圾清运	120 桶/月	5 元/桶	600 元
8	垃圾袋 72 户	30 个/每户·月	0.25 元/个	540 元
9	楼梯打扫	8 次/月	1 元/次	96 元
10	水池清洗	3 次/年	40 元/次	120 元
11	化粪池清洗	1 次/年	300 元/次	300 元
12	绿化用水	22t/月	0.35 元/t	7.7 元
13	值班用水	300t/月	0.35 元/t	105 元
14	值班用电	600 度/月	0.40 元/度	240 元
15	市政维护	72 户	5 元/户	360 元
16	公杂费	72 户	2.68 元/户	192.96 元
合计				10611.66 元
每月每户支出				147.38 元

	3栋楼、3条楼梯、12个水池、12个化粪池、6部电梯、424户、绿化面积 4376m²		
1 管理员	2 人	600 元/人	1200 元
2 保安员	3	500 元/人	1500 元
3 楼管员	3 人	350 元/人	1050 元
4 水电工	2 人	500 元/人	1000 元
5 环卫员	4 人	350 元/人	1400 元
6 电梯维修工	12 人	700 元/人	8400 元
7 绿化员	2 人	400 元/人	800 元
8 垃圾清运	180 桶/月	5 元/桶	900 元
9 垃圾袋 424 户	30 个/每户·月	0.25 元/个	3180 元
10 楼梯打扫	8 次/月	2.50 元/次	60 元
11 水池清洗	3 次/年	50 元/次	150 元
12 化粪池清洗	1 次/年	300 元/次	300 元
13 绿化用水	131t/月	0.35 元/t	45.85 元
14 值班用水	405t/月	0.35 元/t	141.75 元
15 值班用电	810 度/月	0.40 元/度	324 元
16 电梯日常维修	424 户	1 元/户	424 元
17 市政维护	424 户	5 元/户	2120 元
18 公杂费	424 户	2.68 元/户	1136.32 元
合计			24131.92 元
每月每户支出			56.91 元

3. 水电管理备用金和建筑垃圾清运费的收取

水电管理备用金主要是对配套设施如供水、供电、机电、电梯、消防等重要设备的更新和突发性事故抢修而设立的。业主在办理入住手续时，还须缴纳水电管理备用金，其收取办法根据各地实际情况有所差异。有些地区，这种备用金一般根据楼宇综合造价的一定比例来确定，如高层楼宇发展商提供 4%，业主缴付所购物业总造价的 2%。多层楼宇发展商提供 2%，业主缴付 1%。

业主和租户在搬进楼宇之前，一般都会对房屋进行装修。在装修过程中，违反住宅区管理规定，未经批准擅自改变房屋结构、外貌、损坏公共设施、管道线路、毁坏绿化、乱丢垃圾等现象时有发生，因此收取一定的装修管理和装修建筑垃圾清运费是必要的。通常做法是：住户在申请装修时收取一定的装修押金，装修完毕后，如无违章装修，除收取建筑垃圾清运费后，其余如数退还。

4. 住宅区特种服务费收入

随着辖区内居民生活水平的不断提高，往往要对小区的生活服务项目提出更多、更高的要求。如家务服务、护理服务、幼儿教育服务及其他特种服务。物业管理公司可视实际需要开设各类特种服务项目，既方便了居民，又为公司开创了新的收入来源。

特种服务是应某些业主(或使用人)的特殊需要而开设的，因各情况不一，服务标准也不一样，故难以有统一的收费标准。表 10-4 为上海古北新区特殊服务项目及价格表(仅供参考)。

5. 物业管理公司的物业经营收入和其他经营收入

物业管理公司在接受发展商委托时，一般都会要求发展商转让部分房产给管理公司，如为小区配套建设的物业设施。物业管理公司可以据此搞一些租赁经营，收取租赁费。物业管理公司也可以利用管理物业的优势，依靠可靠的信息来源，开展房屋的代租代销，代理办理产权转让等中介服务，收取中介费。物业管理公司还应抓住机遇，围绕服务于住宅区，积极开办新企业，这样既能为住户提供优质服务，又能广开财路，增加企业收入。

项　目	价　格
1. 代聘保姆：退休工人、中青年、大学生、男短工、管家、陪病人、保姆型家教	1～10 元/ h
2. 代聘家教：各年级各科教师：小学	1 次 11～15 元/1.5h
中学	1 次 12～20 元/2h
专科教师（音乐、舞蹈、外语、美术）	价格另定
3. 代订车船机票（提前 7～10 天预约）	手续费 5～10 元/张
4. 医疗康复：专家门诊	50 元/次
家庭病床	3 元/次
健身训练班	另定
5. 清洁服务：清洁、消毒、打蜡	
二房一厅	100 元/次
三房一厅	150 元/次
杀虫	0.35～0.60 元/m²
6. 主妇培训：插花、烹饪	价格另定
7. 代购物品	10 元/h
8. 代客复印	每张 1.0 元（8 开）
9. 代办保险：财产保险、房屋保险、人身意外保障、汽车保险、其他各种保险	代理费 50 元/次
10. 代办国内外报刊订阅（可上门服务）	管理费 10%
11. 地产代理：代理购买和出售各种商品房、侨汇房、提供售楼信息代理房产的出租和乘租，土地批租，有偿转让，代理咨询	价格面议
12. 室内装潢设计：室内装潢、水电安装、家电维修等	价格面议

6. 国家或地方城市维护费少量补贴

住宅小区的公用设施是城市公用设施的有机组成部分，如煤气和自来水等设施。其正常运行和维护管理的经费应由国家相应的专业部门承担。不能因为住宅区实行统一管理而削减甚至取消城市建设维护费在住宅区管理上的投入。为了管理上的方便，由各住宅区的管理公司本着为国家分忧、对住户负责的精神，承担起管理职责。但不能否定国家财政本应承担的部分仍应尽责提供。

7. 融资与抵押贷款

在我国城市居民收入不高的现实条件下，住宅区管理与服务收费不可能过高，因而多数物业管理公司都在广开门路多种经营，以增加收入。对于那些大型物业管理公司，其经济实力达到一定程度后，便可直接投资于物业的开发与经营，这就需要进行资金融通，亦即融资。广泛地寻找资金来源，大量获取借贷资金，几乎成了物业投资资金筹措的主导思想。

对于物业投资而言，抵押贷款是资金来源的重要渠道。抵押贷款就是以自己所拥有的物业作抵押，向银行或其他金融机构申请长期贷款的筹资方式。

（二）经营性物业管理资金的来源

经营性物业是指用于出租能够产生经济收入的物业，如写字楼、零售商业中心、大型贸易市场、工业厂房和仓库等。对此类物业管理统计要求统计者具有系统的统计知识和操作技能，最能反映现代物业管理统计的本质。要搞好经营性物业管理，其资金的来源与使用统计是管理过程中极其重要的一环。经营性物业管理资金来源有三个方面：业主、租户以及多元化经营。

1. 业主承担

业主是物业管理最主要受益人——按时收租和物业增值，理所应当承担物业管理费用，其管理费的计算方法有两种。

（1）定额法。业主每年承担一定数额的管理费，管理者用之完成合约规定的义务。管理费一般按物业建筑面积或使用面积计算，一座建筑面积 5 万 m^2 的物业，每平方米年管理费 36 元，那么业主每年应承担 18 万元。但该法没能同管理者的效益（租金）联系起来，管理者缺乏经济激励，实际应用具有一定局限性。

（2）比例法。即业主为物业管理者制定最低的年租金收入指标和物业修缮养护指标，完成后按租金收入的一定比例支付物业管理费。超出部分业主支付额外的管理费。一般地，比例为 3%～5%，可视物业现状条件和管理难易确定。这样就把业主和管理者的利益紧密联系起来，充分调动管理者的经营积极性和创造性。

2. 租户承担

租户也是物业管理的受益者，享受着管理者提供的保安、卫生清洁、设备维修、信息传递等项服务带来的利益，租户能全身心地投入工作，提高了工作效率，减少了不必要的勤杂人员工资支出。租户上交的管理费一般按使用面积收取，商业铺位一般按柜台计算。如甲级写字楼管理费标准香港为 2.4～3.5 港币/ft^2，广州世贸大厦为 2.4 港币/ft^2，广东国际大厦写字楼为 3.1 港币/ft^2（1ft^2≈0.1m^2）。

3. 其他专项服务收入

除了视提供服务的内容和深度不同收取的管理费外，物业管理公司还根据租户的实际需求提供各种专项服务。这类收入包括公司自行经营的商场购物服务收入、餐饮服务收入、商务中心服务收入、交通服务收入及各种委托代办服务收入等等。对于经营性物业管理来说，各种专项服务收入在整个收入中占有较大的比重。

三、物业管理资金来源统计

如前所述，物业经营企业与房地产业的关系决定了物业经营企业统计指标体系来源于房地产业统计指标体系，但也有所侧重和不同。

（一）房产固定资金统计

1. 房产固定资金统计的意义

房产经营单位所拥有的固定资金，是房产经营单位固定资产价值的货币表现。固定资金的实物形态称为固定资产。固定资产的特点是：它在生产中长期使用而不改变其实物形态。它的价值，随着它本身在生产过程中的磨损程度，以折旧的形式逐步转移到产品中去，并随着产品的结算而得到补偿。因此，固定资产应具备以下两个条件：

（1）单位固定资产价值在限额以上。目前房产部门规定单位固定资产价值的限额为

200 元、500 元或 800 元。

(2) 使用年限在限额以上。固定资产是在生产中长期发挥作用的劳动资料,所以,凡属固定资产的物品,通常规定使用年限在一年以上。

只有同时具备以上两个条件的劳动资料,才称为固定资产。否则使用期限虽然较长,但单位价值较低的工具、器具,或单位价值虽够规定限额,但使用期限不够一年的物品,则作为低值易耗品列入流动资金的范围。

2. 房产固定资金统计分类

组成房产经营单位固定资金的固定资产,种类复杂,用途、使用情况各异。为研究各种固定资产所占资金之间的比例关系,分析各种固定资产的特点及配备情况,以便准确地对固定资金进行统计、管理和监督,必须首先对固定资金的构成进行科学的分类。按现行统计报表制度,可将固定资产分为六类:

(1) 生产用固定资产

生产用固定资产是指房屋维修养护工程附属生产使用的厂房、设备、测量仪器、运输工具等固定资产。这类固定资产包括:①房屋及建筑物;②施工机械;③运输设备;④生产设备;⑤仪器及实验设备;⑥其他生产用固定资产。

(2) 非生产用固定资产

房产经营单位的非生产用固定资产,是指与施工生产和附属生产经营活动无直接关系,而用于各项生活福利设施方面的固定资产,如:医院诊疗所、食堂、学校、活动室等使用的房屋、设备等固定资产。

(3) 未使用固定资产

它是指尚未开始利用的新增固定资产,因生产任务变更等原因而未使用或停止使用的固定资产以及进行扩建改建的固定资产。

(4) 不需用固定资产

它是指不适合本企业需要,已经报请上级等待调拨处理的固定资产。

(5) 封存固定资产

指按照规定程序报经企业主管部门批准封存不用的设备。

(6) 土地

指按规定已经结算入账的土地。

按照上述分类,分别计算每类固定资产的价值及其占全部固定资产的比重,可以表明房产经营单位全部固定资产中发挥作用和未发挥作用的固定资产情况,了解各类用途的固定资产占总固定资产的结构情况。这对于克服固定资产使用过程中的积压浪费现象,合理调配固定资产,保证生产、生活需要,合理安排固定资产的使用均有着重要的意义。

反映固定资产结构比重的计算公式如下:

$$某类固定资产占全部固定资产的比重=\frac{某类固定资产总值}{全部固定资产总值} \tag{10-1}$$

3. 房产固定资金总量指标

为了综合反映房产经营单位在一定时间所拥有(或占用)的固定资金的总规模,需要对固定资金进行统计。固定资金是固定资产价值的货币表现。因此,对固定资产价值总量指标的计量可以有以下两种形式:

（1）固定资产原值

固定资产原值是指建造或购置固定资产时所花费的资金，即在固定资产全新状态下的价值。

固定资产原值总额，基本上反映了房产经营单位购置固定资产所耗用的全部资金。它是研究固定资产规模、利用及其构成的基础资料，同时也是分析固定资产新旧程度及计算折旧的依据。

（2）固定资产净值指标

固定资产净值是指固定资产原值减去累计折旧总额后的净额。固定资产在使用过程中，随着磨损将其价值逐渐转移到产品成本中去。而固定资产的磨损价值是通过折旧额来体现的。其计算公式如下：

$$固定资产净值 = 固定资产原值 - 累计折旧 \tag{10-2}$$

固定资产净值实际上是固定资产经过使用后所剩余的价值。用净值与原值进行对比，可以反映固定资产的新旧程度，为固定资产更新、改造提供依据。

4. 房产固定资金统计分析

（1）固定资金的变动分析

固定资金是不断发展变化的，对固定资金的变动程度进行分析，可以了解房产经营单位固定资金的变动趋势，其计算指标如下：

$$固定资产动态相对数 = \frac{报告期末固定资产原值}{基期末固定资产原值} \times 100\% \tag{10-3}$$

通过对该指标的计算，可以了解固定资产在两个不同时点上的变动程度，反映一定时期内（通常为一年）固定资产变动状态的结果。该指标采用固定资产原值来计算，目的在于通过固定资金价值的变动反映固定资产数量的变动。但由于它是按各个不同时期固定资产原值计算的，因而可能会受到价格变动因素的影响，在应用这一指标分析固定资金变动时，要注意这个问题。

固定资产动态相对指标，只反映固定资金总量的变动程度和结果，而不能说明变动原因。还需进一步分析固定资产增减变动的绝对指标。因为期末固定资产与期初固定资产的差异是由固定资产的增加或减少两个因素形成的。其平衡式可表示如下：

$$\begin{matrix}期初固定\\资产原值\end{matrix} + \begin{matrix}本期增加的\\固定资产原值\end{matrix} - \begin{matrix}本期减少的\\固定资产原值\end{matrix} = \begin{matrix}期末固定\\资产原值\end{matrix} \tag{10-4}$$

（2）固定资产磨损状况分析

固定资产在生产经营过程中，必然会发生磨损。固定资产的磨损过程，也是固定资产的价值以折旧的形式逐步地转移到成本中去的过程。也就是说，这部分价值要通过成本从价款中得到补偿，构成固定资产的"折旧基金"。固定资产累计折旧额越多，说明由固定资产磨损而转移到成本中的补偿价值越大，反之，越小。因此，可通过观察固定资产折旧额的大小，了解固定资产使用中的磨损情况。通常是通过计算固定资产磨损系数来反映的。其计算公式为：

$$固定资产磨损系数 = \frac{固定资产磨损额}{固定资产原值} = \frac{固定资产原值 - 固定资产净值}{固定资产原值} \tag{10-5}$$

在实际中，还可以通过固定资产净值与原值的对比，反映现有固定资产的新旧程度。这个指标计算公式为：

$$固定资产新旧程度 = \frac{期末固定资产净值}{期末固定资产原值} \times 100\% = 1 - 固定资产磨损系数 \qquad (10\text{-}6)$$

5. 固定资金利用情况统计分析

固定资金是房产经营单位资金的重要组成部分，是实现扩大再生产的物质基础。因此，充分利用固定资产，是增加生产，提高经济效益的重要手段。

固定资金利用的经济效益，主要是通过每百元产值(或经营收入)平均占用固定资产价值的指标来反映的。在固定资产价值量为一定的条件下，固定资产利用得充分，效益就越高，每百元产值(或经营收入)占用的固定资金就越少；反之，则效果正相反。其计算公式如下：

$$每百元产值(经营收入)占用的固定资产价值 = \frac{平均固定资产原值}{总产值(经营总收入)} \qquad (10\text{-}7)$$

固定资产利用的好坏，还可以从另一个角度进行观察，即每百元固定资产平均提供的产值(经营收入)。其数值越大，则说明固定资产利用越充分，经济效益就越好。反之，则说明固定资产利用不充分，经济效益差。这一指标公式如下：

$$每百元固定资产提供的产值(经营收入) = \frac{总产值(经营总收入)}{平均固定资产原值} \qquad (10\text{-}8)$$

(二)房产流动资金统计

1. 房产流动资金统计的意义

房产经营单位为了进行经营活动，不仅需要拥有一定数量的固定资金，还须拥有一定数额的流动资金。以出租房屋为主要业务的房产经营单位的流动资金，包括组织房屋经营和修缮施工过程中用来支付工资、购买材料、工具以及其他各项费用开支等所必须的资金。它是房产经营单位全部资金中的重要组成部分，是进行正常经营活动的必要条件。

与固定资金相比，流动资金的特点是：在生产过程中逐渐改变其自身的实物形态，其价值一般是一次全部转移到产品中去。随着房产经营单位生产经营过程的不断延续，流动资金也不断地运动着，就一个循环来说，它总是以货币资金形式作为其开始和终结的形态。在房产的经营过程中，流动资金以货币形态开始，顺次经过房产及物料用品购入，房产的出租、出售，然后又回到货币形态，形成流动资金的循环。

房产经营单位的流动资金使用得充分、合理，可以以较少的资金完成更多的生产任务，这实际上是相对节约了资金。对流动资金进行统计研究，是为了正确反映房产经营单位在一定时点上占用流动资金的总量，流动资金的构成和利用状况，并进行分析，以便充分发挥流动资金的作用，达到充分、合理的使用流动资金的目的。

2. 房产流动资金统计分类

为了正确反映房产经营单位流动资金总量，研究流动资金对生产的保证程度和分析流动资金的利用状况，需对流动资金进行如下几种分类：

(1)按流动资金在生产经营过程中的作用分类

1)生产领域流动资金

生产领域流动资金是指储备资金和生产经营资金。储备资金是处于生产准备状态的流动资金，主要包括各种材料、机械配件、低值易耗品、劳保用品等项占用的资金。生产经营资金是指处于生产经营过程中的流动资金，通常是指未完施工、待摊费用等项目占用的资金。

2）流通领域流动资金

流通领域流动资金是指应收已完工程款、应收款、现金和银行存款等项目占用的资金。这些资金虽然是生产经营所不可缺少的一个组成部分，但必须保持在合理的水平上，力求在保证生产经营正常进行所需资金管理的条件下，尽量少占用资金。

（2）按国家对流动资金管理方式分类

1）定额流动资金

定额流动资金是指国家和房产经营单位为了保证房产经营业务的正常进行而经常占用的、数额比较稳定的那部分资金。定额流动资金必须核定一个合理的占用额度，并实行定额管理。它是流动资金分配和管理的依据。

2）非定额流动资金

非定额流动资金是指房产经营单位在经营过程中，占用数不够稳定或不需要确定经常占用额度，不核定定额的那部分资金。如银行存款、库存现金和其他应收款等。由于这些资金一般难以或无需确定其经常需要量，所以不采取定额管理的办法。

（3）按流动资金形成的来源分类

1）自有流动资金

自有流动资金是国家通过主管部门按核定的流动资金拨付给房产经营单位长期周转使用的资金，以及由单位内部形成的自有资金转化为流动资金。房产经营单位对这部分资金在规定的范围内有权自行支配使用，可以经常占用而不需要按期归还。

2）银行借入流动资金

银行借入流动资金是指向银行借入的超定额借款、超储积压物资借款等。银行借入流动资金必须按规定用途使用，同时还必须有房产、物资作保证。这类流动资金必须定期归还并支付利息。

3）其他借入流动资金

其他借入流动资金是指除国家拨给和银行借入的以外所借入的流动资金。主要是指房产经营单位的定额负债。在经营过程中，由于结算期固定而能够经常占用的应付款，可以视为自有资金一样使用。如未到结算期所收取的委托代理经营房产的房租，本单位的应付工资、应付现金等。

3. 房产流动资金统计指标

流动资金统计的任务，是反映房产经营单位在一定时点上占用流动资金的数量、构成和利用情况，为加速资金周转提供依据。因此，需计算下列指标：

（1）流动资金总量指标

流动资金总量指标反映房产经营单位在一定时点上所占用的流动资金的规模。这一指标通常是用月末、季末、年末流动资金数量来表示的。它包括储备资金、生产资金、产品资金、结算资金等等。

（2）平均流动资金指标

流动资金在不同时间上的数额是不同的，也就是说，随着生产经营状况的变化时多时少。因此，为了反映房产经营单位在一段时间内占有流动资金的水平，需要计算流动资金平均占用额，为房产经营活动分析提供依据。平均流动资金计算公式如下：

$$平均流动资金＝\frac{期初流动资金＋期末流动资金}{2} \qquad (10\text{-}9)$$

4. 房产流动资金利用分析

充分合理地使用资金，不断提高流动资金的利用程度是房产经营管理的重要内容。房产单位流动资金利用情况，可以从流动资金周转速度和流动资金占用率两个方面进行分析。

(1) 流动资金周转速度分析

流动资金的周转，能够全面反映房产经营单位生产经营活动过程。充分利用流动资金就是加速资金周转，这样，可以用相对的资金，完成更多的生产任务，取得较好的经济效益。所以，计算流动资金周转速度指标，可以反映房产经营单位资金周转的快慢，对于加强房产经营单位的资金管理有着重要意义。

1) 周转次数指标

周转次数是指流动资金在一定时期内周转的次数。周转次数越多说明流动资金使用越充分，经济效益越高，反之，则说明资金使用不充分，经济效益差。周转次数指标计算公式为：

$$周转次数＝\frac{修缮工作量（经营周转额）}{平均流动资金} \qquad (10\text{-}10)$$

【例 10-1】 设某房产经营单位 2001 年完成修缮工作量 2250 万元，流动资金平均占用额为 450 万元，则：

$$流动资金周转次数＝\frac{2250}{450}＝5 次$$

计算结果表明，该单位在 2001 年流动资金周转 5 次。

为了表明不同时期房产经营单位流动资金周转次数的变动程度，需要与本单位的历史水平进行对比，可计算流动资金周较次数指数。流动资金周转次数指数是表明周转速度快慢程度的相对数。其公式如下：

$$周转次数指数＝\frac{报告期周转次数}{基期周转次数}×100\% \qquad (10\text{-}11)$$

【例 10-2】 再设例 10-1 单位 2000 年流动资金周转次数为 4 次，则

$$流动资金周转次数指数＝\frac{5}{4}×100\%＝125\%$$

计算结果说明 2001 年流动资金周转速度比 2000 年快 25％。

为了说明由于流动资金周转速度加快或减慢而带来的具体效益，还可通过以下计算公式求得这种效益的绝对数值。

用同样流动资金多（或少）完成的工作量＝（报告期周转次数－基期周转次数）

$$×报告期平均流动资金 \qquad (10\text{-}12)$$

仍据上例计算得：

用同样流动资金多完成的年度工作量＝（5－4）×450 万元＝450 万元

计算结果表明，该单位由于流动资金周转速度提高 25％，2001 年用同样数量的流动资金，比 2000 年多完成工作量 450 万元。

2) 周转天数指标

指流动资金周转一次所需的天数。周转天数越少，说明资金周转速度越快，流动资金

利用效益越好。其计算公式如下：

$$流动资金周转天数=\frac{报告期天数\times平均流动资金}{修缮工作量（经营周转额）} \tag{10-13}$$

式中，报告期天数采用日历天数，年度按 360 天计算，季度按 90 天计算，月度按 30 天计算。

【例 10-3】 仍用例 10-1 资料，代入公式，则 2001 年流动资金周转天数：

$$流动资金周转天数=\frac{360\times450}{2250}=72 天$$

也可利用流动资金周转天数指数来进行不同时期的对比，以反映周转天数的增减变化程度。其计算公式为：

$$流动资金周转天数指数=\frac{报告期周转天数}{基期周转天数}\times100\% \tag{10-14}$$

【例 10-4】 再设例 10-1 中该房产经营单位 2000 年流动资金周转天数为 90 天，则：

$$流动资金周转天数指数=\frac{72}{90}\times100\%=80\%$$

计算结果表明，该房产经营单位年度流动资金周转一次所需时间，2001 年比 2000 年减少 20%。由于周转速度的变动而节约或浪费的流动资金的计算公式为：

$$周转天数的变动而节约或浪费资金=（报告期周转天数-基期周转天数）$$
$$\times平均每天工作量 \tag{10-15}$$

【例 10-5】 仍用例 10-1 资料，该房产经营单位单位年度平均每日工作量为 6.1 万元，则：

由于周转天数加快而节约的流动资金=（72-90）×6.1=-109.8 万元

计算结果表明由于流动资金周转天数 2001 年比 2000 年缩短了 18 天，使该房产经营单位 2001 年节约了流动资金 109.8 万元。

（2）流动资金占用率分析

对于流动资金利用情况的分析，除采用上述介绍的流动资金周转次数和流动资金周转天数两个指标，还可以通过流动资金占用率（也称产值资金率）指标来反映。也有两个考核指标：

1）每百元定额流动资金提供产值

$$每百元定额流动资金所提供产值=\frac{总资产（工作量）}{定额流动资金平均占用额}\times100\% \tag{10-16}$$

该指标是概括说明流动资金利用效果的指标，通常按年度计算。总产值反映着单位生产规模及其成果。每百元定额流动资金所提供的产值，可以表明资金占用同生产规模及生产成果的关系。

2）每百元工作量平均占用的流动资金

计算公式为：

$$每百元工作量平均占用流动资金=\frac{流动资金年平均占用额}{报告期内完成总产值（工作量）}\times100\% \tag{10-17}$$

该指标反映流动资金占用与修缮工作量或完成总产值之间的比例关系。每百元修缮工作量占用流动资金越少，表明流动资金利用效果越好。

上面叙述的流动资金统计指标分析方法，应当结合实际情况加以选用。

第二节　物业管理资金使用统计

一、物业管理资金使用

（一）居住性物业管理资金使用

1. 物业管理资金的使用原则

（1）为业主和租户服务原则。为业主和租户服务是物业管理的本质。

（2）实行分类存储、专项使用的原则。各类不同的物业管理经费筹集以后，还需妥善管理，实行分类存储、专项使用。如各类维修基金的使用还需与业主委员会商定，征得同意后，方可使用。

（3）坚持合理使用原则。物业管理公司要本着对业主和租户负责的精神，合理、节俭使用资金，使每一分钱都发挥出最大效益。

2. 物业管理资金的使用项目

（1）管理费的构成：

1）公司员工的工资、福利及各种保险金额；

2）机电设备、消防系统的维修和保养；

3）公共设施维修保养；

4）园庭绿化管理；

5）清扫保洁；

6）治安保卫；

7）公共服务；

8）公共水电费、办公用品等项开支；

9）其他为管理发生的合理支出。

物业管理公司根据"综合管理，全面服务"的方针和"取之于民，用之于民"的原则以及住宅区的环境、设施管理要求与费用开支水平的不同，以各区域为独立核算单位，按实际开支预算，把各项管理的收费与总的使用面积进行分摊来计算出管理费的收费标准。各管理区域管理费收支单独建账，不挪到其他管辖区使用。物业管理公司应定期向业主和租户公布账目。

（2）维修基金的使用要求：

维修基金应分类储存，专款专用，不得挪作他用。动用维修基金，事先必须与业主委员会商定。

（3）物业管理公司多种经营的收入可投资于其他盈利项目。

物业管理公司采取"物业管理为主，多种经营为辅"的方针，积极开展多种经营，从中取得的收入一部分可以补贴物业管理服务支出，提高服务质量；另一部分通过不断的积累可投资于一些风险小、收益比较稳定的项目。但投资的立足点仍应是为业主和租户提供更完善的服务。

由于各省、自治区、直辖市经济发展状况不一，物业管理费用支出的标准也不尽相同。例如上海地区大楼、公寓、新式里弄及多层新公房等四种类型物业全年发生费用统计见表10-5～表10-8。

房屋名称	京西大楼	类 型	职 工 住 宅		年租金收入	居住 35094 元＋非居住 64444 元＝99538 元	
占地面积	730.58m²	建筑面积	8767m²（其中非居住 936.2m²，居住 7830.8m²）		居民户数	居住户 134 户 非居住户 7 户	人口数 469 幢 数 1

	序 号	项 目	内 容 构 成	费用金额
物业管理全年发生费用	1	土建、水电、特种修理养护	小修 1.00 元/m²， 1.00×8767＝8767 元	8767 元
	2	房屋附属设备修理养护	电梯 2 部，每部每月养护费 1000 元；消防管道、避雷带每月 100 元；水泵 2 台，每台每月养护费 100 元， (1000×2+100+100×2)×12＝27600 元	27600 元
	3	路面沟管修理养护	按小修经费 40% 计算， 8767×40%＝3507 元	3507 元
	4	房屋大修基金预提	电梯三年大修，每次 3 万元，水泵三年大修一次，每次 3000 元；房屋大修 80 元/m²，15 年为周期， 30000×2÷3＋3000×2÷3＋80×8767÷15＝68757 元	68757 元
	5	房屋附属设备重置资本预提	电梯更新每部 45 万元，15 年为周期；水泵更新每台 4 万元，20 年为周期；消防管道、避雷带更新 1 万元，20 年为周期， 450000×2÷15＋40000×2÷20＋10000÷20＝64500 元	64500 元
	6	保安	保安人员配备 4 人，每人每月 700 元，700×4×12＝33600 元	33600 元
	7	环卫清运	享受直管公房待遇，暂不计	
	8	保洁	保洁人员配备 2 人，每人每月 700 元，700×2×12＝16800 元	16800 元
	9	绿化、灭蚊、打蜡	绿化面积 403m²，养护费 2 元/m²；树木购置费 2 元/m²， (2+2)×403＝1612 元	1612 元
	10	公用水、电费用支出	电费按以前年度月平均 1572 元计，考虑涨价因素加 30%，1572×(1+30%)×12＝24523 元	24523 元
	11	人员费用支出	管理人员 1 人，按 1200 元/月计，1200×12＝14400 元，电梯驾驶员 4 人，按 1200 元/月计，1200×4×12＝57600 元； 14400＋57600＝72000 元	72000 元
	12	管理费用支出	按上述 1~11 项合计乘以 3%，321666×3%＝9650 元	9650 元
		总计	321666＋9650＝331316 元	331316 元

房屋名称	大华公寓	类 型	公 寓		年租金收入	居住 73962 元＋非居住 74217 元＝148179 元	
占地面积	4725m²	建筑面积	13296m²（其中非居住 888m²，居住 12408m²）		居民户数	居住户 216 户 非居住户 7 户	人口数 567 幢 数 1

	序 号	项 目	内 容 构 成	费用金额
物业管理全年发生费用	1	土建、水电、特种修理养护	小修 1.00 元/m²，1.00×13296＝13296 元	13296 元
	2	房屋附属设备修理养护	电梯 1 部，每月养护费 1000 元；消防管道、避雷带每月 100 元；水泵 2 台，每台每月养护费 100 元， (1000+100+200)×12＝15600 元	15600 元
	3	路面沟管修理养护	按小修经费 40% 计算，13296×40%＝5318 元	5318 元

	序号	项目	内容构成	费用金额
物业管理全年发生费用	4	房屋大修基金预提	电梯三年大修，每次3万元，水泵三年大修一次，每次3000元；房屋大修80元/m²，15年为周期，30000÷3＋3000×2÷3＋80×13296÷15＝82912元	82912元
	5	房屋附属设备重置资金预提	电梯更新每部45万元，15年为周期；水泵更新每台4万元，20年为周期；消防管道、避雷带更新1万元，20年为周期，450000÷15＋40000×2÷20＋10000÷20＝34500元	34500元
	6	保安	保安人员配备4人，每人每月700元，700×4×12＝33600元	33600元
	7	环卫清运	享受直管公房待遇，暂不计	
	8	保洁	保洁人员配备2人，每人每月700元，700×2×12＝16800元	16800元
	9	绿化、灭蚊、打蜡	绿化面积640m²，养护费2元/m²；树木购置费2元/m²，打蜡面积6545m²，1元/m²，每季度1次，(2＋2)×640＋1×4×6545＝28376元	28376元
	10	公用水电煤费用支出	电梯动力1200元/月，路灯300元/月，自来水、煤气100元/月，(1200＋300＋100)×12＝19200元	19200元
	11	人员费用支出	管理人员1人，按1200元/月，1200×12＝14400元，电梯驾驶员4人，按1200元/月，1200×4×12＝57600元；14400＋57600＝72000元	72000元
	12	管理费用支出	按上述1～11项合计乘以3%，321602×3%＝9648元	9648元
	总计		321602＋9648＝331250元	331250元

新式里弄全年物业管理费用支出 　　表10-7

房屋名称	沁园村	类型	新式里弄		年租金收入	居住56240元＋非居住17625元＝73865元	
占地面积	4725m²	建筑面积	12239m²（其中非居住869.84m²，内含学校577.88m²，居住11369.16m²）		居民户数	居住户254户非居住户15户	人口数约1000人幢　数56

	序号	项目	内容构成	费用金额
物业管理全年发生费用	1	土建、水电、特种修理养护	小修1.00元/m²，1.00×12239＝12239元	12239元
	2	房屋附属设备修理养护		
	3	路面沟管修理养护	按小修经费40%计算，12239×40%＝4896元	4896元
	4	房屋大修基金预提	按80元/m²，周期15年，80×12399÷15＝65275元	65275元
	5	房屋附属设备重置资金预提		
	6	保安	保安人员配备4人，每人每月700元，700×4×12＝33600元	33600元
	7	保洁	保洁人员配备2人，每人每月700元，700×2×12＝16800元	16800元
	8	环卫清运	享受直管公房待遇，暂不计	
	9	绿化、灭蚊、打蜡	无绿化，不提供打蜡服务	
	10	公用水电煤费用支出	公用路灯300元/月，300×12＝3600元	3600元
	11	人员费用支出	管理人员1人，按1200元/月计，1200×12＝14400元	14400元
	12	管理费用支出	按上述1～11项合计乘以3%，150810×3%＝4524元	4524元
	总计		150810＋4542＝155334元	155334元

房屋名称	向新小区	类　型	职　工　住　宅		年租金收入	居住 41905＋非居住 49300 元＝91205 元	
占地面积	6830m²	建筑面积	13024m²（其中非居住 704m²，居住 12320m²）		居民户数	居住户 237 户 非住户 1 户	人口数 824 幢 数 10

	序　号	项　目	内　容　构　成	费用金额
物业管理全年发生费用	1	土建、水电、特种修理养护	小修 1.00 元/m²，1.00×13024＝13024 元	13024 元
	2	房屋附属设备修理养护	消防管道、避雷带每月 100 元；水泵 2 台，每台每月养护费 100 元，（200＋100）×12＝3600 元	3600 元
	3	路面沟管修理养护	按小修经费 40％计算，13024×40％＝5210 元	5210 元
	4	房屋大修基金预提	水泵每年按 1000 元/台计算；房屋大修按 80 元/m²，15 年为周期，1000×2＋80×13024÷15＝71461 元	71461 元
	5	房屋附属设备重置资金预提	水泵更新每台 4 万元，15 年为周期，40000×2÷15＝5333 元	5333 元
	6	保安	保安人员配备 4 人，每人每月 700 元，700×4×12＝33600 元	33600 元
	7	保洁	保洁 3 人，每人每月 700 元，700×3×12＝25200 元	25200 元
	8	环卫清运	享受直管公房待遇，暂不计	
	9	绿化、灭蚊、打蜡	绿化面积 862m²，养护费 2 元/m²，树木购置 2 元/m²，（2＋2）×862＝3448 元	3448 元
	10	公用水电煤费用支出	泵房电费每台 4000 元/年，公用路灯 300 元/月，4000×2＋300×12＝11600 元	11600 元
	11	人员费用支出	管理人员 1 人，按 1200 元/月，1200×12＝14400 元	14400 元
	12	管理费用支出	按上述 1～11 项合计乘以 3％，186876×3％＝5606 元	5606 元
		总计	186876＋5606＝192482 元	192482 元

（二）经营性物业管理资金使用

经营性物业管理资金的使用主要有三个方面：管理费用、营租费用、税费。因为物业管理公司接管物业有的已出租，有的待出租。其工作包括两部分，一是管理好物业，为现有租户提供良好服务；二是加强管理工作，尽快租出空置房屋，把空置率降低到最低限度。

1. 管理费用支出

经营性物业管理的费用支出一般包括下列内容：

（1）建筑物的维修费用。平均的维修费用取决于建筑物建造和设计的类型、建筑物的楼龄以及租约中规定的租户承担的责任范围。通常可参照建筑物实际情况，求出建筑物内、外部修理所需的周期性费用，并将这笔费用折算成年金，再将所算出的结果与类似物业的相关费用进行比较。

（2）机电设备管理费用。机电设备如发电机、中央空调、电梯、供电、供水、消防、通信等设施设备，其运行与维修费用与设备质量关系大，贵重设备的维修费用较高。

（3）治安保卫管理费用。保安人员工资和防盗报警设备维修保养费是该项主要支出。

（4）卫生清洁管理费用。该项费用主要取决于所雇佣清洁工数量的多少，以及清洁工具及用品的消耗支出。

(5) 职工工资及福利。职员费用要视实际情况来定，应注意考虑实际雇佣的职员数量对物业管理来说是否足够，这些职员主要是为了保证建筑物正常使用而必须雇佣的人员。

(6) 办公费。物业管理公司日常工作购置办公用品所需费用，如办公桌椅、电话、传真机、笔墨纸张等。

(7) 保险费。保险费随选择的险种不同，承保范围也不同，一般承保范围越广保险费越高。一般来说，火险是最主要的选择险种，其他还要包括公众责任险、人身财产安全险等。

如表 10-9 为广州世贸大厦与香港甲级写字楼管理费用支出统计比例对照表。

广州世贸大厦与香港甲级写字楼管理费用支出统计比例对照表　　　表 10-9

	工资津贴	电　费	办公费	保险费	酬　金	设备维修	清　洁
广　州	15%	37%	2.1%	3.6%	8%	13%	15%
香　港	30%	30%	5%	5%	10%	15%	10%

分析表 10-9 可以看出，在费用比例上，大陆的人工费用较低，而电费和清洁费用则较高。这主要是由于大陆物业管理尚处于起步阶段，许多硬件设施都不能很好地配合，使得水、电等可变费用占管理费用的比重过大。作为物业管理公司应分析原因，尽量将这些费用控制在较低的水平，从而降低物业管理的管理成本，对业主、租户和公司都是大有益处的。

2. 营租费用

物业管理公司接管用于出租的物业的管理任务后，还要花费大量的财力和人力从事营租管理，这是因为：

(1) 保证入住租户的需要。虽然租户签订了租约并入住，但若管理不善或者经营方式不力，达不到租户期望的目标，那么租户会在租约期满后另觅他处。这一点对商业物业特别重要，铺位虽然租出，但如果在一定时间内管理不能采取有效措施吸引顾客来购物，门前冷落，交易暗淡，租户盈利无望，就容易撤离不干。业主和管理公司的经济效益也难以实现。

(2) 吸引新租户的需要。通过高质量的物业管理和有效营租活动吸引潜在的租户，尽可能提高物业的出租率。

(3) 增强竞争优势的需要。经营性物业租赁市场不是一成不变的，而是动态的、时刻变化的，竞争性租赁物业不断涌现，租约条件越来越优惠，要使自己始终立于不败之地，就必须加强营租工作，提高竞争能力，为租户提供质高价廉的服务。

营租费用是物业管理公司为开拓市场，加强竞争力所需的费用。营租费用主要用于以下几个方面：

(1) 广告费。广告是提高物业形象，扩大物业知名度，吸引租户的重要手段。在整个营租费用中，广告费占较大的比重。有些物业就是通过媒体公开招租的。广州玛莎世界广场就是通过《羊城晚报》招租的。该广场为大型购物中心，占地 8600m²，商场总面积20475m²，配套足够的写字楼，正门外广场面积 3000m²，停车位 100 个。该广场采取大百货公司式的管理方式，由专业物业管理公司统一经营管理。每次广告费至少在 5 万元以上，可见其费用是相当高的。

（2）代理费。物业管理公司委托他人或单位代理营租业务，利用对方的知识、经验和信息网络办理租赁。并根据代理者业绩大小付给代理服务费的一种费用。由于代理人或单位只起中介作用，所以一般都以中介费标准付费。中介费标准因地而异，一般按成交额的1％～5％计算，成交额越大计费基础越大，百分比降低。

（3）公共关系费用。成功的公共关系活动对营租工作有着巨大的促进作用，因为良好的公共关系而联系的客户成功率高，相处融洽。完善的公共关系方案的实施也需要不少的开支，管理者一定要在充分调查研究的基础上做决策。

（4）其他费用。这是指进行营租推广活动所需要的各种杂项支出。

3. 有关税费

物业出租经营过程中的主要税费包括房产税、营业税、城市建设维护税、教育费附加费和土地使用税等。

（三）物业资金使用周期性

任何物业都存在由新到旧最后更新的周期，物业管理也有周期性，即具有起步、成长、成熟、衰退直至消亡的生命历程。不同阶段物业管理重点明显不同，起步阶段重点是建立健全物业管理规章制度并逐一落实，建立管理队伍；衰退阶段的重点则是维修，包括房屋、配套设备和设施。住宅的生命周期一般为 60～70 年。物业管理周期也是 60～70 年，商业房周期或长或短，管理周期随之变化。

物业管理周期的不同阶段，管理资金使用的重点和方式不同，需要量也不同。起步阶段需要投入的项目多，且多为新项目，资金需求量大，但产出率小，许多项目投资后需要长时间消化才能有收入，所以企业利润率低；成熟期，管理工作走向正规，一切有序进行，投资项目少，管理费用低，收入项目多，企业利润高；衰退期，维修费用增加，其他项目不变的情况下，企业利润率逐步降低。所以物业管理周期理论对于物业管理资金的使用，物业管理评价具有很强的指导意义。

二、物业资金使用效率统计

（一）物业资金利用效率指标体系

物业资金指物业管理公司企业进行经营活动所占用的财产物资的货币表现以及物业管理公司所拥有的货币资金的总和。物业管理公司只有筹集足够的资金（以购置必要的设备、物资材料，支付工资等各项有关费用），才能组织正常的经营活动；物业管理公司通过提供劳务和服务维修，从而取得经营收入，收回资金。可见，物业管理公司如何有效利用资金、提高资金的使用效率对物业管理公司的生存发展具有重大意义。

1. 流动资金利用效率指标

（1）流动资金的周转速度指标。该类指标有流动资金周转次数、流动资金占用率（周转次数的倒数）、流动资金周转天数三个指标。理论上应以经营成本作为对应于流动资金投入的产出成果，当它们等值时相当于完成了一次周转；实际操作中为了统计数据采集的方便，习惯以经营收入作为对应于流动资金投入的产出成果，实际上当它们等值时尚未完成流动资金的依次周转；另外，该类指标着重于回收的速度，并不反映是否增值。因此，它们并非严格意义上的大小，在盈利的前提下周转越快、效果越高。

（2）流动资金的利用率指标。该类指标应以流动资金利润率、流动资金利税率、流动资金收益率为主，可辅以流动资金增加值率和流动资金总产值率，前三者是严格意义上的流动资金投入的效率指标，后两者与流动资金销售收入率（周转次数）意义相当。该类指标的基本计算公式为：

$$流动资金的利用率(元/百元)=\frac{报告期利润额（或利税额或收益额或增加值或总产值）（元）}{报告期流动资金平均余额（元）}$$

$$(10\text{-}18)$$

式中　收益额＝利润＋税收＋利息＋折旧

2. 固定资金利用效率指标

固定资金的效率指标即固定资产利用率，习惯上称为百元固定资产利润额、百元固定资产利税额、百元固定资产收益额、百元固定资产营业收入、百元固定资产增加值、百元固定资产总产值，计算方法只要将流动资金利用率指标的分母换为报告期固定资金平均余额即可。与流动资金利用率指标意义相同，前三者为严格意义上的固定资金投入的效率指标。实务中经常计算后两者的倒数，称为百元产值占用固定资金。

3. 全部资金利用效率指标

同样，全部资金利用率习惯上称为百元资产利润额、百元资产利税额、百元资产收益额、百元资产营业（销售）收入、百元资产增加值、百元资产总产值，计算方法只要在固定资金利用率指标的分母中加上报告期流动资金平均余额即可。同理，前三者为严格意义上的全部资金投入的效率指标。实务中也经常计算后两者的倒数，称为百元产值占用全部资金。

（二）资金利用效率变动因素构成设计

1. 效率指标变动因素构成设计的基本原则

效率指标一般均由两个总量指标派生而得，如果能找到与原有两个指标对比均有经济意义的第三个指标，那么就可建立三个指标间的构成关系式，并可依次类推。例如：

$$其效率指标=\frac{A\,指标}{B\,指标}=\frac{A\,指标}{C\,指标}\times\frac{C\,指标}{D\,指标}\times\frac{D\,指标}{E\,指标}\times\frac{E\,指标}{F\,指标}\times\frac{F\,指标}{B\,指标} \qquad (10\text{-}19)$$

上述构成关系式提示了某效率指标的变化取决于五个指标变化的影响，这样就有助于寻找原因、采取措施，集中力量解决关键因素。

2. 资金效率指标变动因素构成设计举例

（1）资金利税率因素构成设计

资金利税率＝产值利税率×资金产值率

$\qquad$＝销售利税率×产值销售率×资金产值率（百元资产总产值）

$$\qquad=销售利税率\times 产值销售率\times\frac{1}{(1-物耗率)\times 资金净产值率} \qquad (10\text{-}20)$$

（2）流动资金利用率因素构成设计

流动资金利润率＝销售利润率×流动资金周转次数

$\qquad$＝销售利润率×商品销售率×产值商品率×流动资金产值率　（10-21）

（3）定额流动资金周转天数因素构成设计

$$定额流动资金周转=\frac{\begin{array}{c}（储备资金平均余额＋生产资金平均余额\\ ＋成品资金平均余额）\times 日历日数\end{array}}{产品销售成本}$$

$\qquad$＝（储备资金周转天数×材料费占销售成本比重）

$$+(\text{生产资金周转天数}\times\text{生产成本占销售成本比重})$$
$$+(\text{成品资金周转天数}\times\text{发出商品成本占销售成本比重}) \quad (10\text{-}22)$$

（4）固定资产增加值率因素构成设计

$$\text{固定资产增加值率}=\text{全员劳动生产率}\times\left(\frac{1}{\text{全员固定资产装备率}}\right) \quad (10\text{-}23)$$

第三节　物业管理资金筹措统计

资金筹措统计是物业投资经济活动过程中关键的一环，而广泛地寻找资金来源，大量获取借贷资金，也几乎成了物业投资资金筹措统计的指导思想。物业管理资金筹措一般有两种方式：即自有资金和借贷资金。

一、筹资资本统计

筹资资本就是通常所说的资金成本。对于企业来说，无论采用何种筹资方式，都要花费一定的代价，付出相应的费用，即使企业使用自有资金，一样要付出一定的代价。企业取得和使用资金而支付的费用（资金成本）统计，包括资金筹集费用统计和资金占用费用统计两部分。资金筹集费用统计是企业在筹资过程中发生的各种费用统计，如委托金融机构代理发行股票、债券的注册费和代理费，向银行借款支付的手续费等；资金占用费用统计是企业因使用资金而向资金提供者支付的报酬统计，如向股东支付的股息、红利，向债券人支付的利息以及向出租人支付的租金等。资金成本统计通常用相对数表示，称为资金成本率，其计算公式如下：

$$K=\frac{D}{P-F}\quad\text{或}\quad K=\frac{D}{P(1-f)} \quad (10\text{-}24)$$

式中　K——资金成本率；

D——资金占用费率；

P——筹集资金总额；

F——筹资费用；

f——筹资费用率，即资金筹集费用占筹集资金总额的比率。

1. 各种来源资金的资金成本统计（表 10-10）

各种来源资金的资金成本 表 10-10

资金来源		资金成本率	备　注
发行股票：	优先股 普通股	$K_p=\dfrac{D_p}{P_p(1-f)}$ $K_c=\dfrac{D_c}{P_c(1-f)}+G$	K_p：优先股资金成本率 D_p：优先股总额的每年股息支出 P_p：优先股股金总额 K_c：普通股资金成本率 D_c：下一年发放的普通股总额股利 P_c：普通股股金总额 G：预计每年股利增长率
发行债券		$K_b=\dfrac{J_o(1-T)}{Q_o(1-f)}$	K_b：债券资金成本率 J_o：债券年利息额 Q_o：债券票面价值 T：所得税率

资 金 来 源	资 金 成 本 率	备　注
银 行 借 款	$K_L = \dfrac{I(1-T)}{L-M}$	K_L：银行借款资金成本率 I：银行借款利息（每年） L：借款总额 M：补偿性余额
租　赁	$K_r = \dfrac{E(1-T)}{P}$	K_r：租赁资金成本率 E：年租金额 P：租赁资产价值
留存收益的资金 （自有资金）	$K_n = \dfrac{D_c}{P_c} + G$	K_n：留存资金资金成本率 D_c：留用利润按下一年普通股股利计算的股利总额 P_c：留用利润总额 G：普通股股利预计每年增长率

不同资金来源的资金成本各不相同，而且取得资金的难易程度也不一样，为此就要选择最经济方便的资金来源。由于并不是只有某一种筹资方式有利，往往是各有优缺点。有的资金供应比较稳定，有的取得比较方便，有的资金成本低，有时筹集巨额资金有利，有时筹集少量资金有利等等。因此要综合考虑各种筹资渠道和筹资方式，研究各种资金来源的构成，通过计算平均资金成本，求得筹集方式的最优组合，以便降低综合的资金成本。

2，平均资金成本的统计

企业取得资金来源不同，其资金成本也各不相同，为此，需计算统计筹资的平均资金成本率，其计算公式如下：

$$K_w = \sum_{i=1}^{n} W_i \cdot K_i \tag{10-25}$$

式中　K_w——平均资金成本率；

　　　W_i——第 i 种资金来源占全部资金的比重；

　　　K_i——第 i 种资金来源的资金成本率；

　　　n——筹资方式的种类。

【例 10-6】　某企业各项资金成本情况见表 10-11。则平均资金成本率：

$K = 8\% \times 0.4 + 7\% \times 0.25 + 11\% \times 0.3 + 9\% \times 0.05 = 0.087 = 8.7\%$

某企业各项资金成本情况　　　　　　　　　　　　　　表 10-11

资 金 来 源	金额（万元）	权　数	资金成本率（%）
长 期 债 卷	1000	0.40	8
银 行 借 款	600	0.25	7
普 通 股	800	0.30	11
优 先 股	500	0.05	9

二、抵押贷款统计

抵押贷款是物业企业一项重要的融资渠道。抵押人以其拥有的物业作为本人或第三人偿还债务或履行合同的担保。用于抵押的物业，必须是当事人共同商议，当地公证机关公证及当地房地产管理部门登记的房地产，包括土地的使用权、房屋和预售房屋《房屋预售合同》等。

（一）抵押贷款系数确定

抵押贷款通常要求按月或按年等额还本付息。抵押贷款系数就是指等额支付系列复利资金回收系数，用来描述定期（年或月）等额还贷的还本付息额与贷款额之比，记作$(A/p, i, n)$。显然，若已知$(A/p, i, n)$，只须将贷款总额乘以这个系数，便可求得该笔贷款每期还本付息额。抵押贷款系数按下式计算：

$$(A/p, i, n) = \frac{i(1+i)^n}{(1+i)^n - 1} \tag{10-26}$$

式中 $(A/p, i, n)$——抵押贷款系数（或称资金回收系数）；

p——抵押贷款额；

A——年、月还款额；

i——贷款利率；

n——还贷期限。

需要注意的是，该式中的利率表达周期、还贷周期及还贷期限的时间单位应当统一，否则应作适当调整。式中的利率i必须是还贷周期的有效利率，还贷期限n必须是以还贷周期为单位计算的时间期限。

【例 10-7】 某人向银行贷款 30 万元购买一套住宅，准备在今后 10 年中等额偿还，若年利率为 12%，试分别计算某人按年或按月等额偿还的贷款系数与还本付息额。

【解】 （1）按年等额偿还：

$$n = 10 \text{ 年}, \quad i = 12\%$$

$$(A/p, i, n) = \frac{0.12(1+0.12)^{10}}{(1+0.12)^{10} - 1} = 0.17698$$

年还贷款额 $= p(A/p, i, n) = 30 \times 0.17698 = 5.3094 \text{ 万元}$

（2）按月等额偿还：

还贷期限 $n = 10 \times 12 = 120 \text{ 个月}$

月还款利率 $i = \dfrac{12\%}{12} = 1\%$

$$(A/p, i, n) = \frac{0.01(1+0.01)^{120}}{(1+0.01)^{120} - 1} = 0.01435$$

月等额偿还额 $= p(A/p, i, n) = 30 \times 0.01435 = 0.4305 \text{ 万元}$

（二）结余贷款额统计

结余贷款额是指每期还贷后余下的贷款额，这是投资者在制定筹资方案、进行方案比较与决策时经常要考虑的指标。

结余贷款额通常由结余贷款占原始贷款之比乘以原始贷款来计算。即

$$结余贷款额 = \frac{结余贷款额}{原始贷款额} \times 原始贷款额 \tag{10-27}$$

式中结余贷款占原始贷款之比计算公式推导如下：

设原始贷款为p_0，结余贷款为p_1，等额还本付息额为A，原始贷款还贷系数为$(A/p_0, i, n_0)$，结余贷款还贷系数为$(A/p_1, i, n_1)$，则由等额支付系列复利资金回收公式可得：

$$p_0 = A/(A/p_0, i, n_0)$$

$$p_1 = A/(A/p_1, i, n_1)$$

二者之比即结余贷款占原始贷款之比为：

$$\frac{p_1}{p_0} = \frac{A/(A/p_1, i, n_1)}{A/(A/p_0, i, n_0)} = \frac{(A/p_0, i, n_0)}{(A/p_1, i, n_1)}$$

即：结余贷款占原始贷款之比 $= \dfrac{\text{原始贷款还贷系数}}{\text{结余贷款还贷系数}}$ (10-28)

【例 10-8】 某公司以一物业向银行抵押贷款 2000 万元，贷款利率 12％，要求 10 年内按月等额还本付息。若 5 年后该物业转让易主，试问物业转让时尚欠贷款额为多少？

【解】 月还款利率 $i = \dfrac{12\%}{12} = 1\%$

原始贷款还贷期 $n_0 = 10 \times 12 = 120$ 个月

结余贷款还贷期 $n_1 = 5 \times 12 = 60$ 个月

原始贷款还贷系数 $(A/p_0, i, n) = \dfrac{0.01(1+0.01)^{120}}{(1+0.01)^{120}-1} = 0.01435$

结余贷款还贷系数 $(A/p_1, i, n) = \dfrac{0.01(1+0.01)^{60}}{(1+0.01)^{60}-1} = 0.02224$

由此可得：结余贷款占原始贷款之比 $= \dfrac{0.01435}{0.02224} = 0.6452$

该物业 5 年末转让易主时，尚欠贷款债务

$$2000 \times 0.6452 = 1290.4 \text{ 万元}$$

三、筹资决策统计

融资就是资金融通，资金筹措方案的制订是融资决策的主要内容。资金筹措不仅为投资者筹集到必要的资金，而且直接关系到投资效益的好坏，影响投资活动的正常进行。因而，对物业投资者来说，无论在什么条件下，融资决策都是整个投资决策研究中的重要内容。物业投资项目的融资决策取决于许多因素，如物业公司的自有资金状况、项目的投资规模、项目资金来源状况等。由于抵押贷款将成为物业投资资金来源的重要渠道，所以我们重点研究抵押贷款的融资决策问题。

1. 融资杠杆确定

融资杠杆是指项目贷款对投资收益率的影响，也就是使用贷款或不使用贷款在投资收益率上的差异。一般来讲，这种杠杆效应不外有两种状态。一种是所谓正的杠杆效应，即项目投资使用贷款将产生有利的影响，也就是使用贷款的收益率将大于不使用贷款的收益率；另一种是所谓负的杠杆效应，即项目投资使用贷款将产生不利的影响，也就是使用贷款的收益率小于不使用贷款的收益率。其收益率公式如下：

$$\text{投资收益率 } R = \frac{\text{税前收益}}{\text{投资总额}} = \frac{F}{P} \qquad (10\text{-}29)$$

式中 R——投资收益率；

      F——税前收益；

      P——投资总额。

若项目投资为公司自有资金，此时的投资收益率即为自有资金投资收益率。

$$R_e = F/D \qquad (10\text{-}30)$$

式中 R_e——公司自有资金投资收益率；

D——公司自有资金投资额。

在进行融资决策时，可以通过以上两式分别考察各种情况下的投资收益率。当项目面临若干可能状态且能判定每种状态的发生概率及其相应投资收益率时，便可由期望值算式来求投资收益率期望值。其计算公式如下：

$$E(R) = \sum_1^n P_i R_i = \sum_1^n P_i(F_i/P) \tag{10-31}$$

式中　$E(R)$——投资收益率期望值；

　　　R_i——状态 i 的投资收益率；

　　　P_i——状态 i 的发生概率；

　　　F_i——状态 i 的税前净收益，$F_i = A_i - I_i$；

　　　P——项目投资额；

　　　n——状态数；

　　　A_i——状态 i 的税前收益；

　　　I_i——状态 i 的应付贷款本息。

【例 10-9】　某物业投资 2500 万元，A 方案全部由公司自有资金投资；B 方案全部投资的 70%（1750 万元）靠抵押贷款解决。贷款利率 6%，贷款期限 20 年，要求在 20 年内按年等额偿还。假设该项目经营将面临三种效益状态。各状态的发生概率及每年的经营收益见表 10-12 所示。试据此进行该项目的投资收益率分析及融资方案决策。

各状态的发生概率及年经营收益　　　　单位：万元　表 10-12

状　态		方 案 A		方 案 B	
		概　率	年经营收益	概　率	年经营收益
1	好	0.20	375	0.20	375
2	中	0.70	275	0.70	275
3	差	0.10	250	0.10	250

【解】　方案 A、B 的年度税前投资收益率计算结果见表 10-13 所示。

方案 A、B 的年度税前投资收益率　　　　　　　表 10-13

状　态		概　率	方案 A（自有资金投资 2500 万元）				方案 B（自有资金投资 750 万元）		
			收益 A_i（万元）	债务本息 I_i（万元）	净收益 $F_i=A_i-I_i$	税前投资收益率 $R_i=F_i/P$	债务本息 I_i（万元）	净收益 $F_i=A_i-I_i$	税前投资收益率 $R_i=F_i/P$
1	好	0.2	375	0	375	15%	152.57	222.43	29.66%
2	中	0.7	275	0	275	11%	152.57	122.43	16.34%
3	差	0.1	250	0	250	10%	152.57	97.43	12.99%

其中 B 方案年度还贷债务本息由下式计算：

$$I_i = P \times \frac{i(1+i)^n}{(1+i)^n-1} = 1750 \frac{0.06(1+0.06)^{20}}{(1+0.06)^{20}-1} = 152.57 \text{ 万元/年}$$

由此可求得：

A 方案投资收益率期望值为：

$$E(R_A) = 0.2 \times 15\% + 0.7 \times 11\% + 0.1 \times 10\% = 0.117 = 11.7\%$$

B 方案投资收益率期望值为：

$$E(R_B) = 0.2 \times 29.66\% + 0.7 \times 16.33\% + 0.1 \times 12.99\% = 0.1866 = 18.66\%$$

由上述分析计算可看出，若该项目采用 70% 的借贷资金用于投资，每年公司的自有资金投资收益率将从 11.70% 提高到 18.66%。这就是融资杠杆的正效应。当然，融资杠杆的作用并不完全是正的效应。当筹资成本过高，融资方案不当，过度的负债，有时会直接影响投资的效益，有时甚至带来极大的风险。如上例，当抵押贷款利率提高到 10%，就会产生负的杠杆效益；而当抵押贷款利率超过 16%，该项目就将出现负的投资收益率期望值，有可能发生亏损。因此，房地产项目投资的融资决策，应十分重视融资成本分析，研究融资杠杆效应。

2. 融资经济效益统计

融资经济效益统计是指在一定时间内，所筹措的资金给筹资者带来的经济上的收益统计。是融通资金所创造的价值扣除融资本息后所得的纯收益统计，即融资的正杠杆效应。

融资是为了经营，只有在偿还本息后可以获得一定价值增值，融资者才会去筹措这笔资金，而且只有从其价值增值中扣除的债务本息及筹措本息后有余下的部分，对筹资者才有实际经济意义。因而融资经济效益统计正是指的这部分纯收益的大小。

由于资金融通一般是在项目投资前或投资过程中发生的，是一种事前行为。因而，融资经济效益统计分析实际是一种筹资方案的财务统计分析，是整个项目投资可行性研究的重要组成部分。

融资经济效益统计分析方法很多，其中大多数分析方法（如净现值分析法、内部收益率法、敏感性分析法等）是经济统计分析中惯用的方法。

（1）规模效益统计分析法。

资金筹措达到一定程度，可以形成规模经济，这时的效益称为规模效益，规模效益统计分析法通过预期融资利润率与筹资成本率的比较，来反映这种规模效益。

$$预期融资利润率 = \frac{预期税后利润}{融资额} \times 100\% \tag{10-32}$$

$$筹资成本率 = \frac{筹资成本额}{融资额} \times 100\% \tag{10-33}$$

显然，预期融资利润率小于筹资成本率，说明筹资额尚未达到或超过一定量，不能形成规模经济，筹资方案不可取。

（2）成本效益统计分析法。

成本效益统计指投资方案的净现金收益额与净现金负债额之比。显然，只有这个比值大于 1，即项目的净现金收益大于净现金负债，筹资方案才是可取的。

$$成本效益指数 = \frac{净现金收益额}{净现金负债额} \tag{10-34}$$

式中的净现金收益额是指由于融资而带来的预期现金收益的增加额，即由融资决策而带来得纯收益。它等于筹资方案预期收入的增加额扣除筹资成本增加额后的余额。

$$净现金收益额 = 预期收入增加额 - 筹资成本增加额$$

净现金负债量是指因融资决策而新增的负债量。

（3）返本统计法。

返本统计法是利用举债回收期指标，比较不同筹资方案负债回收期的长短，选取回收期最短的筹资方案为最优方案的一种统计分析方法。返本统计法以现值进行计算分析，即以债务发生后每年预期净现金收益折为现值的累计代数和等于或大于债务总额的那一年负债回收期。其计算公式如下：

$$P = \sum_1^d F_t(1+i)^{-t} \tag{10-35}$$

式中 P——负债总额；

F_t——第 t 年的预期净现金收益；

$(1+i)^{-t}$——第 t 年折现系数；

i——基准贴现率；

d——负债回收期（年）。

第四节 物业管理经费统计

一、物业管理经费统计

物业管理经费的统计，是物业管理公司资金管理统计的一项重要内容。主要包括以下要由管理、服务人员的工资和按规定提取的福利费；公共设施、设备日常运行、维修及保养费；绿化管理费；清洁卫生费；保安费；办公费；物业管理单位固定资产折旧费；利润；法定税费等 9 项构成，具体统计方法如下：

（一）管理、服务人员的工资和按规定提取的福利费——X_1 统计

该项费用包括物业管理企业人员的基本工资，按规定提取的福利费、加班费、服装费，不包括管理、服务人员的奖金。

（1）基本工资 F_1（元/月），其标准根据企业性质、效益和当地工资水平而确定。

（2）按规定提取的福利费 F_2（元/月）包括：

1）福利基金，按工资总额的 14% 计算；

2）工会经费，按工资总额的 2% 计算；

3）教育经费，按工资总额的 1.5% 计算；

4）社会保险费，含医疗、工伤保险、养老保险、待业保险、住房基金（含住房公积金）等，其中待业保险按工资总额的 1% 计算，其他各项根据地方统计部门规定由企业自行确定。

（3）加班费 F_3（元/月），按人均每月加班 2 天，乘以日平均工资，每月按 22 个工作日计算。

（4）服装费 F_4（元/月），按每人每年 2 套计算，将年服装费总额除以 12 个月，即得每月服装费。

其计算公式为：

$$X_1 = \frac{月基本工资总额＋各项福利费、社会保险费＋加班费＋服装费}{总建筑面积(S)}$$

$$=\frac{F_1+F_2+F_3+F_4}{S}(元/月 \cdot m^2) \tag{10-36}$$

（二）公共配套设施、设备日常运行、维修及保养费——X_2 统计

该项费用只限小区公用部位，如过道、门厅、楼梯及小区道路环境内的各种土建零修费，各公共设施、设备如室外上下水管道、电气、燃气部分的日常运行维修保养费，楼宇公共照明费等。可按如下简单测算法：

普通多层住宅公共设施、设备建造成本按建筑成本的 15% 计取，折旧年限按 25 年计算，每月/平方米建筑面积应分摊的公共设施、设备维修保养费按月折旧费的 40% 提取，其匡算公式为：

$$X_2=\frac{每平方米建筑成本 \times 15\%}{25 年 \times 12 月/年} \times 40\%(元/月 \cdot m^2) \tag{10-37}$$

（三）绿化管理费——X_3 统计

绿化管理费指小区环境内绿化的保养费用。包括绿化工具费、劳保用品费、绿化用水费、农药化肥费用、杂草杂物清运费等。其简单测算法为：按每平方米绿化面积确定一个养护单价，如 $0.10 \sim 0.20$ 元/月 $\cdot$ m^2，乘以总绿化面积再分摊到每平方米建筑面积。绿化面积按总建筑面积除以容积率再乘以绿化覆盖率计算，也可按实际绿化面积计算。绿化员工的定编人数可根据各地季节变化、气候条件、植被花木养护难易程度等实情而定，通常每 $4000 \sim 6000 m^2$ 绿化面积设绿化工 1 人。其计算公式为：

$$绿化管理费 X_3=\frac{绿化面积 \times 养护单价}{总建筑面积}(元/月 \cdot m^2) \tag{10-38}$$

$$绿化面积=\frac{总建筑面积}{容积率} \times 绿化覆盖率(m^2) \tag{10-39}$$

（四）清洁卫生费——X_4 统计

清洁卫生费指楼宇内公共部位及小区内道路环境的日常清洁保养费用。包括：

（1）清洁工具购置费 F_1（元/年）；

（2）劳保用品费 F_2（元/年）；

（3）卫生防疫消杀费 F_3（元/年）；

（4）化粪池清理费 F_4（元/年）；

（5）垃圾外运费 F_5（元/年）；

（6）环卫所需其他费 F_6（元/年）。

可按实际统计情况匡算总支出，再分摊到每月每平方米。

$$X_4=\frac{F_1+F_2+F_3+F_4+F_5+F_6}{12 个月 \times 总建筑面积}(元/月 \cdot m^2) \tag{10-40}$$

（五）保安费——X_5 统计

保安费指封闭式小区公共秩序维持费用，包括：

（1）保安器材装备费 F_1（元/年），含：

1）保安系统日常运行电费、维修与养护费；

2）保安器材费（如对讲机、警棍等）；

3）更新储备金 $=(M_保+I_保)/Y_保$

$M_保$——保安系统的购置费；

$I_保$——保安系统安装费；

$Y_保$——保安系统正常使用年限。

(2) 保安人员人身保险费 F_2（元/年）；

(3) 保安用房及人员住房租金 F_3（元/年）。

按实际情况匡算各项年总支出，再分摊到每月每平方米。

$$X_5 = \frac{F_1 + F_2 + F_3}{12 个月 \times 总建筑面积}（元/月 \cdot m^2） \tag{10-41}$$

（六）办公费——X_6 统计

办公费指物业管理企业开展正常工作所需要的有关费用。包括：

(1) 交通费 F_1（元/年）（含车辆的耗油、维修保养、保险、养路费等）；

(2) 通讯费 F_2（元/年）（含电话、传真、传呼、电报等）；

(3) 低值易耗用品费 F_3（元/年）（含纸张、笔墨、打印等）；

(4) 书报费 F_4（元/年）；

(5) 广告宣传社区文化活动费 F_5（元/年）；

(6) 办公用房租金（含水电费）F_6（元/年）；

(7) 其他费 F_7（元/年）。

对已实施物业管理的小区可依据上年度年终决算数据得到该值，计算公式为：

$$X_6 = \frac{F_1 + F_2 + \cdots\cdots + F_7}{12 个月 \times 总建筑面积}（元/月 \cdot m^2） \tag{10-42}$$

（七）物业管理企业固定资产折旧费——X_7 统计

该项费用是指物业管理企业拥有的各类固定资产按其总额每月分摊提取的折旧费用。各类固定资产包括：

(1) 交通工具（汽车、摩托车等）F_1（元）；

(2) 通讯设备（传真机、手机等）F_2（元）；

(3) 办公设备（电脑、复印机、空调机等）F_3（元）；

(4) 工程维修设备（管道疏通机、电焊机等）F_4（元）；

(5) 其他设备 F_5（元）。

按实际拥有的上述各项固定资产总额除以平均折旧年限。其计算公式：

$$X_7 = \frac{固定资产总额}{平均折旧年限 \times 12 个月 \times 总建筑面积}（元/月 \cdot m^2） \tag{10-43}$$

（八）利润——X_8 统计

物业管理企业作为独立的自负盈亏的的经济实体，也应获得一定的利润。利润由各省、自治区、直辖市政府物价主管部门根据本地区实际情况确定。一般按前七项之和乘以利润率即得每月每平方米建筑面积分摊的利润额。其计算公式为：

$$X_8 = (X_1 + X_2 + \cdots\cdots + X_7) \times a（元/月 \cdot m^2） \tag{10-44}$$

a——利润率。

（九）法定税费——X_9 统计

法定税费指按现行税法物业管理企业在进行企业经营活动过程中应缴纳的税费。物业管理企业享受国家对第三产业的优惠政策，应缴纳的税费主要是两税一费，即

1. 营业税 F_1（元/月·m²）

按企业经营总收入的5%征收，按前8项之和作为基数再乘以5%即得每月每平方米应分摊的数额。

$$F_1 = (X_1 + \cdots + X_8) \times 5\% \qquad (10-45)$$

2. 城市建设维护税——F_2（元/月·m²）

按营业税7%征收，每月每平米应分摊的数额为：

$$F_2 = F_1 \times 7\% \qquad (10-46)$$

3. 教育费附加——F_3（元/月·m²）

按营业税的3%征收，每月每平方米应分摊的数额为：

$$F_3 = F_1 \times 3\% \qquad (10-47)$$

两税一费合计为经营总收入的5.5%，即

$$X_9 = (F_1 + F_2 + F_3) \times 5.5\% \qquad (10-48)$$

二、物业管理服务费测算案例

下面是××市幸福小区物业管理服务费的测算过程。

（一）小区概况

××市幸福小区1995年7月竣工，为普通多层、高层住宅小区。由幸福小区物业管理公司对小区实行统一的物业管理。

1. 幸福小区技术经济指标

总占地面积：	17.20万m²
总建筑面积（含地下）：	21.05万m²
其中：地上建筑面积：	20.64万m²
地下建筑面积：	0.41万m²
总人口：	0.92万人
总户数：	2615户
容积率：	1.2
绿地率：	42.5%

2. 小区用地规划

小区用地规划见表10-14。

幸福小区用地规划　　　　　　　表10-14

项　　目	占地（万m²）	所占比例（%）	项　　目	占地（万m²）	所占比例（%）
住宅用地	10.50	61.0	集中绿地	2.12	12.3
公建用地	2.98	17.3	合　　计	17.20	100
道路用地	1.62	9.4			

3. 小区建筑面积分配

小区地上总建筑面积20.64万m²，其中配套公共建筑面积2.84万m²，其功能分配见表10-15；住宅建筑面积17.80万m²，其中高层（18层）3栋，3.20万m²；多层（6层）36栋，14.60万m²。

配套公建面积分配 表 10-15

项目		建筑面积（m²）	用地面积（m²）
教育	托儿所	1500	1600
	幼儿园	3200	2400
医疗卫生	门诊所	200	300
文化体育	文化活动站	240	360
	文化活动中心	1500	1200
商业服务	粮油店	260	340
	菜市场	3800	2160
	食品店	860	880
	副食品店	570	350
	饭店	980	560
	百货商场	2460	1600
	书店	450	560
	综合修理部	850	380
	集贸市场	1690	2480
金融邮电	储蓄所	120	110
	邮电局	1850	1200
市政公用	锅炉房	1800	7200
	变电室	180	290
	开闭所	230	370
	煤气调压站	56	130
行政管理	居委会	340	110
	区综合管理	370	560
出租商业		2454	2110
娱乐健身中心		2440	2550

（二）物业管理服务费测算

1. 管理、服务人员的工资和按规定提取的福利费

（1）人员编制和基本工资标准

人员编制和基本工资标准见表 10-16。

人员编制和基本工资标准表 表 10-16

序号	项目	人数（人）	工资标准（元/月）	总额（元/月）
一	管理人员	10		8600
1	总经理	1	1200	1200
2	副总经理	2	1000	2000
3	部门经理	4	800	3200
4	文秘	1	800	800

序　号	项　目	人数（人）	工资标准（元/月）	总额（元/月）
5	财　务	2	700	1400
二	维修人员	8	600	4800
三	绿化工	14	400	5600
四	保洁工	14	400	5600
五	保安员	28	500	14000
六	车管员	8	400	3200
七	其他人员	5	500	2500
八	合　计	87		44300

注 ① 部门经理 4 人，分别负责维修、绿化与保洁、保安与车管交通、小区公共事务。

② 按 5000m² 绿化面积设置绿化工 1 人。小区绿化面积 7.31 万 m²，设绿化工 14 人。

（2）费用测算

管理、服务人员的工资和按规定提取的福利费测算见表 10-17。

工资福利费测算表　　　　　　　　　　　　表 10-17

序　号	项　目	金额（万元/月）	依　据	测算结果（元/月·m²）
一	基 本 工 资	4.43	表 10-16	
	福 利 费	2.193	工资总额 49.5%	
	其中福利基金	0.620	工资总额 14%	
二	工 会 经 费	0.089	工资总额 2%	
	教 育 经 费	0.066	工资总额 1.5%	
	社 会 保 险	1.418	注①	
三	加 班 费	0.403	人均月加班 2 天	
四	服 装 费	0.363	注②	
五	合 计	7.389		0.358

注 ① 社会保险总计为工资总额的 32%，其中医疗保险 6%，待业保险 1%，养老保险 19%，住房基金 6%。

② 服装费按平均 500 元/人·年计算，则每月分摊为

87×500 元/人·年÷12 月/年＝0.363 万元

2. 公共设施、设备日常运行、维修及保养费

采用总体匡算思路进行测算。住宅建造成本按 1000 元/m² 计算，公共设施、设备建造成本统一按 15% 计取，折旧年限按 25 年计算，维修保养费按月折旧费的 40% 提取。

$$维修保养费 = \frac{1000 \text{ 元/m}^2 \times 15\%}{25 \text{ 年} \times 12 \text{ 月/年}} \times 40\% = 0.200 \text{ 元/月·m}^2$$

对高层建筑的电梯、高压水泵等按现行规定另行收费，未计入。

3. 绿化管理费

小区绿化面积为 7.31 万 m²，绿化管理测算见表 10-18。

4. 清洁、卫生费

清洁卫生费测算见表 10-19。

绿化管理费测算表   表 10-18

序　号	项　目	测　算　依　据	金额(万元)	测算结果(元/月·m²)
1	绿化工具费	200 元/人·年	0.28	
2	劳保用品费	100 元/人·年	0.14	
3	绿化用水费	2t/m²·年，0.50 元/t	7.31	
4	农药化肥费	0.30 元/m²·年	2.193	
5	杂草清运费	注①	2.50	
6	景观再造费	0.2 元/m²·年	1.462	
7	合　计		13.885	0.056

注 ① 杂草清运由环卫公司承包，每年为 2.5 万元。此项费用也可列入清洁卫生费用一并计算。

清洁卫生费测算表   表 10-19

序　号	项　目	测　算　依　据	金额(万元/年)	测算结果(元/月·m²)
1	工具购置费	300 元/人·年	0.42	
2	劳保用品费	100 元/人·年	0.14	
3	消　杀　费	10 元/户·年	2.615	
4	化粪池清掏费	注①	2.16	
5	垃圾外运费	注②	20.70	
6	其 他 费 用	注③	4.0	
7	合　计		30.035	0.121

注 ① 化粪池清掏由环卫公司承包，小区化粪池 18 个，每年清理 2 次，每次每个化粪池 5 车(共 25m³)，每车清运费 120 元，全年合计 2.16 万元。

  ② 垃圾外运由环卫公司承包，垃圾外运费合计 20.7 万元。

    其中：高层采用垃圾通道，每天清理 1 次，每车 75 元，全年合计 2.7 万元。

    多层采用分设垃圾桶，各户塑料垃圾袋自理，共设 50 个垃圾桶(含公共环境用)，每天清运 1 次，每桶 10 元，全年合计 18 万元。

  ③ 其他费用包括清洁工外来人口暂住证费，节假日突击加班费及不可预计费等，全年约计 4 万元。

5. 保安费

保安费测算见表 10-20。

保 安 费 测 算 表   表 10-20

序　号	项　目	测　算　依　据	金额(万元/年)	测算结果(元/月·m²)
1	装　备　费	500 元/人·年	1.4	
2	人身保险费	注①	0.224	
3	房　租	注②	2.150	
4	合　计		3.774	0.015

注 ① 保安员每年投保 2 万元人身意外伤害险，保险费率为 4‰。

  ② 保安用房按每人 8m² 计算，月租金为 8 元/m²。

6. 办公费

按上一年度年终决算，全年办公费约 45 万元，考虑到物价上涨因素，按 50 万元计。

则每月每平方米建筑面积应分摊的办公费为：

$$办公费 = \frac{50\ 万元}{12\ 个月 \times 20.64\ 万\ m^2} = 0.202\ 元/月 \cdot m^2$$

7. 固定资产折旧费

固定资产总额为 50 万元，平均折旧年限为 5 年，则

$$折旧费 = \frac{50\ 万元}{5\ 年 \times 12\ 个月/年 \times 20.64\ 万\ m^2} = 0.040\ 元/月 \cdot m^2$$

8. 利润

利润取 8%，则

$$利润 = (前七项之和) \times 8\% = 0.992 \times 8\% = 0.079\ 元/月 \cdot m^2$$

9. 法定税率

两税一费为前八项之和的 5.5%。

$$税费 = (前八项之和) \times 5.5\% = 1.071 \times 5.5\% = 0.059\ 元/月 \cdot m^2$$

10. 合计

××幸福小区物业管理服务费测算见表 10-21 汇总表。

物业管理服务费汇总表　　　　　　　　　　　　　　　　表 10-21

序　号	项　　　目	金额(元/月·m²)	总费用比例(%)
1	工资福利费	0.358	31.7
2	维　修　费	0.200	17.7
3	绿化管理费	0.056	5.0
4	清洁卫生费	0.121	10.7
5	保　安　费	0.015	1.3
6	办　公　费	0.202	17.9
7	折　旧　费	0.040	3.5
8	利　　润	0.079	7.0
9	税　　费	0.059	5.2
10	合　　计	1.130	100

复习思考题

1. 物业管理资金来源主要有哪些？

2. 物业管理资金筹措渠道有哪些？需统计哪些指标？

3. 物业管理经费统计的基本构成有哪些？

第十一章　电梯的运行、保养和维护统计

第一节　电梯设备的运行统计

一、电梯设备运行统计的意义

电梯是指服务于规定楼层的固定式提升设备。也称升降机，它是由一台电动机拖动一个金属制成的轿厢在建筑物的井道中并在专设的轨道上作垂直升降运动，达到乘人载物的目的。电梯设备运行正常与否，在很大程度上决定着房屋的利用状况，直接影响到人们的生产和生活。做好电梯设备运行的统计工作，是电梯正常运行，人们生产、生活正常进行的有利保障，也是物业管理工作的一项重要内容。

二、电梯的运行制度统计分类

各物业公司在保证服务的前提下，根据所管辖的楼房的类型、客流量和节约的原则确定运行制度。目前有 18h 制（即早上 6：00～晚上 12：00）和 24h 制。多数为 24h 连续运行制。24h 连续运行制可以分为以下几种类型：

（一）单梯（包括有备用梯的单梯）

24h 运行，夜间值班（即司机不在轿厢内，在值班室随叫随到或预约开梯）运行。司机上、下午吃饭时间有人替班，运行不间断。如运行梯发生故障时备用梯投入运行。

（二）并列双梯和有通道的双梯

按设计客流量应为双梯同时运行，但可以执行一部 24h，另一部 18h，即夜间只设一部电梯值班运行，白天吃饭时间错开，保证全天任何时间都有电梯可用。为省电也可以执行一部 24h，另一部高峰运行。高峰时间为早、中、晚 3 个高峰。高峰时间的长短按具体情况确定，每日不超过 4h。

（三）三梯有通道电梯

执行 1 部 24h，2 部 18h 制，白天 3 部电梯同时运行，夜间只有一部电梯值班运行。吃饭时间不停梯。此电梯也可以执行一部 24h，一部 18h，一部高峰梯。

以上三种运行制的运行梯其白天运行时间均为 6：00～24：00。

（四）无司机运行电梯

严格执行巡逻制度，夜间设值班工人，同样执行按时开关梯制度。写字楼、商厦、宾馆等高层建筑电梯的运行时间与制度，可根据实际需要确定。

三、电梯的设备管理统计

完好的设备是优质服务的基础，良好的维修保养是延长设备寿命和安全运行的保证。电梯的设备管理统计主要内容有：电梯的接管验收统计、维修统计和技术档案资料统计。

（一）接管验收统计

1. 验收统计的作用

验收统计工作是由设备安装转入使用的一个重要过程，把住这个关口，对日后的管理和使用有着重要的意义。应对每部电梯进行个别验收。物业管理企业接到建设企业的"接管通知"后，即应组织验收统计小组，其成员应包括物业管理企业主管负责人及若干技术人员，验收统计时应有原施工单位负责人参加。物业管理企业若无技术力量，可委托"质量监督站"进行验收。第一次验收为初验，在登记发现问题的同时商定解决意见并确定复验时间。复验仍不合格的应限定解决期限。对设备的缺陷及不影响使用的问题，可作为遗留问题与建设单位签订协议保修或赔款补偿，但这类协议必须在设备能用，不致出现重大问题时方可签订。验收后的验收单等统计资料应由物业管理企业签署。

2. 验收统计中重点检查部位及基本要求

(1) 曳引机：运行平稳，振动与噪声不超标，油箱无渗漏；

(2) 轨道：轨距与垂直度偏差不超标；

(3) 钢丝绳：张力应均衡不超标；

(4) 轿厢：运行平稳，平层准确，噪声不超标；

(5) 各部位安全装置：最主要的是门锁、限速器、限位与极限开关必须动作灵敏、准确、可靠；

(6) 电器装置：接地良好，绝缘合格；

(7) 使用性能和程序应完全得到实现。

3. 其他有关问题的统计

(1) 保修期。按规定，产品在出厂1年半内保修，安装质量在1年内保修，特殊要求可与施工单位协商决定。

(2) 司机休息室与维修间。按常规每幢独立的塔楼单梯应在首层配一居室的值班休息室，双通梯及三通梯均只设1间休息室。每维修1～10部电梯应配一个维修点（相当于2居室面积），但附近建有集中维修用房的除外。

(3) 通向楼顶的楼梯口未设计梯门的应补装铁栅栏门，并装防盗报警装置。

(4) 提供高档电梯贵重的易损件和备件费。

以上4项问题应在验收时协商决定。

(二) 维修统计

电梯是一种使用相当频繁的设备。电梯设备在整个运行过程中，其主机与各零部件都在发生不同程度的自然损耗，而良好的维修保养可减少损耗，提高可靠性，确保安全，延长电梯的使用寿命，节约资金。

1. 电梯维修等级、周期的分类统计

(1) 零修

指日常的维修保养，其中包括排除故障的急修和定时的常规保养，因故障停梯接到报修后应在15min内到达现场抢修。常规保养分为周保养、半年保养和1年保养。

周保养：每梯每周一次，每次不少于4h。

半年保养：每梯每半年一次，每次不少于8h，侧重于重点部位的保养。

1年保养：每梯每年一次，每次不少于16h，是较全面的检查保养。

为不影响电梯运行，保养工作应安排在低峰或夜间进行，同时可连续工作分阶段进行。

（2）中修

指运行较长时间后进行的全面检修保养，周期一般定为 3 年，但第 2 个周期是大修期，如需进行大修可免去中修。

（3）大修

指在中修后继续运行 3 年时间。因设备磨损严重需要更换主机和较多的机电设备配套件以恢复设备原有性能而进行的全面彻底的维修。如设备性能良好，周期可适当延长。

（4）专项修理

指不到中、大修周期而又超过零修范围的某些需及时修理的项目，如较大的设备故障或事故造成的损坏，称为专项修理。

（5）更新改造

电梯连续运行 15 年以上，如主机和其他配套件磨损耗蚀严重，不能恢复又无法更换（旧型号已淘汰或已更换）时，就需要进行更新或改造。

2. 维修工程的审批统计

除零修外，中、大修与改造更新均列为电梯维修工程。电梯应每年进行一次全面普查，从而制定大、中修，改造、更新计划，经上级物业管理部门批准实施，具体内容如下：

施工要严格把住工程质量关，竣工后要按规范组织验收并进行全面、系统的登记。

对工程费用也应实行预决算审批制，以降低成本，加强施工管理。

为了缩短施工中的停梯时间，方便用户，中修工程全月停梯天数最好不超过 7～10 天，大修不超过 2 周。其余施工日可在低峰、客疏或夜间进行。

3. 维修队伍的统计

电梯是集机械、电气于一体的高技术设备，电梯维修工同样是一种技术密集型工种。他们既要有一定的文化理论知识，又要有较高的操作技艺。电梯的高效和安全性能不但取决于先进的技术和制造，安装人员的经验，还取决于维修保养人员的知识和技巧。因此，对维修人员的统计包括以下内容：

（1）懂技术要求，按有关质量标准、验收规范进行修理组装、调试和鉴定。

（2）精通电梯设备的原理与构造，熟悉所管电梯的性能及有关图纸。

（3）当接到故障通知时，应快速赶到现场，正确分析故障原因，排除故障，使电梯尽快恢复运行。

（三）技术资料统计

1. 设备档案统计

每部电梯均应接管后建成独立的档案，应按以下内容进行统计。

（1）电梯验收文件：包括验收记录、测试记录、产品与配套件的合格证、电梯定货合同、安装合同、设备安装与建筑结构图、使用维护说明书、遗留问题处理协议与会议纪要等。

（2）设备登记表：主要记载设备的程式面基本参数与性能参数，如型号、功率、载重量等。

（3）大、中修工程记录：记载大、中修时间、次数、维修内容与投资额及工程预决算文件等。

（4）事故记录：记载重大设备、人身事故发生的时间、经过与处理结论等。

（5）更新记录：记载电梯更新时间、批准文件。

2. 维修资料统计

（1）报修单：每梯专用的报修单每次维修坚持填写，每月统计 1 次，每季装订 1 次，由维修部门保管以备查阅。

（2）运行记录：每梯每月记录 1 册，每年装订 1 次，电梯运行管理人员应把运行记录交给物业管理工程部妥善保管以备存查。

（3）普查记录：每年进行 1 次普查，该记录由管理部门统一保管存查。

（4）运行月报：由管理单位每月上报，每年装订 1 次以备存查。

（5）技术改造资料：运行的改进、设备的革新、技术改进措施等资料，应按每部电梯单独记录。

（6）考评资料：各类检查记录、奖惩情况、先进班组、个人事迹材料、每年归纳汇总装订成册以备存查。

四、安全管理统计

电梯作为一种交通运输设备，本身就具有一定的危险性，对它的使用必须有严格的安全管理统计制度。对电梯的生产、安装、使用和维修，政府有关部门都制定了严格的资质审查制度和监督措施。电梯的安全管理统计首先是司机、维修人员的安全操作训练统计，其次是对设备安全的统计。

（一）对司机、维修人员的安全操作的统计内容

1. 持证上岗

根据政府有关规定，电梯作业属特种作业，电梯司机和维修工要经统一考核后持证上岗。

2. 制定安全操作规程

制定《司机安全操作规程》、《电梯维修安全操作规程》，人手一册，严格执行。

3. 组织对司机的培训

对司机的培训主要是讲授和操作两部分。

（1）讲授内容。

电梯各部件的名称、作用；对控制图的初步理解，对电梯性能的熟悉；遇到安全突发事件时的应急处理方式。

（2）操作训练。

在授课基础上进行实际操作训练，除掌握操作规程以外，还要模拟一些紧急情况并学会相应的处理方法。

（3）岗前训练。

司机正式上岗前应经过两周的岗前训练，由有经验的司机带班，熟练地掌握操作程序，服务规范后才能单独上班操作。

（4）定期考核。

对所有司机每半年要进行一次安全规程的考核。可以口试、笔试，同时考核"实际操作"，考核成绩记录在册以作为评比、晋级的依据。

4. 企业对维修工的培训

（1）定期学习《电梯维修安装安全操作规程》。

（2）上岗前严格培训，使维修人员熟悉维修的基本程序与技术标准、故障的检查及排除方法。

（3）培训后应进行严格的考核，合格者发给"维修操作执照"，不合格者只能发给"学习工执照"，待下一个考核年度再考，通过后换照。

（4）开展经常性技术培训。经常进行技术培训，不断提高维修技术水平，此外还须经常对维修人员进行职业道德教育，提高为人民服务和遵纪守法的自觉性。

（二）设备安全管理统计

为了运行安全，电梯设备本身在设计和制造上已设置了多种安全装置。在使用中必须经常检查这些装置的可靠性，定期进行安全机构动作试验与整体性能试验。这些在维修使用说明中有明确的规定，关键是严格执行、认真做好有关资料的登记。

五、电梯运行的统计报表

为掌握电梯运行状况和搞好经营，应建立起填写运行记录与报表制度。各种表格应由物业管理公司统一印发，其中包括：

（1）电梯运行记录表（表11-1）。是对电梯运行情况的记录，由司机每天填写，一式二联。一联存班组，二联交统计，每月应统计一次。

电梯运行记录表　　　　　　　　　　表11-1

电梯编号：　　　　　　　　　　　　　　　　　　　　　　　日期：

班　　次	计划运行 (h)	实际运行 (h)	故　障　停　梯		事　故　停　梯		司机姓名	备　注
			次　数	h	次　数	h		
早　　班								
中　　班								
晚　　班								

（2）电梯运行报修单（表11-2）。是对电梯零修情况的记录，由维修工填写，报修人（司机）签字验收，一式三联。一联由司机保存，二联由维修班保存，三联交核算员。

电梯运行报修单　　　　　　　　　　表11-2

电梯编号：　　　　　　　制单编号：　　　　　　　年　月　日

报修地点	段楼门	报修时间	日　时	报修人	
报修项目		修理时间	日　时	修理工时	工　时
		完工时间	日　时	工时金额	￥：
修理情况	耗用材料	名　称	规　格	数　量	金　额
		小　计	￥：		
	备　注			合　计	￥：

维修组长：　　　　修理人：　　　　验收：

(3) 电梯运行月报表(表11-3)。这是对电梯每个月运行基本情况的报表,是考核本单位(或每部)电梯运行率、故障率指标的依据。月报由统计员填报。

电梯运行情况月报表   表 11-3

编号:

使用单位	地址	数量			停站方式	日历时间	计划停梯检修		计划运行		实际运行		运行率	故障停梯			事故停梯			故障率	备注
		小计	交流	直流	层站	有无通道	天数	h	天数	h	天数	h	正常天数	h	%	发生天数	次数	h	天数	次数	h	%
甲	乙	1	2	3	4	5	6	7	8	9	10	11	12	13	14	15	16	17	18	19	20	21
总计																						

单位负责人: 统计: 填表人:

(4) 电梯设备年报表(11-4)。

电梯设备年报表   表 11-4

编号: 年   月   日

序号	使用单位	地址	数量			层站	型号	载重量(kg)	速度(m/s)	开门型式	产地	安装单位	开始使用日期	备注
			小计	交流	直流									
	总计													

单位负责人: 统计: 填表人:

(5) 电梯日巡视统计表(表11-5)。

电梯日巡视统计表   表 11-5

大厦名称: 年   月   日

巡查项目		电梯号						
		1	2	3	4	5	6	7
机房	机房各部清洁							
	油镜、油杯油位							
	盘车工具、救援规程							
	应急灯、灭火器							
	控制柜内继电器接触器							

巡 查 项 目		电 梯 号						
		1	2	3	4	5	6	7
机房	照明、通风设备							
	警告牌及门窗、门锁							
	牵引电动机							
	减速箱及绳轮							
	安全装置							
	机房温度							
轿厢	轿厢门联锁							
	安全触板及开关							
	轿内显示器，按钮							
	对讲电话及警铃							
	顶棚、壁板、地面							
	通风扇							
	照明灯							
	异声、异感（启动、行车、加减速的平稳性、振动、噪声、平层差等）							
井道	厅门按钮及显示							
	钥匙开关及消防按钮							
	厅门联锁							

说明：良好打"√"，不良打"×"，并填写《电梯维修登记表》

巡视检查人：　　　　　　　　巡视时间：

（6）电梯检查保养表（表11-6）。

电梯检查保养表　　　　　　　　　表 11-6

编号：

检查日期		电 梯 编 号											备注
	检 查 项 目	1	2	3	4	5	6	7	8	9	10	11	
机房	室内照明及通风												
	灭火器材正常无缺损												
	机房干净、无杂物												
	机房与轿厢通话正常												
	控制柜无灰尘												
	电梯运行正常无停梯												
	盘车专用工具整齐无缺损												
	盘车专用工具放置明显												

检查日期		电 梯 编 号											备注
检 查 项 目		1	2	3	4	5	6	7	8	9	10	11	
轿厢及按钮	轿内求救警铃正常有效												
	轿内与中控室通话系统正常												
	门安全触板动作有效												
	开关门灵活可靠												
	选层按钮正常												
	外呼梯按钮及显示器正常												
	候梯室照明正常												
其他	钢丝绳无断丝，松股												
	电动机运行声音正常												
	减速箱油色、温度、声音正常												
	电气元件完好有效												

检查人：　　　　　　　　　　　　　　　　　　　审核人：

第二节　电梯保养维修统计

电梯是一种使用相当频繁的设备。电梯设备在整个运行过程中，其主机与各零部件都在发生不同程度的磨损，而良好的维修保养可以减少损耗，提高可靠性，确保安全，延长电梯的使用寿命，节约资金。

一、电梯小、中、大修保养项目的统计内容

（一）小修（又称零维修）保养项目与统计内容（表11-7）

其中带"☆"者为周保养项目，带"△"为半年保养项目，带"○"为一年保养项目。

小修（又称零维修）保养项目与统计内容　　　　　　　　　表11-7

检 查 部 位 和 项 目	保 养 与 零 维 修 统 计 内 容
I机房 一、检查以下部位所列各项 1. 控制柜（包括励磁柜）各电器元件的性能、触头烧蚀情况、电器连接导线外观与端子等 ☆2. 曳引机：油位、油质、油温制动器闸间隙与磨损、蜗杆窜量与啮合绳槽磨损等 ☆3. 电动机与发电机组：轴承、油位、油温、油环带油情况。铜头与架刷积炭、电刷与电刷压力 △4. 选层器：传动机构的动作钢带有无裂纹，电气的动、静触头 ☆5. 限速器：安全绳与楔块间隙、螺栓紧固开关动作 △6. 极限开关：熔断器与动作机构 ○7. 检查以上各部位的接地线	开关接触器、继电器、熔断器等各种元件的修理、调整与更换，调整接触器、噪声继电器延长时间，紧固松动的螺钉与接线 调整抱闸间隙、蜗杆窜量，修理与更换轴承，定期加油换油，紧固松动的螺栓 调整、修理、更换电刷架，修磨整流子，消除积炭，润滑部位添加与更换润滑油，测速机调整更换传动带、张紧轮 调整、修理、更换传动部件、钢带、动静触头，润滑部位加油 调，修与更换限速器部件或整机，润滑部位加油 更换熔丝，清除铅灰，调整与更换部件 定期检测接地电阻值，紧固松动的接地线

检查部位和项目	保养与零维修统计内容
Ⅱ 轿厢 一、检查以下部位所列各项 ☆1. 轿顶轿底：导靴间隙、靴衬磨损情况。接线盒的电线与端子有无松动，轿内操纵盘元件动作与显示 △2. 感应器：位置与平层精度 △3. 开门机：电动机碳刷磨损量，皮带的松紧，电气开关完好情况 ○4. 安全钳：拉杆机构与电器开关安全钳间隙 △5. 开关门速度：开门刀与安全触板的位置	调导靴间隙、更换靴衬，调修与更换操作与显示元件照明、电扇、警铃等器件的调修、更换，各部位螺钉、螺栓的紧固 感应器各部件的调修与更换 开门机开关及传动部件的调修与更换 调整安全钳间隙，调修动作机构，更换部件 调整开关门速度，调修轿门各部件，更换轴承、吊门轮、开关等
二、各部位螺栓紧固情况，转动部分润滑情况，轿厢各部位卫生	以上各项润滑部位加油与保洁工作
Ⅲ 井道 一、检查以下各部位中所列各项 ○1. 轨道：接道板、压道板、支架螺栓有无松动与锈蚀 ☆2. 厅门：吊门轮、挡轮、门锁的门滑道 ○3. 钢丝绳：张力、磨损情况 ☆4. 对重：导靴间隙、靴衬磨损情况，螺栓紧固情况 △5. 器具与管线路：中线各层灯、呼梯盒是否完好，显示是否正确，端子压线有无松动 △6. 各安全开关：位置有无位移 ○7. 随线：外观与线芯 ☆8. 底坑：有无积水、垃圾 ○9. 缓冲器：油压式缓冲器、油标、渗漏情况 10. 接地线连接情况	紧固各处松动的螺栓，消除锈蚀，定期加注润滑油清洗轨道 调整厅门各部位间隙门、把手与杠杆，修换吊门轮、拉绳开关、门锁钩、滑道清洗加油 调整张力、长度（截绳）等 调整导靴间隙，更换靴衬，紧固螺栓 调整与更换楼层按钮层电锁及部件线路，改变零星配件配管、遥测绝缘、清扫接线盒 各安全开关的调修与更换、销轴部位加油 紧固电缆架螺栓，位移复位 清除积水与垃圾，钢带胀紧轮，保险轮加油 加油，检查水平度，紧固螺栓 定期遥测接地电阻
二、检查以上各项的润滑情况与卫生	以上各项的保洁工作和润滑部位加油

（二）中修工程项目与技术统计内容（表 11-8）

电梯中修项目与技术统计内容　　　　　　　　　　　　表 11-8

序号	工程项目	内　容	技术统计内容
1	减速机	各部位拆卸清洗，损坏部件的修换，换油、更换各部位油封，各部位螺栓紧固，组装位置调整，水平调整与测试	1. 拆卸过程中避免人为损坏，各部件齐全。清洁光亮无油污 2. 装配精度：(1)轴心歪斜度公差 $\Delta l \leqslant 42\mu m$；(2)齿面接触斑点按齿长不少于 50%，齿高不少于 50%；(3)测隙应略低于初次配装精度，在 $190\sim250\mu m$ 之间；(4)蜗轮轴向窜动在中心距为 $200\sim300mm$ 之间时应在 $0.02\sim0.04mm$ 之间；中心距大于 $300mm$ 时应在 $0.03\sim0.05mm$ 之间；(5)蜗杆轴向窜量当中心距在 $200\sim300mm$ 之间时应在 $0.1\sim0.15mm$ 之间，中心距大于 $300mm$ 时应在 $0.12\sim0.17mm$ 之间；(6)蜗杆径向跳动应不大于 $30\mu m$；(7)蜗杆与电机连接不同心度应允许误差；刚性连接为 $0.02mm$，弹性连接为 $0.1mm$；(8)油类应符合本机种的要求，注油量为油标上下限的中间；盘根式轴头漏油允许 $3\sim5min$ 漏一滴，并备有接油盒，轴头温升不高于 $75℃$，油温不高于 $85℃$
2	制动器	拆卸、清洗、修换易损件（闸瓦），组装、调整、测试线圈绝缘电阻	(1)各部件清洗无油污，闸瓦应不偏磨，闸瓦与制动轮应保证中心接触，接触面不少于 70%；(2)闸瓦不得有铆钉摩擦制动轮现象；(3)运行时两侧闸瓦与制动轮间隙应不大于 $0.7mm$；(4)铁芯润滑尽量采用石墨粉，保证动作灵敏可靠；(5)线圈温升不超过 $60℃$，线圈的绝缘电阻不低于 $0.5M\Omega$

序号	工程项目	内　容	技　术　统　计　内　容
3	电动机与发电机组	抽芯检查，清洗各部位油污（轴承油池、油环端盖、绕组、电枢等）；更换易损件（轴承、油封、碳刷、刷握弹簧等）；组装、调整、测试绝缘、测量转速等	(1)拆装过程中应小心，严禁碰损绝缘，各部位清洗光亮无油污，发现损坏元件应更换，易损件应彻底检查；(2)滑动轴承椭圆度不大于0.023mm；组装后电机转动自如平稳，润滑正常；(3)轴窜量不大于4mm，电机温升不高于铭牌规定；(4)轴头温度不大于65℃；(5)绕组绝缘电阻不低于0.5MΩ；(6)碳刷压力适当，电枢应无明显划痕和烧蚀；(7)在额定电压供电时转速应不低于额定转速，各相电流平衡；(8)接地线压接牢固，电阻值不大于4Ω
4	主绳轮与抗绳轮	主绳轮、抗绳轮拆卸、清洗，轮槽检测、轮槽重车或更换，其他部位的修整或更换，安装调整，注润滑油	(1)各部位清洗无油污，油路通畅；(2)轴与滑动轴承表面应无损(尼龙绳套须常更换)；(3)轮缘绳槽无偏磨，磨损程度均匀，无明显压痕；(4)装配后转动自如，位置偏差前后不超过±3mm，左右±1mm，铅垂度不大于0.5mm；(5)油量注足
5	曳引钢丝绳	曳引钢丝绳拆挂、清洗，根据需要换绳，截绳垂挂(24h)，调整张力	钢丝绳清洁，绳头背母紧固，并装配开口销，截绳工艺应符合有关规定，对垂下平面空程应在200～350mm之间，钢丝绳之间张力相等，偏差不大于5%
6	限速系统	限速器、涨绳轮、安全钳解体清洗，检测零部件磨损情况，磨损较严重的部件要更换；检验限速器的性能，清洗各油路，使其润滑良好，无异响，使用安全	(1)限速器组装完毕，达到润滑良好，动作灵敏，机械电气性能安全可靠，动作速度不低于额定转速的115%，不高于额定转速的140%；(2)涨绳轮底部距地应符合有关规定；(3)安全绳清洁无油污，涨绳轮安装后要自然垂直；(4)安全连杆机构螺栓紧固，但应保证动作活可靠，调整紧定器(防跳器)，使拉力不小于150N，不大于500N；(5)安全钳楔块距导轨侧平面不大于3mm，对称均匀
7	控制柜与励磁装置	修配检修接触器、继电器动作机构，严重烧蚀的触点要更换，线扎号号全部校对重描，遥测绝缘电阻和接地电阻	(1)柜内电气元件齐全，各种接点清洁，无烧蚀；(2)接触器工作时噪声不超过50dB；(3)柜内无积尘，导线排列整齐，线扎子清晰，端压线牢固；(4)接地电阻不大于4Ω；(5)仪表显示灯正常，各线路绝缘电阻不低于0.5MΩ
8	选层系统	传动部位解体清洗，更换损坏零件，位置调正，触头调整修正	(1)润滑部位油量充足，转动灵活；(2)触头清洁；(3)传动链条松紧适当；(4)各开关灵敏可靠；(5)钢带轮与张紧轮横向垂直中心不大于3mm；(6)张紧轮底平面与底坑平面距离应在300～400mm之间；(7)支撑臂灵活可靠，各部位螺钉紧固；(8)接地电阻不大于4Ω
9	操作与显示系统	检查操纵盘、层灯呼梯系统、检查零件并进行更换，电扇解体检修	(1)操作元件完整、正确，灵活可靠；(2)各种显示正常；(3)风扇清洁牢固，噪声在60dB以下，运行平稳，必须加设牢固可靠的安全护网
10	轿厢	(1)各部位螺钉紧固、除锈；(2)轿门活动部位解体清洗加油；(3)导靴解体清洗，更换靴衬，调整间隙，弹簧疲劳要更换；(4)门导靴磨损要更换；(5)开关门电机：解体清洗加油，并检查附加电阻；(6)安全触板解体清洗调整；(7)各开关检查更换；(8)轿顶线路整理更换，轿底线盒清洁，压线检查除尘，紧固螺钉，检查接地装置；(9)电缆支架、补偿装置链检查紧固；(10)超载装置检查调整	(1)各部螺钉牢固，吊门轮、轴承油量充足，转动自如，磨损严重要更换；(2)轿门安装要求：轿门门扇垂直度误差不大于0.5mm，下端距地坎应在6±2mm；吊门轮轮下的偏心轮与滑道下端距离不大于0.5mm，中分式门扇对口缝隙不大于1mm，在整体门扇高度上不大于2mm；轿门打开时应与厅门口垂直误差不大于±5mm，安全触板夹力不大于5N，运行时平稳无噪声；皮带轮传动皮带无损伤，松紧适当，保证在断电情况下司机一人能将轿门扒开；(3)轿顶护栏安全可靠；(4)轿顶水平线路一律用金属管敷设，管口使用绝缘套管；(5)轿厢各导靴清洁，活动自如，间隙符合标准；(6)轿底"老虎口"与导轨轨面间隙均匀；(7)轿厢接地线不少于2根，随线接地电阻小于4Ω；(8)调整平层感应器相对位置，修换损坏的元件；(9)开门电机电阻值型号应符合设计规定

序号	工程项目	内　容	技术统计内容
11	厅门	解体清洗吊门轮轴承钢丝绳轨道，轨道、吊门轮轴承导靴块磨损严重的应更换，检修门锁，调正厅门门扇	（1）厅门设备齐全，各层厅门完整，紧固件齐全；（2）厅门间隙同轿门；（3）钢丝绳松紧适当；（4）行走时噪声不超过65dB；（5）门锁电气触点接触良好；（6）保证从厅门外扒不开厅门；（7）厅门本身间隙与建筑物的间隙应符合设计规定
12	轨道	轨道清洗、调正、紧固螺栓	轨道清洁，无变形、无损伤，偏差应基本符合有关规范的要求，轨距大道不大于±1mm，小道不大于±2mm，接口处平直误差不大于0.5mm，轨道在高度为50m以内的垂直度误差不大于5mm，50m以外不大于10mm
13	对重	紧固并调正对重块；检修对重测钢丝绳绳头、补偿链部位，导靴解体清洗，修换零部件，检查补偿装置是否有刮碰、开焊断环现象	（1）各部位螺栓牢固；（2）曳引绳头应有双螺母和开口销，对重块压板牢固；（3）补偿链运行无噪声；（4）导靴间隙符合要求
14	安全装置	检查调整电气机械安全装置，更换损坏零部件	（1）各安全装置设备齐全，性能可靠，转动部位灵活；（2）限位开关越程50～150mm，极限开关越程150～250mm，均以厅门地坎距轿厢地坎为准；（3）机械缓速开关位置在换速准确的前提下应滞后于电梯电气换速，并保证制动过程完整
15	线路	各线盒除尘，端子螺钉紧固，整理线扎子号，遥测绝缘，检查接地装置，更换部分老化残损线路，多股线测锡	（1）各线盒完整、清洁，线路排列整齐，线扎子号清晰，导线压接牢固，测锡饱满（严禁使用盐酸及焊油等高强度腐蚀物）；（2）线路绝缘不小于0.5MΩ，接地电阻不大于4Ω；螺栓齐全牢固
16	缓冲器	检查弹簧、液压缓冲器，动作试验是否符合要求	清洁、无锈蚀，动作可靠，零件齐全
17	性能调试	对电梯的负载、运行、平层、舒适感、外呼、截车、记忆、超载、电压、电流、绝缘、接地等进行测试，并填写测试记录	（1）电梯运行平稳、舒适；（2）平层应符合有关规定；（3）噪声应符合有关规定

（三）大修工程项目与技术统计内容（表11-9）

电梯大修工程项目与技术统计要求　　　　　　　　　　　　　　　　表11-9

序号	项　目	内　容	技术统计内容
1	减速机	减速机大修：解体、清洗、修理、测量、组装、校正、注油、试运转、磨合，更换和修理油封、减震垫等易损件，轴承与其他部件或整机视需要进行更换，整机位置调整	整机安装和调整后的位置偏差应符合有关规范规定的要求，其他要求同中修
2	抱闸	同中修	同中修
3	电动机与发电机组	抽芯检查、清洗、更换油封、电动机的滑动轴承、刷握弹簧、碳刷等；修理电枢，组装调整，遥测绝缘，测量转速等	同中修
4	导绳轮	拆卸清洗、轮槽检测，修换轴承或轴，安装调整、重车严重磨损的轮槽或更换绳轮	同中修
5	钢丝绳	曳引钢丝绳的更换，钢丝绳的拆挂、清洗、截绳、垂挂、调整张力 注：更换钢丝绳的鉴定标准，钢丝绳在各绳股之间一个捻距内最大的断丝数量超过32根时，断丝集中在一个或两个绳股中一个捻距内最大断丝超过16根，或有较大的磨损和锈蚀，钢丝绳严重磨损后其直径小于或等于原直径90%时，符合以上要求的予以更换	更换钢丝绳的工艺应符合有关规范的规定，其他同中修

序号	项目	内　　容	技术统计内容
6	限速系统	除增加联动机构的解体检查外，其他内容同中修	同中修
7	控制系统	包括励磁系统，控制柜的各元件损坏严重可考虑更换整柜或部分电器元件的更换。励磁柜可考虑插件的更换或整体更换，电源开关、极限开关修理或更换，控制线路和主回路绝缘老化对部分或全部更换。电阻器元件的更换与整修，接地系统的遥测及补装。各线盒螺栓的紧固，线号的整理。遥测绝缘电阻	同中修中控制柜与励磁装置、线路等项目的技术要求
8	选层系统	活动部位磨损的轴承、伸长的传动链条以及钢带的更换；触头更换；拖板导靴的更换；电气选层感应器元件的更换，清洗加油，位置调整	钢带轮的链轮与选层器的链轮之间的纵向中心偏差应不大于1/1000，各链轮的不铅垂度不大于0.5mm，钢带轮与张紧轮垂直；中心偏差不大于3mm。电气选层各感应器调整后应互相垂直，遮磁板位于感应器豁口处中间位置。各侧间隙应不小于7mm，其他技术要求同中修
9	轿厢	对轿厢的位置、水平、间隙进行调整。开关门系统及安全触板的解体清洗。轴承、吊门轮、导靴、电气元件及严重变形的门扇的调整更换。轿厢导靴解体更换靴衬及疲劳的弹簧。轿顶控制盘的导线老化控制线更换。电扇解体清洗，照明设备的更换，各部位螺栓的检查及更换。电缆支架补偿装置检查与有损部件的更换。超载装置的检查与调试。消声装置的检查与调整	应符合有关规范要求，其他要求同中修
10	门厅	各层厅门的解体，更换吊门轮、偏心挡轮、导靴滑块及轴承。更换与调整部分变形厅门，厅门各部位螺栓的紧固调整	同中修
11	轨道	对全部轨道进行清洗检查，严重损坏的进行部分或全部更换、调整，紧固各部位螺栓	轨道严重偏离应进行找正，技术要求同中修
12	器具	对全部操纵按钮、开关、层灯灯具进行检修或更换，紧固压线螺栓、除尘	经过整修的器具必须保证清洁齐全，各开关灵活可靠，灯光显示正常准确，导线压接牢固
13	缓冲器	对弹簧缓冲器进行检查、调整。对油压式缓冲器要解体清洗，必要时要换油封	应符合有关规定
14	调试	对大修过的电梯进行全部检查，并根据电梯安装工程调试项目进行试验、测试和记录	经调试的电梯应符合有关规定
15	油饰	对电梯的预埋件、支架、线管、线槽、缓冲器、槽钢、工字梁等进行防锈处理，并对电梯机房、厅门、门口、轿厢、轿门统一喷漆	经防腐处理的各部件应保证无锈蚀，经油饰的各部位应颜色协调、平整、光亮
16	土建工程	对底坑深度超标的进行回填，对施工后的孔洞、剔凿结构部分以及井道结构，不符合技术要求的，进行修补施工	经大修后的土建工程应符合原结构的要求，必须完整一致

复 习 思 考 题

1. 电梯运行机制有几种类型？
2. 电梯设备档案资料统计内容有哪些？
3. 电梯保养维修统计的主要内容有哪些？
4. 电梯运行统计报表主要有哪些？

第十二章　物业空调和电力系统管理统计

第一节　空调系统管理和维修统计

人类在长期生活和生产的发展过程中，一直寻找能克服空气环境对人类活动造成威胁和影响的有效办法。随着科技的发展，人类由开始的消极防御到逐步掌握、能控制和创造空气环境的技术，这种技术称为空气调节，这种设备称为空气调节器，简称空调。空调设备的功能是对送入室内的空气进行过滤、加热或冷却、干燥、加湿等各种处理，使空气环境能满足不同的使用要求。为了达到让空调更好地为用户服务之目的，要对不同形式的空调系统进行分类统计。

一、空调系统的分类

（一）空气调节系统按其处理设备配置情况分类

空气调节系统按其处理设备配置情况来分，可分为集中式空调、半集中式空调和分散式空调三种。

1. 集中式空调

集中式空调也称为中央空调，是把所有的空气处理设备都设置在一个集中的空调机房里，空气经过集中处理后，再送往各个空调房间。目前，我国具备集中供冷设备的住宅还不多，但对一些高级公寓、商厦、高档办公商住楼、宾馆饭店才安装中央空调，这样才能更有效率。

2. 半集中式空调

这种空调系统除了设有集中空调机房外，还设有分散在各个空调房间里的二次空气处理设备，常见的有风机盘管新风系统，这是最常见的空调系统形式。半集中式空调集中了集中式和分散式空调系统的优点，是一种混合式空调系统。

3. 分散式空调

这是把冷、热源和空气处理、输送设备集中在一个箱体内，就是通常所说的窗式、柜式空调器。

（二）空气调节系统按其结构分类

空气调节系统按其结构来分，可分为窗式空调、分体式空调两种。

1. 窗式空调

窗式空调（单机式）是一个完整而独立的整体。它适合安装在窗台或墙孔位置上，空调的操作面板朝向室内，主体大部分在室外。这种空调价格低，安装简单，使用方便，其缺点是工作时噪声较大。

2. 分体式空调

分体式又称为分离式空调，它把空调分为室内、室外机组两部分。空调的噪声源，部分安装在室外，空调的控制部分，如蒸发器、毛细管等部分构成室内机组，安装在室内，两个机组之间用铜管相连。分体式空调克服了窗式空调噪声大的缺点，它的室内机组噪声通常小于35dB，是理想的空调结构形式。此外，分体式空调比窗式空调利用效率高，一个室外机组可以供几个房间使用，而室内机组可以独立工作，互不影响。分体式空调使用于宾馆、厂矿等大面积、多房间的空调。目前分体式空调室内组有三种形式：落地型（柜式）、挂壁型、吊顶型。

（三）空气调节系统按其利用回风的程度不同分类

空气调节系统按其利用回风的程度不同来分，还可分为直流式空调、封闭式空调、回风式空调三种等。

1. 直流式空调

空调系统全部使用室外新鲜空气（简称新风），空气经处理后送入房间，与室内空气进行热湿交换后，全部排出室外，不再循环使用。这种空调系统卫生条件好，但费用较高，耗能较大。适用于不允许采用室内回风的情况。

2. 封闭式空调

空调系统全部使用室内再循环空气（即室内回风），不补充新风。这种空调系统耗能较小，但卫生条件也最差。适宜于库房及无菌室。

3. 回风式空调

空调系统送入房间的空气是室外新风（为满足卫生要求）和室内回风的混合物。回风式空调是结合了上述两种空气处理方式的优点而设计的，适宜于大多数工业与民用建筑使用。

二、空调系统管理统计规章制度

空调设备设施的管理统计是物业管理统计中的一项重要工作，空调系统的设备工艺技术复杂，造价比较昂贵，运行中能源消耗也很大，因此无论是空调系统的日常操作、日常运行还是维修养护管理，都要建立必要的统计规章制度，以便准确的、及时的、系统的、全面的记录有关数据信息，为提供高质量的服务创造条件。常见的规章制度有：

1. 统计人员岗位责任制

对空调岗位负责人、操作人员和保障工作人员履行职责的情况进行统计；对空调运行过程中所出现问题的性质进行统计；对故障的处理情况进行统计。

2. 空调运行统计制度

包括对值班守则、寻检守则和测试守则等的遵守执行情况进行记录。

3. 重要设备操作统计制度

对冷水机组、组合式空调、水泵等重要机械设备，应监督操作人员按照生产厂家提供的使用说明书制定符合要求的开机、停机、中间巡检和异常现象处理，并对处理结果进行统计。

4. 安全操作和事故报告统计制度

对空调的安全操作和事故报告情况及时进行统计。

5. 业务培训和信息交流统计制度

6. 用户走访统计制度

7. 重要设备台账统计制度

8. 运行期和维修期工作日记统计制度

以上这些统计制度，各物业管理企业统计机构，可依照空调系统的规模，合理予以增减，关键在于对上述各项统计制度持之以恒地贯彻执行。

三、中央空调设备的日常保养与维修统计

1. 操作规程

根据空调设备的工作原理及操作调整方法，制定出相应的操作规程并严格监督执行。

2. 定期巡查统计

记录设备运转情况，使设备的润滑、水、制冷剂等保持在正常范围内。

3. 仪表读数统计

机组运行时应注意观察仪表读数，是否处于正常范围内。如果不正常，应及时记录下来予以调整，必要时可关机，防止事故发生。

4. 水处理统计

定期进行水处理情况的记录，以便及时消除水坊，提高空调制冷效率。

5. 运转情况统计

定期检查记录各风机、水泵的运转情况，观察其有无杂声、振动、渗水情况，并定时加润滑油及检修。

6. 皮带松紧统计

定期检查统计各风机、冷却塔皮带的松紧情况，当磨损数字太大时应及时作出处理。

7. 除炭统计

记录定期消除锅炉燃烧室及烟道的炭灰情况，以防炭灰过多。

8. 水管通畅统计

对各管网有无裂缝或漏水以及堵塞情况的检查结果定时记录，以利及时排除故障，保证水管通畅。

9. 清理过滤统计

定时统计检查清理过滤中积存的尘污和杂物、定期统计检查风管中的各种风阀，防止卡死。

第二节　空调系统运行统计

一、中央空调设备设施运行管理统计

开机成功后，为了保证空调系统的良好运行，中央空调设备设施在正常运行过程中，值班管理员应每隔2h巡视一次中央空调机组，并做好记录。巡视的部位主要包括：中央空调的主机、冷却塔、控制柜及管道、闸阀附件。在运行巡视过程中，主要巡视内容包括：检查电压表指示是否正常，正常情况下为380V，不能超过额定值的±10%；检查三相电流是否平衡，是否超过额定电流值；检查油压表是否正常，油压的正常范围$100\sim150Pa$；冷却水管理中主要检查进水、出水温度（进水温度正常$<35℃$，出水温度正常$<40℃$）；冷冻水管理中同样主要检查进水、出水温度（正常进水温度$10\sim18℃$，出水正常温度$6\sim8℃$）；另外，辨听主机在运转过程中是否有异常振动或噪声；对于冷却塔，应查看冷却塔风机运转是否平稳，冷却塔水位是否正常；检查管道、阀门是否渗漏，冷冻保温

层是否完好；检查控制柜各元件动作是否正常，有无异常的气味或噪声等。值班员在巡视监察过程中，做好记录。如发现情况应及时采取措施，若处理不了的异常情况，应报给工程部管理组，请求支援。管理组派维修组人员及时到场，运行组人员协助维修组人员处理情况。并如实填写设备维修单，便于今后查询。

二、中央空调设备运行管理中异常情况的处理统计

1. 中央空调发生制冷机泄漏

发现这种情况，值班人员应立即关停中央空调主机，并关闭相关的阀门，打开机房的门窗或通风设施加强现场通风，立即告知值班主管，请求支援，救护人员进入现场应身穿防毒衣，头戴防毒面具。对不同程度的中毒者采取不同的处理方法：对于中毒较轻者，如出现头痛、呕吐、脉搏加快者应立即转移到通风良好的地方；对于中毒严重者，应进行人工呼吸或送医院；若氟里昂溅入眼睛，应用2%硼酸加消毒食盐水反复清洗眼睛。寻找泄漏部位，排除泄漏源，启动中央空调试运行，确认不再泄漏后机组方可运行。

2. 中央空调机房内发生水浸时的处理

当中央空调机房值班员发现这种情况时，应按程序首先关掉中央空调机组，拉下总电源开关，然后查找漏水源并堵住漏水源。如果漏水比较严重。在尽力阻滞漏水时，应立即通知工程部主管和管理组，请求支援。漏水源堵住后应立即排水。当水排除完毕后，应对所有湿水设备进行除湿处理，可以采用干布擦拭、热风吹干、自然通风或更换相关的管线等办法。然后确定湿水已消除，绝缘电阻符合要求后，开机试运行。没有异常情况可以投入正常运行。

3. 发生火灾

发生火灾时，应同水泵房的处理一样，按《火警、火灾应急处理标准作业规程》操作。

对以上几种空调设备运行管理中异常情况的发生及处理方法做好统计记录，便于今后随时查询。

三、中央空调设备管理职责及机房管理统计制度

工程部管理组结合所管辖范围工程的特殊性，根据 ISO 9002 操作标准的要求制定《中央空调运行管理操作规程》并检查运行管理的实施情况，中央空调设备设施运行组负责组织实施中央空调的运行管理，当值的管理员具体负责中央空调的运行管理，并随时做好统计记录。

中央空调机房内管理除了技术操作要求外，还有一些其余的管理要求。主要包括：

（1）非值班人员不准进入中央空调机房，若需要进入，需经过工程部主管的同意，并在值班人员的陪同下方可进入中央空调机房。

（2）中央空调机房为了防止出现异常事故，严禁存放易燃、易爆危险品。

（3）为了在出现异常情况时及时采取措施，中央空调机房内应备齐消防器材，防毒用品，并放置在方便显眼处。

（4）为了防止火灾的发生，还应禁止在机房内吸烟。

（5）为了保证机房内的环境，应有严格的清洁制度，每班值班员打扫一次中央空调机房的卫生，每周机房运行组人员清洁一次中央空调机房内的设备设施，按照要求，应做到地面、天花板、门窗、墙壁、设备设施表面无积尘、无油渍、无锈蚀、无污物，表面油漆

146

完好、整洁光亮，并且门窗开启灵活，通风良好、光线充足。

（6）为了保证不出意外事故，机房应随时上锁，钥匙由当值管理员保管，管理员不得私自配钥匙。

（7）为了保证管理员的职责明确，应有严格的交接班制度要求，接班人员应准时到岗，并应认真听取交班人员交代，并查看《中央空调运行日记》，清点工具、物品是否齐全，确定无误后，在《中央空调运行日记》表上签名。当出现下列情况时，不准交接班：上一班的运行情况未交代或交代不清，记录不完整、不规范、不清晰，交班人员没有打扫中央空调机房，接班人未按时到岗，或遇异常情况正在处理中，事故仍由交班人处理，接班人协助进行。

四、空调运行统计记录

对于空调运行情况，当班的管理员应及时、准确、完整、清晰地记录在《空调运行日记》表内，并由工程部空调运行组组长负责装订成册，上交工程部管理组存档，以便管理处掌握各种设备设施的运行情况，制定严格的运行及操作管理规定，采取预防措施，调整维修养护制度，提供可靠的技术资料。

五、空调设备运行常用统计表

1. 空调水泵运行记录表（表 12-1）

空调水泵运行记录表 表 12-1

编号	启动时间（时分）	停机时间（时分）	电压（V）			电流（A）			压力（MPa）	年　　月　　日　　星期　　天气		
			AB	BC	CA	A	B	C				
										运行状态		
										当　　值：		
										年　　月　　日　　星期　　天气		
										运行状态		
										当　　值：		
										年　　月　　日　　星期　　天气		
										运行状态		
										当　　值：		

2. 空调运行记录表（表 12-2）

年　月　日

参数 单位 机组编号	压　力		冷却水压力		冷却水温度		室内外温度		开　机	停　机	记录人
	高 压	低 压	入　口	出　口	入　口	出　口	室　内	室　外	时　间	时　间	
	MPa		MPa		℃		℃		时　　分		

备注：

3. 中央空调月保养记录（表 12-3）

大厦名称：　　　　　　　　　　　　　　　　　　　　　年　月　日

项　目	保 养 项 目	保 养 情 况 及 记 录	保 养 人	日　期	检 查 人
水 系 统	水塔内水质检查、更换				
	塔盘、塔体清洗				
	清洁过滤器				
	加缓蚀剂				
	补水浮球阀				
盘 管 风 机	清洁过滤网				
	风机传动部位注油				
	电动开关、阀门				
	凝水盘清理				
电 控 部 分	触点检查				
	开关良好				
	线路良好				
	清洁卫生				
泵	水泵月保养记录				

备注：

4. 空调半年保养记录(表 12-4)

空调半年保养记录 表 12-4

大厦名称： 年 月 日

项 目	保 养 项 目	保 养 情 况 及 记 录	保 养 人	日 期	检 查 人
水系统	阀门注油补填料				
	保温层修补				
	冷却水加药除水垢、水藻				
	冷冻水加药				
	电动阀门检修				
冷却塔	风叶螺栓紧固				
	齿轮箱换油				
	布水器检查				
	塔体螺栓坚固，校正				

备注：

第三节　供电系统管理与操作统计

一、供电系统管理统计分类

电能是整个国民经济和人民生活中不可缺少的能源之一，被视为人类生产和生活的生命线的核心。住宅小区或高层楼宇要保持正常的使用功能，就离不开电能的正常供应。供电系统管理是物业公司为保证住宅小区或高层楼宇电能正常供应所采取的一系列管理活动。为此，物业管理公司必须进行整个管辖区内的电力设备情况分类统计。对供电设备的分类统计，是一项专业性很强的工作。首先要求统计人员具备一定的供电设备基本知识，当发生供电故障时，能迅速地作出反应，进而为专业人员进行维修提供方便。

电力设备主要由室外供电设备、室外弱电设备构成。

（一）室外供电设备

室外供电设备是指室外设备中的供电系统。它包括铁盒子、电表、总开关、供电线路、户外型负荷开关、漏电保护自动保护开关、室外照明器等。

（二）室外弱电设备

室外弱电设备是指室外设备中的弱电设备系统。它包括广播设备、电线、电缆及电话设备、共用天线电视系统设备等。

电力系统包括弱电和强电两个系统。生活用电属于弱电系统。目前，强电系统仍属于供电部门的"独家经营"。电力系统包括有：总电表、总开关、分电表、电源外线、进户线；入户电话、电视天线等系统设备；避雷设备；通讯设备等。作为物业管理公司，发生弱电故障时，应及时进行检修并予以记录。当发生强电故障时，有必要采取应急措施并向供电部门及时反映以便作出处理。

二、电力系统的统计范围

物业管理统计部门在对供电系统进行统计时，应掌握以下原则：

（1）低压供电：

以供电接户线的最后支持物（该支持物属于供电部门）为分界点作为物业管理部门的统计范围。

（2）高压供电：

以用户区外或配电室前的第一断路器或进线套管（其维护责任由双方商定）为分界点进行统计。

（3）电缆供电：

采用电缆供电的，应由供电部门与物业管理部门协商解决其统计范围。

（4）线路产权属于业主：

产权属于业主的线路，以分支点或以供电部门变电所的第一基电杆（其维护责任由双方协定）为分界点予以统计。

（5）计费电度表等：

计费电度表及附属件的购置、安装、移动、更换、校验、拆除、加封、启封等的统计范围属于供电部门。

三、供电系统管理统计内容

（一）供电系统管理的概念

供电设备设施的管理是按照国家法规和物业管理公司的管理规范，对已验收并投入使用的供电设备，运用现代化的管理方式和先进的维修养护技术，进行的管理和服务，以保证物业小区或楼宇的供电系统正常、安全运行，给辖区内的人们提供一个良好的生活、工作环境。

（二）供电系统管理统计内容

供电系统管理的统计主要有：

（1）供电设备的安全管理统计。

供电设备的安全管理搞的好与坏直接影响着物业小区内的用电设备和人员的生命安全。其统计主要内容包括普及安全知识，使用安全用具，提高安全意识；供电设施工程建设安全管理；供电设备安全操作管理；供电设备超负荷的安全管理等。

（2）供电设备的正常运行管理统计。

供电设备正常运行管理统计是供电设备安全可靠运行的保障。它主要包括：巡视监控管理统计，异常情况处置管理统计，变配电室的设备运行管理统计和档案管理统计等内容。

（3）供电设备的维修管理统计。

供电设备的维修管理统计，是规范供电设备设施的维修保养工作，确保供电设备设施的性能良好地运行，其内容包括对设备经常性的养护和故障的修理等管理活动进行统计。

四、供电系统管理统计制度

（一）建立用电统计档案

（1）为掌握供电设备的过去，以便正确使用供电设备，对供电设备应建立档案进行管理。较大用电设备均应按台分别编号、记录功率、用电要求、建立档案（锅炉内的风机、水泵、空调、厨房内机具等）。

（2）一般住宅区或高层楼宇以每幢楼为单位建立档案。对整个管理范围内的用电情况进行统计，其内容主要有：电气平面图、设备原理图、接线图等图纸；使用电压、频率、功率、实测电流等有关数据进行汇总，做好《运行记录》、《维修记录》、《巡视记录》及大修后的《试验报告》等各项记录，以便随时查看、了解。

（3）统计资料可由公司设备管理员负责保管。《运行记录》、《巡视记录》由值班电工每周上报供电设备管理员一次。《维修记录》及大修后的《试验报告》则在设备修理、试验完成后由值班电工及时上报供电设备管理员。

（二）配电房统计规定

（1）配电房应有机电技术人员负责管理和值班情况记录、送停电情况记录。

（2）对室内照明、通风情况进行记录，室温控制在 40℃ 以下，墙上配挂温度计。

（3）建立配电运行记录，每班巡视 1 次，半年大检修一次，查处问题及时处理，不能解决的问题要及时书面上报主管部门。

（4）检查供电回路操作开关的标志、检修停电拉闸时的挂牌标志是否明显，以向非有关人员表示。

（5）对房内乱接乱拉线路、供电线路严禁超载情况及时记录，书面报告有关主管人员处理。

（6）对配电房内设备及线路的的更改情况随时记录下来，报经主管部门同意作出处理。

（7）严格做好交接址、安全、防火、清洁、卫生等情况的记录。

（8）监督岗位责任制执行情况，以及电力系统有关各项规定的执行情况。

（9）对各种设备安全操作规程执行情况进行统计。

（10）对操作及检修时是否按规定使用电工绝缘工具、绝缘鞋、绝缘手套等进行记录。

（11）做好在恶劣的气候环境下对设备的特巡、事故发生时按操作规程及时排除故障的记录工作。

（12）对配电房必须配备消防灭火装置并配备应急照明灯情况进行统计。

五、供电线路故障维修统计

线路的常见故障包括短路、断路、接触不良及漏电几种。在统计时，应根据情况作出统计分析，寻找出故障的原因以利于故障的排除。

（一）断路

断路分为相线断路和中性线断路两种，出现此类问题，应换新线。

（二）短路

发生短路，是指相线与相线、相线与中性线或相线与接地线之间出现短接现象（即电阻等于或接近于零），此时，应换线或重新包扎。

（三）接触不良

在正常使用中发现电压有较大的波动或者照明灯发光、发暗或忽明忽暗，这种情况属于接触不良。

（四）漏电

漏电是因导线老化、受潮、绝缘层损坏或受环境破坏而造成电流泄漏，严重的能造成人身事故，或造成不能正常用电。检查方法是用兆欧表测量线路或设备的绝缘电阻，然后记录下来并按具体情况予以修复或更换。

（五）管子配线的绝缘电阻的测量及换线

由于管子里导线在导线处在长期不通风、散热极差的状态下工作，导线的绝缘层极易发生粘连、变脆、老化，导线绝缘电阻下降。此时，要及时进行统计并对管内导线进行更换。

六、供电系统维护保养统计内容

1. 配电运行日常巡视工作统计要求（表12-5）

配电运行日常巡视工作统计要求表

表 12-5

系统及项目	巡视统计内容	时　间
低压配电屏	仪表指示是否正确，线路负荷是否过量，指示信号是否正确，隔离开关、出线开关、联络开关等的状态、位置是否正确，各供电线路有无过热	每小时一次
强　电　井	开关状态是否正常，线路有无过热，打扫卫生	每日巡视一层或数层，每月完成所有强电井巡视
变　压　器	温度是否正常，有无异常响声，是否漏油，油位是否正常	每日一次
发电机系统	充电系统工作是否正常，蓄电池电压、电解液比重是否正常，信号指示是否正常，各控制开关状态是否正常	每日一次

说明：① 每小时巡视与抄录用电量同时进行，巡视检查结果需记入《巡视保养日志》；

　　　　② 因故在规定时间内不能进行上述项目的检查，值班人员须在当日另找时间做，但不能过夜。

2. 电力变压器每日巡视统计维护保养规程（表12-6）

电力变压器每日巡视统计维护保养规程表

表 12-6

序号	部　位	巡视统计内容	要　求
1	外　　壳	① 检查顶盖 ② 检查壳体、散热器、连同阀等各结合面	清洁，无杂物，四周无渗油，密封良好 无渗漏，温度均匀
2	温　度　计	① 检查是否完好 ② 观察温度指示（上层油温）	无损坏 油温不超过 75℃
3	瓷　套　管	① 检查瓷套管外表面 ② 检查导电杆引出接头 ③ 检查瓷套管根部及固定底座	无裂纹、无放电痕迹、无渗漏
4	呼　吸　器	① 检查干燥剂 ② 检查本体	白色（指示剂蓝色）无变形碎裂、破损，底部不积水、不结垢
5	油　　枕	① 检查油标 ② 检查防爆玻璃	油色透明，油位正常无裂纹，无破损 无渗漏
6	声　　响	监听器四周声响 ① 检查房顶、四壁、地面、门窗 ② 检查通风道、通风设施	应有轻微嗡嗡声，无其他杂声，放电声 无损坏，无杂物，不漏水，能防止小动物进入，干净整洁，功能正常 通风良好，无锈蚀
7	变压器室	① 检查室内照明设施 ② 检查室内消防设施	开关灯具功能正常 配备无缺损

总之，空调和电力系统的统计，是一项非常重要的工作。物业管理统计工作者必须认

真的收集、整理、保管好各种有关技术资料及设备档案，按要求定期编制统计报表并汇总、存档和及时上报，以便各专业管理工作的顺利进行。

复 习 思 考 题

1. 空调系统的种类有哪些？
2. 简述中央空调设备的日常保养与维修统计内容。
3. 简述中央空调日常设备运行管理中异常情况处理统计内容。
4. 简述供电系统管理统计内容。
5. 供电系统维护保养统计内容有哪些？

第十三章　物业供暖、给排水系统管理统计

第一节　物业供暖设备的运行和维修统计

一、物业供暖系统的运行统计

采暖是寒冷地区建筑物不可缺少的组成部分。目前我国物业管理小区内建筑物的冬季采暖和夏季供冷完全靠中央空调调节的情况并不多见，大多数民用建筑内的冬季供热依然靠采暖系统供给，供暖系统是建筑设备工程中必不可少的一项单位工程，在物业管理工作中占有很重要的地位，对供暖系统设备设施的管理是一项技术含量比较高的系统工程。因而对供暖系统的管理统计也日益成为物业管理统计中的重要组成部分。

（一）集中供暖系统的运行调节

1. 供暖方式

（1）连续供暖：

连续供暖是指建筑物的使用时间为 24h，要求室温昼夜保持在设计温度的供暖方式。如医院、三班制的工厂等场所。

（2）间歇供暖：

间歇供暖是指建筑物的使用时间不是 24h，只要求建筑物的室温在使用时间内保持为设计温度，其他时间可以自然降温。如办公室、商店、一班制的工厂等场合。

2. 住宅供暖方式

目前国内住宅供暖采用的方式主要有三种。

（1）昼夜 24h 连续供暖

这种方式的供暖效果好，但是夜间室内也保持在设计温度不利于节能。

（2）每昼夜 16h 的间歇供暖

这是把一般住宅的使用时间定为从早晨 7 点到晚上 11 点，共 16 个小时。对于晚上的 8h，可作为非使用时间，允许自然降温。这样，既不影响使用要求，又可以减少能耗。

（3）每昼夜 12h，烧烧停停的间歇供暖

这种供暖方式不如昼夜 16h 的间歇供暖方式，且供暖能耗也不一定少。

3. 运行调节

（1）运行调节意义：

在室外气温变化时，通过合理地调节供水的温度和流量，既保证供暖房间的室内设计温度，又有利于减少供暖能耗。

（2）运行调节方法：

1）质调节。指在供暖期间，供暖系统的热水流量保持不变，只是随着室外气温的变化，调节供水温度的高低来保持室内设计温度。

2）量调节。指在供暖期间，供水温度保持不变，通过改变供暖系统的热水流量来保持室内温度的设计要求。

3）分阶段变流量的质调节。指在供暖期间，把供暖期按室外气温的高低分为几个阶段；在室外温度较低阶段中保持较大的流量，而在室外气温较高的阶段中保持较小的流量，但在每一个阶段内采用质调节来保持室内设计温度。

4）间歇调节。这是在室外气温升高时，不改变供暖系统的循环流量和供水温度，通过减少每天的供暖时数来保持室内设计温度。

4. 管理模式

目前，供暖系统管理模式主要有两种，即物业管理公司自营管理和交给专门的供热管理公司进行管理。

（1）自营管理。

自营管理就是由物业管理公司对供暖系统全面负责日常操作运行和维修养护，在这种管理模式下，要求物业管理公司对供暖系统的设备设施管理要配备专职的专业技术人员，技术人员要熟悉本岗位及供暖系统情况，掌握供暖系统的一些管理统计指标，主要包括：

1）用户室温合格率。

2）运行事故率。

3）用户报修处理及时率。

4）失水率。

5）水质达标率。

6）锅炉负荷率。

7）负伤事故率。

8）来人、来电、来信上访率。

9）烟尘、烟气排放达标率。

（2）供热管理公司进行管理。

交给专门的供热公司管理，就是由物业管理公司（以下简称甲方）与供热管理公司（以下简称乙方）签订管理合同，由乙方负责供热系统的运行和管理，即进行热源和热网管理，甲方提供必要的费用和监督，即进行热用户管理，在这种方式下，甲方在选择乙方时，一定要选择具有有关管理部门签发的资质证书，并且人员素质高，管理组织严密，企业信誉好的企业，以保证管理效果。

在这种管理方式中，涉及到资金划拨问题，解决方式如下：

1）在全年收取的采暖费中提取必要的系统折旧费、更新改造及大修等费用后，从剩余部分中再确定支付乙方的数额。

2）支付乙方的费用，主要包括能源费（煤、水、电）、劳务费、运行管理费、小修费等。

3）在运行中，如果设备出现故障，需要大修和更换零部件时，如属自然原因损坏由甲方支付费用；如因乙方运行维护不好或误操作造成的，由乙方负责修复或更换。

4）资金可一次提前全部付清，亦可分期支付，并留质量保证金，待运行结束无误后再付清。

5. 供暖设备设施的资料管理统计

供暖设备管理包括供暖设备设施档案资料管理、操作运行管理及非运行期的维修养护管理，为了保证管理工作的质量，供暖系统的管理应从竣工验收开始，以便于物业管理公司了解和掌握供暖系统状况和设备的使用性能。竣工验收合格后，物业管理公司作为接管部门应检查接收一些必不可少的资料，并做好资料统计、保管，为以后的管理工作顺利进行做好准备。

（1）锅炉房的资料

1）锅炉资料。包括锅炉图样（总图、安装图和主要受压部件图）受压元件的强度计算书；水流程图及动力计算书；安全阀数量和管道直径的计算书；锅炉质量证明书；锅炉安装说明书和使用说明书；受压元件更改通知书等。

2）锅炉房设计及安装资料包括锅炉房平面设计、竣工图；环保部门对锅炉房的噪声及烟尘污染的监测报告；其他各种辅助设备均须有产品质量合格证书及产品规格与安装使用说明书；锅炉房各项安装工程的质量评定表和各阶段安装记录；水压试验、烘炉、煮炉、安全阀调试记录；锅炉及辅助设备单机调试的冷态试运行记录；72h 热态试运行记录；储煤灰渣场地是否符合要求等。

（2）供热管网的资料

物业管理公司从开发商手中接管供热管网时，应索要下列资料，并审查其设计和施工是否符合国家的有关规范要求。

1）室外和室内供暖平面、系统图。

2）管网设备的合格证及使用说明书。

3）隐蔽工程的分段验收记录。

4）管网的水压试验记录。

5）重要焊口焊接质量检查记录。

6）管道的冲洗记录。

另外在新建供热管网时，开发商对采暖期的保修期为一个采暖期，因此应通过检查第一个采暖期发生的漏水、暖气不热和水平衡失调等问题，及时修理，掌握情况，做好统计记录。第一个采暖期各项指标无误后方可接管。

当接管运行几年的旧热网时，要求对方移交已运行几年中的运行统计记录，提取的热网及设备折旧费和大修资金及热用户的采暖费收费档案等资料。

（二）集中供暖系统的运行统计

1．集中供暖系统设备数量统计

（1）集中供暖系统设备的数量统计指标：

1）实有设备。也称现有设备、拥有设备，该指标是指企业实际拥有的、可供企业调配的全部集中供暖系统设备的数量，包括企业自有的、租用的和借用的，且无论是否安装（若需要安装的话）的设备，但不包括已报废或严重损坏不能修复的设备，以及租借给外企业和未运抵本企业的设备。

2）已安装设备。是指需安装的设备已安装完毕，并经验收正式投入集中供暖运营的设备；对于不需安装的正式投入使用的移动使用设备也应统计在内。

3）未安装设备。是相对于已安装设备而言的尚未正式投入使用的需安装和不需安装的全部设备。

4）实际使用设备。即已安装设备的使用数，是指只要在报告期内使用过一个班次以上的设备均应统计在内，包括因季节性生产和大修理而停止使用的设备，也包括正常使用或替代使用的设备。

5）已安装未使用设备。是相对于实际使用设备而言的，即报告期已正式投入生产经营而实际未使用的设备。

6）待报废设备。是指经企业有关部门核准的，由于有形和无形磨损准备报废的设备，它可以是已安装设备，也可以是未安装设备。

上述指标应按不同种类的设备分别统计，然后就全部设备进行汇总。可见实有设备是企业最大可能投入集中供暖系统的设备数量，而实际使用设备与其之间的差额是企业设备尚可利用的最大潜力，它取决于已安装设备的数量。

（2）集中供暖系统设备数量统计的计算单位和指标形式。

企业设备数量统计的计算单位有自然单位、能力单位和价值量单位三种。自然单位有"台"、"座"、"部"、"套"、"个"等，该计量单位使用于同类设备的汇总；能力单位用"年产量"或"年处理资材数量"表示，如"瓦"、"卡"、"千卡"或"万吨年"等，该计量单位使用于同种产出或处理同种资材的设备汇总；价值量单位一般用设备原值或净值的万元或亿元表示，该计量单位使用于全部设备的汇总。

企业集中供暖系统设备数量指标一般有年末数和年平均数两种形式。

$$年末设备数量＝年初设备数量＋年内增加设备数量－年内减少设备数量 \quad (13-1)$$

$$年平均设备数量＝\frac{（年末设备数量＋年初设备数量）}{2} \quad (13-2)$$

（3）常用设备统计报表。

1）设施设备清单（表13-1）

设 施 设 备 清 单　　　　　　　　　　　　　　　　表13-1

小区（大厦）名称：　　　　　　　　　　　　　　　　　　年　月　日

系 统	设备编号	设备名称	规格型号	主要参数	安装位置

2）设备台账（表13-2）

设 备 台 账　　　　　　　　　　　　　　　　表13-2

小区（大厦）名称：　　　　　　　　　　　　　　　　　　年　月　日

设备名称		制造国别		出厂日期	
型　号		厂　家		进场日期	
规　格		出厂编号		安装日期	
安装地点		设备编号		使用日期	
总重量		电机数量		验收日期	
外形尺寸		电机功率		设备原值	
主 要 技 术 性 能					
设备技术配套主要附件					
序　号	名　称	型　号	规　格	数　量	

157

上述表格均由物业公司统计人员填制。

二、物业供暖系统设备维修统计

（一）集中供暖设备系统维修统计

1. 集中供暖设备新旧程序统计

（1）设备使用年限统计

设备在生产经营的长期使用过程中虽不改变其实物形态，但其价值逐步转移到产品的价值中，同时设备的功能也逐步降低。因此设备年限越长，设备越旧，其有形磨损和无形磨损也就越大。故应按设备使用年限分组，并计算设备平均使用年限指标，以简略反映企业设备的新旧程度。

$$设备平均使用年限 = \frac{\Sigma(某设备使用年限 \times 某设备拥有数量)}{全部设备拥有量} \tag{13-3}$$

（2）设备年有形磨损统计

设备在生产经营过程中和自然力作用下所发生的磨损属于有形磨损。

1）设备年低劣系数。该指标用以反映设备因有形磨损而性能衰退、精度下降的程度，指标越高说明设备陈旧的速度越快。

$$单台设备精度年低劣化系数 = \frac{相邻两次所测得的设备精度指数值差}{相邻两次精度测量的时间间隔年数} \tag{13-4}$$

式中分母的时间间隔必须折算为年数。

分子精度指数 T：

$$T = \sqrt{\frac{\Sigma(精度实测值/精度允许值)^2}{测定项目数(不少于全部项目的 70\%)}}$$

精度值数越小，说明精度越高，反之则越低，一般有如下标准：

$T \leqslant 0.5$ 新设备验收条件之一

$T \leqslant 1$ 设备大修理后验收条件

$T \leqslant 2$ 设备必须调试后使用

$2 < T < 2.5$ 设备需中修

$2.5 \leqslant T \leqslant 3$ 设备需大修

$T > 3$ 设备必须更新

2）设备年有形磨损系数。该指标用价值量计算，既可按单台设备计算，也可按某类设备或全部设备计算，与其互补的是设备年有形有用系数。磨损系数越高说明设备越陈旧，反之有用系数越低说明设备越陈旧。

（3）设备年无形磨损统计

由于科学技术进步和社会生产力发展而引起的设备贬值属于无形磨损，设备的无形磨损程度可以用价值量计算，具体公式为：

$$设备年无形磨损系数 = \frac{年末设备原值 \times 物价指数 - 年末设备重置完全价值}{年末设备原值} \tag{13-5}$$

（4）设备年综合磨损统计

设备年有形磨损与设备年无形磨损相加即为综合磨损，因此综合磨损系数为：

设备年综合磨损系数 = 设备年有形磨损系数 + 设备年无形磨损系数

由此，设备年综合有用系数 = 1 - 设备年综合磨损系数

2. 集中供暖的设备事故统计

(1) 设备事故的概念与种类

设备因非正常损坏而造成停产或降低效能称设备事故。根据事故发生后设备的损失程度，可分为：设备故障、一般事故、重大事故和特大事故。区分的标准各行业各不相同，但一般均以中断生产经营的时间长短和维修费用多寡加以区分。根据产品（设备本身就是工业产品）可靠性分析中的失效规律，设备事故可分为：基本事故、初期事故、偶发事故、磨损事故、破损事故、劣化事故、波及事故和间歇事故。

(2) 设备事故的统计指标

1) 设备事故发生台次数统计。应分别统计设备事故的总台次数和设备事故分类台次数，并进一步计算各类事故台次数占事故总台次数的比重，作为用 ABC 分类法对主要事故种类加强控制的依据。

2) 设备事故发生率。也称为设备事故频率，可从设备开动台数和台时两个角度计算，以满足不同的分析需要。

$$设备事故发生率(次/台) = \frac{设备事故发生台次数}{实际开动设备台数} \qquad (13-6)$$

$$设备事故发生率(次/单位时间) = \frac{设备事故发生台次数}{实际开动设备台次数} \qquad (13-7)$$

3) 设备事故损失。设备事故损失不仅应包括修复设备支付的费用，还应包括由于设备事故导致的产值或收入的损失和设备因无法修复如初造成的设备贬值损失。

设备事故损失＝设备修复费用＋因设备事故停工损失金额＋设备贬值损失金额

3. 集中供暖设备维修统计指标体系

(1) 设备维修的概念与分类

随着科学技术水平的提高，设备有效性对物业经营的正常运行越趋重要。所谓设备的有效性是指在某种使用条件下和规定时间内设备保持正常使用状态的概率。实际工作中，一般以时间频率代替：

$$设备的有效性(\%) = \frac{设备处于正常工作的时间}{设备处于正常工作的时间＋设备处于停机维修或待修时间} \times 100\%$$

$$(13-8)$$

设备的有效性取决于设备自身的可靠性和可维修性（除了无可维修设备），可靠性给予企业严格按规定条件使用的设备质量保证允诺，可维修性给予企业通过设备维修恢复设备性能的允诺，两者都要求企业对设备加强合理的维修，以保障设备的有效性。

设备维修可分为设备维护和修理两大类。前者又可分为日常保养、一级保养和二级保养三个级别；后者按不同的标志有恢复性修理与改善性修理，事故后修理、计划预修（又分为小修、中修、大修）和机会修理，定期修理、标准修理、检查后修理和状态检测修理。

(2) 设备维修工作量统计指标

1) 设备修理复杂系数。修理复杂系数是表示设备修理复杂程度的一种标准单位，其中一般用字母 F 表示，设备机械部分的修理复杂系数用字母 JF 表示，电器部分的修理复杂系数用字母 DF 表示，其数值大小取决于设备的结构、工艺特性、规格、零部件尺寸和可维修性等因素，修理复杂系数数值越大越难修、越小越易修。

各种设备均订有标准和计算公式，可根据所需修理设备的参数对照标准和通过计算确定其修理工作量——修理复杂系数总和。

2) 修理工作量定额。修理工作量定额是统计设备修理工作所需投入劳动的依据，一般以单位维修复杂系数所需劳动时间表示，即设备修理工时定额：

$$预修设备修理工作量定额（工时/1F）=\Sigma\frac{标准设备修理定额工时}{预定修理设备\ F\ 的总和}$$
$$\times（1+按修理条件不同给与的调整系数）\qquad(13-9)$$

修理工作量定额应先分别按不同工作（一般需配备钳、焊、电等工种）计算标准设备修理定额工时，然后加总再除以预修设备 F 总和，得 $1F$ 需要多少标准修理工时定额，再通过调整系统数得出预算设备的修理工时定额。

3) 修理停歇时间定额。修理停歇时间定额是指设备从停止运转交付修理开始到修理完毕、验收合格为止所需的全部的定额时间：

$$修理停歇时间定额（天数）=\frac{预修设备修理工作量定额\times预修设备\ F\ 的总和}{每天班计\quad工作日长\quad每天\quad修理工作}+其他停机天数$$

划投入修×度（每工 × 工作×量定额
理工人数 班小时数） 班次 完成指数

$$(13-10)$$

(3) 集中供暖设备维修工作评价统计指标

1) 反映维修工作量计划与执行的统计指标

a. 应修台数安排率。设备应予维修是设备的运行时间决定的，但由于种种原因使应修设备未能及时列入修理计划，如果差距过大会影响设备的有效性，进而危及产品质量。

$$应修台数安排率（\%）=\frac{本期计划检修设备台数}{本期应修设备台数}\times100\%\qquad(13-11)$$

b. 修理及保养计划完成率。设备管理部门应按年、季、月制定设备的修理及保养计划，凡是已列入计划的设备，均是迫切需要修理和保养的设备，因此必须严格执行计划。

$$设备一、二级保养计划完成率（\%）=\frac{本期一、二级保养实际完成台数}{本期一、二级保养计划台数}\times100\%$$

$$(13-12)$$

$$设备修理计划完成率（\%）=\frac{本期实际完成修理台数}{本期计划修理台数}\times100\%\qquad(13-13)$$

c. 设备大修理计划（进度）完成率。大修理计划一般按年度编制，故在年内该指标可用作检查计划完成进度，除了用台数计算外，还应用复杂系数计算。

$$设备大修理计划完成进度（\%）=\frac{年初至本期止实际完成大修理设备台数}{全年设备大修理计划台数}\times100\%$$

$$(13-14)$$

$$设备大修理计划年度完成率（\%）=\frac{全年实际完成大修理设备总\ F\ 数}{全年设备大修理计划总\ F\ 数}\times100\%$$

$$(13-15)$$

d. 设备大修理基金利用率。该指标为了保证设备性能良好、精度符合生产经营要求、确保大修理基金的专款专用而设置，可将其作为考核企业设备管理等级的一票否决指标，例如指标值达 95% 以上为优等。

$$年设备大修理基金利用率（\%）=\frac{年设备实际使用的大修理金额}{年设备计划提取大修理基金额}\times100\%\qquad(13-16)$$

2）反映设备维修质量的统计指标

a. 设备修理质量平均等级。该指标用以考核修理后的设备本身质量，如达不到规定标准，应返工重修。该指标即可用于评价多台设备修理平均质量，也可用于单台设备多性能间的修理平均质量。同时，应计算修理设备的返修率，以考察设备修理的工作质量。

$$\frac{\text{多台设备修理}}{\text{质量平均等级}} = \frac{\Sigma(\text{质量等级} \times \text{修理完毕该质量等级的台数})}{\Sigma \text{修理完毕各质量等级的台数}} \qquad (13\text{-}17)$$

$$\frac{\text{单台设备修理}}{\text{质量平均等级}} = \frac{\Sigma(\text{性能质量等级} \times \text{修理完毕该质量性能的} F \text{ 数})}{\Sigma \text{修理完毕各性能的} F \text{ 数}} \qquad (13\text{-}18)$$

$$\text{修理设备返修率}(\%) = \frac{\text{修理设备的返修台数}}{\text{修理设备的送检台数}} \times 100\% \qquad (13\text{-}19)$$

b. 设备大修理平均成本。该指标从修理费用投入的角度反映设备大修理的质量，因为合理的修理成本投入是为了设备性能恢复更为理想，同时应在达到修理质量标准的前提下降低成本。另外，应计算设备大修理平均工时消耗和设备大修理平均停歇天数指标，即要为修理质量提供充分的时间，又要尽可能地节约时间减少停产损失。

$$\text{设备大修理平均成本}(\text{元}/F) = \frac{\Sigma \text{单台设备大修理实际成本}}{\Sigma \text{单台设备修理复杂系数}(F)} \qquad (13\text{-}20)$$

$$\text{设备大修理平均工时消耗}(\text{工时}/F) = \frac{\Sigma \text{单台设备大修理消耗工时}}{\Sigma \text{单台设备修理复杂系数}(F)} \qquad (13\text{-}21)$$

$$\text{设备大修理平均停歇天数}(\text{元}/F) = \frac{\Sigma \text{单台设备大修理停歇天数}}{\Sigma \text{单台设备修理复杂系数}(F)} \qquad (13\text{-}22)$$

c. 设备维修费用率。该指标以年设备维修费用占年固定资产原值或生产经营总费用的比重的合理性，来评价维修工作的质量情况。

$$\text{设备维修费用率}(\%) = \frac{\text{设备维修费用}}{\text{固定资产原值（或生产经营总费用）}} \times 100\% \qquad (13\text{-}23)$$

d. 百元增加值维修费。虽然该指标也是从维修费用投入的角度反映设备维修的质量，但其侧重是通过企业单位产出开支的维修费用的多寡说明对维修质量的保证，同时要求在企业生产经营质量保证的前提下降低维修费用。

$$\text{百元增加值维修费}(\text{元}) = \frac{\text{设备总维修费}(\text{元})}{\text{企业增加值}(\text{百元})} \qquad (13\text{-}24)$$

e. 万元增加值设备事故损失。该指标从损失的角度说明设备维修的质量，也是衡量设备大修理平均成本和百元增加值维修费降低是否合理的标准。

$$\text{万元增加值设备事故损失}(\text{元}) = \frac{\text{设备事故损失}(\text{元})}{\text{企业增加值}(\text{万元})} \qquad (13\text{-}25)$$

f. 年设备有效利用率。该指标通过设备年平均维修间隔期内时间有效利用率的比率反映设备维修的工作质量。

$$\frac{\text{年设备有}}{\text{效利用率}} = \frac{\text{年设备平均维修间隔期}}{\text{年设备平均维修间隔期} + \text{年设备平均停机维修时间} + \text{年设备平均停机待维修时间}} \times 100\% \qquad (13\text{-}26)$$

（二）集中供暖设备系统维修工作常用统计报表

1. 水泵月保养记录表（表 13-3）

大厦

名　称		编　号		保养人	
外表清洁		主电路螺钉紧固		审核人	
接触器触点		手动盘转		滴漏水检查	
运转响声		轴承温升加润滑油		单向阀压力表	
泵自动启停		泵手动启停		指示灯仪表	
电极电流	A相	B相		C相	
备注：					

2. 水泵电机半年保养记录表（表 13-4）

水泵电机半年保养记录   表 13-4

部门：　　　　　　　　　班：　　　　　　　　　　　　　　　年　　月　　日

设备编号		设备名称		供水范围		负责人		保养人	
扬　程		额定功率		额定电流		转　速		审核人	

保 养 记 录

盘根检查		联轴器连接							
电机接线端紧固		绝缘测定							
基座及连接固定						防锈处理			
进水阀				出水阀					
泵外观检查		管道外周清扫		放空阀				压力表阀	
开动泵检查	电极电流	A相		B相		C相		压力表	MP
备注：									

3. 水泵房巡查记录表（表 13-5）

水泵房巡查记录   表 13-5

小区（大厦）名称：　　　　　　　　　　　　　　　　　　　年　　月　　日

	班　次	早班：(8：00～16：00)			中班(16：00～0：00)			晚班(0：00～8：00)		
	巡查人									
水泵房	时　间	12：00			20：00			6：00		
	水　泵	出口压力	截止阀关闭	电源与控制	出口压力	截止阀关闭	电源与控制	出口压力	截止阀关闭	电源与控制
	生活泵									
	消防泵									
	喷淋泵									
	补压泵									
	蓄水池水位									
	渗漏情况									
其他	早班：				中班：			晚班：		

4. 值班记录表(表 13-6)

值班记录表　　　　　　　　　　　　　　表 13-6

单位：　　　　　　　　　　　　　　　　　　　年　月　日

班　次	早班(8：00～16：00)	中班(16：00～0：00)	晚班(0：00～8：00)
值班人			
气　温			
交接班记录	交班人： 接班人：	交班人： 接班人：	交班人： 接班人：

值班内容记录

序　号	班　次	时　间	内　容	处 理 情 况	值 班 人

5. 设备保养计划表(表 13-7)

设备保养计划表　　　　　　　　　　　　表 13-7

部门：　　　　　　　　　　　　　　　　　　　年　月　日

序　号	设备标号	设备名称	保养内容	保养周期	保养时间	保 养 人	完成情况

计划编制人：　　　　审核人：　　　　　　　　批准人：

日　　期：　　　　　日　期：　　　　　　　　日　期：

6. 设备(机具)外委维修申请表(表 13-8)

设 备(机 具)外 委 维 修 申 请 表　　　　　　　　　　　　　　表 13-8

小区(大厦)名称：　　　　　　　　　　　　　　　　　　　　　　　　　　年　　月　　日

设 备 标 号	设 备 名 称	规 格 型 号	安 装 位 置	台　　数	维修费用(元)	维 修 单 位

内部检测判断结果：

需要修复返回时间：

维修内容：

　　　　　　　　　　　　　　　　　　　　　　　　维修班长：　　　　日期：

管理处主任意见：

　　　　　　　　　　　　　　　　　　　　　　　　签名：　　　　　日期：

机电安装维修工程部经理意见：

　　　　　　　　　　　　　　　　　　　　　　　　签名：　　　　　日期：

主管副总经理(或总经理)审批：

　　　　　　　　　　　　　　　　　　　　　　　　签名：　　　　　日期：

7. 设备维修记录表(表 13-9)

设 备 维 修 记 录　　　　　　　　　　　　　　表 13-9

小区(大厦)名称：　　　　　　　　　　　　　　　　　　　　　　　　　　年　　月　　日

设 备 名 称	设 备 编 号	开 始 时 间	结 束 时 间	维 修 人 员

设备故障原因：

维修处理(外委、自修)：

维修过程及安全措施：

　　　　　　　　　　　　　　　　　　　　　　　　维修人：

　　　　　　　　　　　　　　　　　　　　　　　　维修班长：

维修检定结论(含技术参数功能)：

　　　　　　　　　　　　　　　　　　　　　　　　检定人：　　　　日期：

备注：

8. 设备事故报告单(表 13-10)

设备事故报告单 表 13-10

小区（大厦）名称：　　　　　　　　　　　　　　　　　　　　　　　　年　月　日

设 备 编 号	设 备 名 称	型 号 规 格	所 属 单 位
事 故 类 别	当 事 人	设备负责人	发生事故时间

事故经过情况			
设备损坏情况			
原 因 分 析			
事 故 损 失	停 工 时 间	修 理 费	减 产 损 失
管理处处理意见			
机电部处理意见			
总经理批示			

　　填制上述统计报表的目的，是确保供暖设备始终处于良好的运行或备用状态，以保证整个供暖系统正常运行。

第二节　给排水设备的管理与维修统计

　　水是人类生存的最基本的要素，是物业使用功能的保障条件之一。因此作为建筑项目中的给排水系统工程的工作正常与否，直接影响到业主（或使用人）的工作、生活和物业功能的发挥。做好给排水设备管理的统计工作也是物业管理统计的一项重要内容。

　　一、给排水设备系统管理内容

　　物业管理小区内给排水系统是指小区内的各种冷水、热水、开水供应和污水排放的工程设施的总称。它主要包括给水设备系统、排水设备系统、用水设备、热水供应设备系统、消防系统五个部分。

　　（一）给水设备系统

　　供水设备系统是指物业管理小区内通过城市供水管网，供入小区内的给水设备系统。它可以划分为物业管理小区内的庭院给水及房屋或构筑物内部给水两大部分，其中涉及到的设备设施主要有供水箱、供水泵、水表、供水管网等。

　　供水系统按照用途分类，基本上可以分为生活用水、生产用水、消防用水三大类，但这三类用水并不一定单独设置给水系统。有时会将生活和消防给水共用一个给水系统，或生活、生产、消防共用一个给水系统，这种系统形式叫联合给水系统。具体采用什么样的给水系统形式，要按用户(用水设备)对水质、水温及小区外城市管网的给水情况，综合考虑技术、经济和安全条件，确定合适的给水方式。

（二）排水设备系统

排水设备系统是指小区内用来排除污废水及雨雪水的设备系统。它同样划分为房屋或构筑物内部污废水、雨雪水排放和物业管理小区内庭院的污废水、雨雪水排放两大部分。其中主要涉及到室内排水管道、通气管、清通设备、抽升设备、室外小区检查井和排水管道等。

排水系统按照所接收的污废水的性质不同，分为生活污水、工业废水、雨水管道三大类。排水体制有分流制和合流制。三类水共用一套管网排放叫合流制，三类水分别排放叫分流制。具体采用什么样的排水体制，要根据污废水的性质、浓度及城市管网的排水体制而定。

（三）用水设备

用水设备指建筑物内或构筑物内各类卫生器具和生产用水设备。这部分主要包括洗脸盆、洗浴盆、浴盆、便器、喷泉喷头及各种绿化洒水设备等。

（四）热水供应设备系统

这部分是指为满足对水温的某些特定要求而设置的设备系统。通常包括开水供应，热水供应。其中涉及到的设备系统包括淋浴器、供热水管道、热循环管、热水表、加热器、温度调节器、减压阀等。

（五）消防设备

建筑或构筑物内的消防设备系统及物业管理小区庭院内的消防设备系统，主要包括消防箱、供水箱、各式消防喷头、灭水机、消防栓、消防泵等。

二、给排水设备管理的统计

（一）给排水设备统计

1. 拥有设备安装率

该指标是已安装设备与拥有设备的比率。

$$拥有设备安装率 = \frac{已安装设备数量}{拥有设备数量} \times 100\% \tag{13-27}$$

2. 拥有设备完好率

该指标是完好设备与拥有设备的比率，适用于不需安装即可运行的设备。

$$拥有设备完好率 = \frac{完好设备数量}{拥有设备数量} \times 100\% \tag{13-28}$$

3. 已安装设备完好率

该指标是完好设备与已安装设备的比率。

$$已安装设备完好率 = \frac{完好设备数量}{已安装设备数量} \times 100\% \tag{13-29}$$

4. 完好设备使用率

该指标是实际使用设备与完好设备的比率。

$$完好设备使用率 = \frac{实际使用设备数量}{完好设备数量} \times 100\% \tag{13-30}$$

5. 拥有设备使用率

该指标是实际使用设备与拥有设备的比率。

$$拥有设备使用率 = \frac{实际使用设备数量}{拥有设备数量} \times 100\%$$

$$= 拥有设备安装率 \times 已安装设备完好率 \times 完好设备使用率$$

$$= 拥有设备完好率 \times 完好设备使用率 \tag{13-31}$$

可见，拥有设备使用率的高低取决于拥有设备安装率、已安装设备完好率和完好设备使用率的高低，企业可通过提高拥有设备安装率、已安装设备完好率和完好设备使用率来挖掘设备潜力。

（二）给排水设备经济寿命统计

设备往往随着使用年数的增加其运行和维修费用不断增加，同时性能也逐渐劣化。周期性设备更新与经济寿命的计算就是使总费用的年值为最小的使用年数。其公式为：

$$n = \sqrt{\frac{2(P-L)}{q}} \tag{13-32}$$

式中　n——设备的服务年限；

　　　P——设备的购置费；

　　　q——维修费的增加额；

　　　L——设备残值。

【例 13-1】　某施工机械购置费为 80000 元，估计残值为 8000 元，各年运行费用劣化值为 1000 元，则该施工机械的经济寿命为：

$$n = \sqrt{\frac{2(P-L)}{q}} = \sqrt{\frac{2 \times (80000-8000)}{1000}} = 12 \text{ 年}$$

如果运行成本不呈线性增长，低劣化值各年不同，且无规律可循，则可根据企业的记录或者对其实际情况进行预测，利用列表法计算来判断更新的经济寿命。

【例 13-2】　某污水处理设备投资额为 3000 万元，估计该设备在运行过程中的作业费用为：第 1 年 500 万元，第 2 年为 600 万元，……，即逐年以 100 万元的速度递增；设备的处理价值：第 1 年年末为 2100 万元，第 2 年年末为 1470 万元，……，即处理价值每年为前一年的 70%。该设备预计将周期性的更新，那么每隔多少年更新一次有利？

表 13-11

年　份	作业费用	年 作 业费用之和	年度平均作业费用	年平均设备购置费	设备处理价值	年平均设备处理价值	年　度总费用
①	②	③	④	⑤	⑥	⑦	⑧=④+⑤--⑦
1	500	500	500	3000	2100	2100	1400
2	600	1100	550	1500	1470	735	1315
3	700	1800	600	1000	1029	343	1257
4	800	2600	650	750	720	180	1220
5	900	3500	700	600	504	101	1199
6	1000	4500	750	500	353	59	1191*
7	1100	5600	800	429	247	35	1194
8	1200	6800	850	375	173	22	1203
9	1300	8100	900	333	121	13	1220
10	1400	9500	950	300	85	9	1241

从⑧栏中可以看出，该污水处理设备在运行过程中的年总费用第 6 年时最低，为 1191 万元，故该设备应隔 6 年更新一次（表 13-11）。

二、给排水设备维修统计

（一）给排水设备维修统计

参照本章第一节供暖系统设备维修统计。

（二）给排水设备维修统计常用报表

1. 供水系统周期保养记录表（表 13-12）

供水系统周期保养记录 表 13-12

系统安装地点								设备编号					记录人				
供水泵	电机				水泵			控制柜						其他			
	轴承响声	机体温度	接线头	电流	润滑油	盘根检查	联轴器	泵体响声	空气开关	保护开关	交流接触器	点启动	自动控制	显示表	单向阀	软接头	固定连线	防锈处理	压力表
1号																		
2号																		
3号																		
4号																		
5号																		
6号																		
功能柜	批示灯：		功能：		继电器：		线路：											
水位控制																		
浮球阀检查																		
减压阀																		

2. 水池（箱）清洗及消毒记录表（表 13-13）

水池（箱）清洗及消毒记录表 表 13-13

班次： 　　　　　　　　　　　　　　　　　　　　 年　月　日

清洗日期		水容量（m³）		
放水时间	自　月　日时起，到　月　日　时止			共　h
清洗时间	自　月　日时起，到　月　日　时止			共　h
清洗投放灭菌净（1：500）配制人			见证人	
清洗人员				
放水时间	自　月　日时起，到　月　日　时止			共　h
消毒投放灭菌净（1：500）配制人			见证人	
清洗及消毒有关记录				
水质取样人	取样地点			
取样数	送检时间		送检人	
取报告人	取报告日期		报告编号	
水质检测结果	合格□　　不合格□			
不合格处理意见				

复习思考题

1. 集中供暖系统设备数量统计指标有哪些？
2. 物业供暖系统设备维修指标有哪些？
3. 常用集中供暖系统维修统计报表有哪些？
4. 给排水设备管理统计指标有哪些？

第十四章 物业环境管理工作统计

环境是指围绕着人们生产和生活的空间及其可以直接、间接影响人们生产、生活发展的各种自然因素的总体。无论是住宅小区、大厦还是其他类型的物业，也不论人们在该物业中是学习、工作还是生活，物业环境都对人们的身心健康有重大的影响。物业环境管理即物业管理公司对所管辖物业区域内的环境的管理，它是城市环境管理的重要内容之一，物业环境管理水平是城市居民工作和生活质量的重要标志。物业环境管理统计工作的好坏直接影响物业管理工作的效益及工作质量，物业环境管理统计工作主要包括物业管理治安工作统计、物业管理消防工作统计、物业管理环保工作统计和物业管理卫生工作统计等内容。

第一节 物业管理治安工作统计

一、治安工作统计的意义及特点

治安工作是各物业管理公司为防盗、防破坏、防流氓活动、防灾害事故而对所管物业进行的一系列管理活动。其目的是为了保障物业管理公司所管物业区域内的财物不受损失，人身不受伤害，工作、生活秩序正常。治安工作在整个物业管理中具有举足轻重的地位，它保证业主（使用人）安居乐业，是奠定社会安定的基础。从某种意义上说，它可促进社会经济的发展，同时也能为物业管理的成功提供见证。

治安工作具有以下特点：

（1）综合性强，管理难度大。

某些物业，如一些大型的商住区，不但楼层高、楼幢多、建筑面积大，进出口多，而且物业区内公司、餐厅、歌舞厅、电影院等娱乐场所也较多，造成区内人流量大，人员复杂，所有这些都给制定和落实安全措施带来一定的困难。同时，众多的单位又有各自的管理部门，物业管理公司不可能干预过多，只能和有关管理部门，如上述单位的主管部门、派出所等密切合作，协商处理，才能较好地完成治安工作。

（2）服务性强。

从本质上看，物业的治安工作就是服务，即提供保安服务，为保障业主（使用人）的人身和财产安全服务。作为保安人员，要树立"服务第一，用户至上"的思想，既要有公安人员的警惕性，又要有服务人员的和颜悦色；既要坚持原则，按制度办事，又要文明礼貌，乐于助人。

（3）保安人员素质要求高。

保安部作为物业管理中的一个综合执法部门，对人员素质要求较高。保安人员不但要有较好思想品德，还要求知法、懂法和用法；不仅要坚持原则，依法办事，还要讲究处理问题的方法和艺术。保安工作除与违法犯罪分子作斗争外，更多的是与违反规章制度的群众打交道，治保人员一定要区分情况分别进行处理。否则一件很小的事情，也可能因处理不当而变大，造成矛盾激化而使治安工作陷于被动。

二、治安工作统计的内容

下列妨害公共安全和社会治安秩序的行为，都属于治安工作统计的范围。

（1）使用音量过大或发出噪声的器材，影响他人正常的工作和休息；

（2）从楼上往下乱扔杂物；

（3）擅自撬开他人信箱，私自开拆他人邮件、电报信函等；

（4）非法携带、存放枪支弹药，非法制造、贩卖、携带匕首、弹簧刀等管制刀具；

（5）未经批准，私白安装、使用电网；

（6）非法侵入他人住宅，损毁他人财物；

（7）使用气枪，在辖区内进行各种射击活动；

（8）制造、销售各种赌具或利用住宅聚赌；

（9）利用住宅窝藏各类犯罪分子和嫌疑人员；

（10）利用住宅为盗窃分子提供方便；

（11）制造、复制、出售、传播淫书、淫画及淫秽录像；

（12）利用住宅进行嫖宿卖淫活动；

（13）在车辆、行人通行的地方施工，对沟井坎穴不设覆盖物、标志，或故意损毁、移动覆盖物及标志；

（14）故意损坏邮筒、公用电话等公共设施，故意损坏路灯、消火栓、公用天线、电梯等配套设备，故意损坏园林绿地、停车场、娱乐场等公共场所。

三、物业管理治安防范服务的统计内容

（一）保安人员的资质条件和培训的统计内容

1. 保安人员的资质条件

（1）热爱中国共产党，拥护社会主义制度，能遵纪守法、法制观念强。

（2）简历清楚，品行端正，思想作风正派，无劣迹记录。

（3）具有正常人的体力、智力和体型，身体健康，五官端正，视力正常（0.8 以上）身高 1.72m 以上。

（4）恪守职责，具有敬业精神。

2. 保安人员的培训要求

要带出一支好的保安队伍并非一件容易的事，它必须经招聘、面试、军训、培训、考试、试工、上岗等过程。

（1）通过社会招聘，从填写表格中可粗略地判断其是否适合做保安工作。

（2）初试合格，进入面试阶段，在与他们的谈话中，可以了解到他们的工作动机、家庭情况、社会关系、语言表达能力等。

（3）面试合格，派人政审。政审的范围，从他们填写的表格中最后一个单位的工作情况看其是否有过辞职、除名等，地区政审看他们在地区中是否有劣迹。

（4）政审合格，进入为期 2 周的军事训练。其目的是培养他们吃苦耐劳的意志品质和进行站姿、坐姿的训练，掌握一般的擒拿、格斗动作。

（5）体能过关后，进入正常的业务培训，结合本公司的具体情况，一般要有保安部服务管理模式、保安部奖惩考核办法、保安部各岗位工作程序、保安部日常规范服务系列、保安部规范上岗条例、突发事件反映预案、保安部接待工作系列方案、非常时期安全防范预案等专题的培训。

（6）培训结束后，进行思想小结，业务考试。考试分两部分，一部分是业务知识培训考试，另一部分是监控中心上岗操作考试。

（7）以上项目全部过关，转入4～6个月的试岗阶段。在这期间，可以考查一个保安人员的实际操作能力，并使其逐步对业主、使用人有所了解。

（8）试岗结束，转为正式员工，公司与他们签订合同。如在合同期内，保安员工有违反合同及保安部的有关规定、制度的情况，按有关规定处理，或者解除合同。

（二）治安防范服务的运作程序和制度的统计内容

1. 班次的设置与岗位轮转的统计

保安部管理层人员为日常班。

保安员工实行"四班三运转"，即2天早班、2天中班、2天夜班、1天休息。另一种是12小时一班的运作方法，即工作一天，休息一天。

岗位轮转的原则是固定岗位，流动人员。

现代化的大楼管理，需要依靠先进的科学技术，因此如何切实有效地实现技防与人防的结合，是摆在我们面前的一项重要课题。我们认为，随着科学技术的不断进步，在现有技术范围基础上，作为一名保安人员，更应起到一种技防所不能达到的作用，如巡视监控未及的死角，及时发现异常情况等。

在实际操作中，每一岗位的设置都应根据物业管理公司所管辖的区域而设立，每一岗位的人员配置也应相对固定。在实际运作中，采取固定岗位、流动人员这一操作模式，可使保安人员在有效的工作时间内达到最佳的工作效率。

例如，针对保安所设置的岗位，在上海广播大厦4.7万m²的建筑面积中，每个班设8名保安，采取12小时工作制，即可以实施2人一组的方式：3小时在监控，3小时在门卫，3小时在大堂、地下车库，3小时在巡视。这样做最大的特点是：①不因某一人的缺席而影响一个班的实际操作；②在有效的工作时间内，发挥每一个人的实际工作能力；③减少工作疲劳程度；④全面提高员工的工作积极性；⑤增强岗位的竞争意识。

南京帝豪花园城（涉外别墅区）近3万m²的建筑面积，每个班设10名保安人员，采取24小时两班制。其中门卫2人，白天全在，站在花园城门口，晚上才能到达传达室值班；只设4个岗位哨及部分区域巡视，需要4名保安；另外4名每到一段时间进行交换，如发现问题，可直接派出。这样做，使小区既有重点区域，又有面上巡视，更能处理意外情况提高效率。

2. 岗位操作程序统计

（1）监控中心工作程序

1）上岗前自我检查，按规定着装，仪表端庄、整洁，做好上岗签名。

2）设立24小时监控值班岗，消防报警系统昼夜开通，对保安及消防实施监控。全面了解和严密监视物业区域内的安全情况。

3）当班员工要密切注意屏幕情况，发现可疑情况定点录像。在大堂、客梯、楼面及要害部位发现可疑情况要采取跟踪监视和定点录像措施，并通知有关值班岗位上的保安人员就地处理，及时向保安部报告。

4）如发现火灾自动报警装置报警，应立即通知使用人(保卫科)和保安巡视，迅速赶赴报警现场，查明情况。如是误报，应在设备上消除报警信号。

5）与工作无关人员，不得擅自进入监控室，工作联系持介绍信在有关领导的陪同下方可入内，并做好登记手续。

6）建立岗位记事本，发现有异常情况，应记录备案，做好交接班的口头和书面汇报。

7）进入监控中心必须换拖鞋，保持室内整洁，严禁吸烟，严禁使用电水壶及其他明火，设备与操作台上不得堆放物品。

8）发现监视设备出现故障，应立即通知值班保安人员加强防范，并立即设法修复。

（2）大厅内保安工作程序

1）上岗前自我检查，按规定着装，仪表端庄、整洁，做好上岗签名。

2）精神饱满，站姿端正，真诚微笑，在大厅内执行安全保卫工作。

3）严密注意进出大厦的人员，值班人员经常巡视，在大厦（或大厅）的入口处要有保安24小时值勤，发现问题，应严密监视，及时汇报。遇不明身份者，问清情况，与使用人及时联系，办理有关手续后方可入内。建立岗位记事本，发现可疑情况，不论如何处理，都应有记录。做好交换岗和交接班的口头与书面汇报。

4）熟悉楼层消防设施的布局、设置，经常检查设施是否完好、有效，并与消防中心严密配合，预防火灾事故的发生。

（3）门卫流动岗、广场外保卫工作程序

1）上岗前自我检查，按规定着装，仪表端正、整洁，做好上岗签名。

2）精神饱满，勤巡逻，勤观察，勤思考，发现衣冠不整者和其他闲杂人员，劝阻其入内。

3）维持大厦门口交通秩序，指挥和疏导进出车辆，引导要及时，手势要规范。

4）遇有运输车辆出入，进门时问清来车单位和目的，出门时要检验出门证（出门证由需方部门签证，各项手续完备才能放行）。

5）建立岗位记事本，发现有异常情况，不论如何处理，都应有记录。做好交换岗和交接班的口头和书面汇报。

6）监视所管物业，及时消灭火灾及其他事故隐患，加强对辖区内车辆的管理。如遇重大突发性、危害性事故或事件发生，一方面须立即应急处理，另一方面须及时向领导汇报。

7）发现垃圾及时请清洁工打扫，保持工作环境的整洁。

（4）巡视稽查工作程序

1）上岗前自我检查，按规定着装，仪表端庄、整洁，做好上岗签名。

2）巡视范围包括主楼各层楼面、裙房、员工通道、男女更衣室、其他各处通道。

3）按责任路线巡视检查，登楼至高，徒步下楼，呈S形巡视，按规定敲打巡更仪，发现问题及时解决。遇重大问题通知领班，巡视中严防"死角"。

4）巡视中应思想集中，通过"看、听、闻、问"，发现问题及时向领导、领班汇报。巡视时还得注意检查消防设施及器材。

5）巡视时见业主（使用人）要主动打招呼问好，有礼貌地回答业主（使用人）的查询，实行文明服务。

6）建立岗位记事本，发现有异常情况，应记录备案。做好交换岗和交接班的口头与书面汇报。

7）接到治安、火警报警，应及时赶到现场，了解情况，做正确处理。

四、保安服务预案设计（实例）

××大厦突发事件反应预案

为了增强各租赁单位及管理部全体员工对突发事件的反应能力，做到遇突发事件不慌不忙，有步骤、有秩序地实施各项紧急措施，以确保大厦内国家财产及使用人的安全，特制订××大厦突发事件（爆炸、抢劫、盗窃及自然灾害事故）反应预案。

1. 报案程序

各租赁单位及物业管理部全体员工，凡发现大厦内发生爆炸、抢劫、盗窃及自然灾害事故，一定要保持清醒的头脑，及时采取边报告边排险的有效措施。一般按部门主管、总值班、保安部门顺序报告，在特殊紧急的情况下可先报保安部门（或监控中心）。总值班、部门主管如遇特殊情况，发现案犯正欲逃跑等危急情况，可先通知大堂内保安及门卫保安采取封闭措施，而后及时报告有关领导、部门。

2. 各级职责

（1）租赁单位职责

1）如发现自己所在楼层有爆炸、抢劫、盗窃及自然灾害等事故，不必惊慌，应保持镇静，立即报告管理部或保安部门，见机行事。

2）做好现场保护工作，劝阻周边地区的人员不得进入。

3）遇重大凶杀、盗窃等现场，一经发现立即通知保安部，及时抢救重伤员，封闭现场。严禁任何人进入现场，等大厦管理部、安全保卫部门前来协同处理。

4）各租赁单位有职责协助大厦保安部和配合公安部门做好案件的侦破工作。

（2）管理部主任、总值班职责

1）接到报警后立即赶到现场，指挥保安部门和有关部门共同做好现场保护。

2）根据现场情况组织人员抢救受伤人员（保护现场）。

3）遇有案犯在逃等特殊情况，立即指挥有关人员进行堵截捉拿。

4）指挥保安等部门人员配合公安部门做好案件侦破工作。

（3）保安部门职责

1）接到报告后，除一人留守保安部门进行联络外（夜间除外），其余应迅速赶到现场，在管理部（总值班）的领导下组织有关人员保护好现场。

2）根据现场情况协助领导做好排险救难工作。

3）夜间接到重大杀人、抢劫、盗窃、爆炸等恶性案件的报告后，应立即通知保安人员，及时关闭所有大门，人员只准进、不准出。

4）对现场情况作一定了解后，视情况报告公安部门。

5）视案发情况，组织巡逻队、大堂内外保安，对可疑人员（案犯）进行围、追、堵、截。

6）协助公安部门做好案件侦破审结工作。

（4）部门主管（包括夜间值班领导）职责

1）接到部门员工的报告立即赶到现场，视情况报告管理部主任（总值班）、保安部门，同时组织人员做好现场保护。

2）根据管理部主任（总值班）、保安部门的处理意见，指挥部门员工迅速做好排险救难工作。

3）遇有案犯在逃等紧急情况，配合保安人员组织部门员工进行堵截捉拿。

（5）电话总机职责

1）接到各类报警电话立即报告管理部主任、保安部门。

2）在整个案件处理过程中起到上传下达的作用，确保案发现场电话线路的畅通。

3）发生重大恶性案件时要保持沉着冷静，处事不慌，确保大厦内外电话线路畅通完好，不出现临阵脱岗现象。

（6）巡逻队、监控室职责

1）接到报警后火速赶到现场，发现保安主管尚未到现场立即通知，并与有关人员做好现场保护。

2）保安人员应及时奔赴各处要道，协助各大门警卫，共同做好对嫌疑人员的布控（在没有明确堵截对象时以保护现场为主）。

3）发生重大灾情事故时，负责事故现场周围的巡逻防范。

4）夜间发生重大抢劫、杀人、盗窃、爆炸等突发事件时，立即会同各大门警卫封锁大门，人员只准进，不准出，查实无疑经保安部门同意后才可离去。

5）监控中心发现可疑人员要进行定点录像，善于捕捉各类疑点，掌握第一手资料，对画面上的不明人与事，要正确及时地通知保安部门和巡逻队，起到监控中心的应有作用。

（7）大堂内保及各门卫流动岗位的职责

1）接到一般行窃、抢劫、流氓滋事等报案后，立即加强对离楼人员的盘问、观察，注意从中发现可疑人员。

2）如发现可疑人员立即通知保安部门，并采取可行措施，防止可疑人员逃跑。

3）发生重大案件（包括自然灾害事故、爆炸、行凶抢劫、杀人、盗窃等），大堂内外保安必须坚守岗位，听从保安部门统一调配，离开本岗时要招呼其他人员照应一下。

（8）管理部所有员工的职责

1）当大厦内发生重大事件时，各部员工不必惊慌，应立即报告各部领导或保安部门，见机行事。

2）做好现场保护工作，对重伤员进行及时抢救。

3）遇重大凶杀、抢劫等现象，一经发现立即报告保安部门，如场内无重伤人员，立即封闭现场，严禁任何人进入现场，等保安部主任和保安部门前来处理。

4）遇发生盗窃案件立即封闭现场，除部门主任、保安部门同意外，严禁他人进入现场。

五、治安工作统计报表

1. 交接班记录表（表14-1）

交 接 班 记 录 表

表14-1

班次：

日　　期	班　　次	值 班 员	本班发生情况及处理结果	交接班时间	接 班 人	交接物品

2. 小区治安巡逻记录表（表14-2）

小区治安巡逻记录表

表 14-2

单位： 　　　　　　　　　　　　　　　　　　　　　　年　　月　　日

班次：	当班时间：	值班员：		例巡时间：
	检　查　内　容			检查情况
1	是否有可疑情况或可疑人徘徊、窥视			
2	是否有机动车停在绿地、人行道、路口，在小区内修车、洗车等违章停车现象			
3	是否有业主(住户)在室外动土施工，搭建和牵拉电线的			
4	是否有未按规定的时间、要求进行违章装修的			
5	是否有饲养家禽和宠物的现象			
6	是否有乱摆摊点的			
7	业主(住户)有无意见、建议			
8	是否有收捡破烂、乞讨等三无人员			
9	是否有乱堆放装修垃圾和生活垃圾的；是否有高空抛物的现象			
10	是否有人践踏绿地、踢球或破坏绿化、砍伐树木，占用绿地			
11	是否有漏水、漏电、漏气等现象			
12	是否有在绿地或树木上挂晒衣物的现象			
13	是否有污水井或化粪池堵塞、冒水的现象			
14	房屋本体内楼道灯、电子门、天台门、消火栓、公共门窗等设施的完好情况			
15	小区内道路、路灯、污水井盖、游乐设施、消防路桩、路墩等设施有无损坏			
16	其他			

说明：1) 没有发现问题的在检查情况栏内打"√"，有问题的记载；

　　　2) 发现紧急情况，马上报告队长和总值班室，对于大量渗漏、冒水、设施严重损坏和违章等一时难以处理的问题，由总值班室或队长立即报告房管员、分管副主任或主任处理。

3. 大厦巡逻记录表(表 14-3)

大厦巡逻记录表

表 14-3

单位： 　　　　　　　　　　　　　　　　　　　　　　年　　月　　日

班次：	当班时间：	值班员：		例巡时间：
	检　查　内　容			检查情况
1	大厦内是否有可疑、陌生人徘徊、窥视			
2	室内外车辆停放情况，注意渗水和漏电			
3	是否有未按规定的时间、要求进行违章装修的			
4	大厦内是否有乱摆卖现象			
5	业主(住户)有无意见、建议的			
6	公共照明(灯、开关)			
7	公共地方门、窗			
8	消防设施(消火栓、广播对讲机、报警按钮等)			
9	水表、阀门是否漏水			
10	住户家内是否有异常气味和响声，注意煤气泄露			
11	天台、电梯机房情况			
12	公共卫生情况(墙面、地面、顶棚、门窗和灯具等设施)；走廊是否堆放垃圾			
13	大厦内道路、路洒、室外污雨水井盖、消防路桩、路墩等设施有无损坏			
14	其他			

说明：1) 没有发现问题的在检查情况栏内打"√"，有问题的记载；

　　　2) 发现紧急情况，要及时报告队长和总值班室，对于给水、消防设施渗、漏、堵现象和违章一时难以处理的由总值班室立即报告房管员、分管副主任或主任处理。

4. 保安工作周检表(表 14-4)

保安工作周检表

表 14-4

年　月　日

部门：

评岗分位 受评检人员	着装					礼仪					岗位执行					内务卫生					班长评分					主管评分					总分
评检项目 / 评分标准	A	B	C	D	E	A	B	C	D	E	A	B	C	D	E	A	B	C	D	E	A	B	C	D	E	A	B	C	D	E	
	20	18	16	14	12	20	18	16	14	12	20	18	16	14	12	20	18	16	14	12	10	8	6	4	2	10	8	6	4	2	
中控室																															
地下停车场																															
×××楼																															
×××楼																															
地面1号停车场																															
地面2号停车场																															
巡逻岗																															
班长																															

检查人：_____　审核人：_____

177

5. 保安工作月检表(表 14-5)

保安工作月检表　　　　　　　　　　　　　　　　　　　表 14-5

部门：　　　　　　　　　　　　　　　　　　　　　　　　　年　月　日

岗　位　姓　名	检　查　内　容						总　分
	着　装	礼　仪	岗位执行	内容卫生	班长评分	主管评分	
中 控 室							
地 下 停车场							
×××塔 楼							
×××楼							
地面1号 停 车 场							
地面2号 停 车 场							
巡 逻 岗							
班　长							

备注：1. 每项检查内容的检查结果共分为五等"A、B、C、D、E"。其中 A 为"91～100 分"；B 为"81～90 分"；C 为"71～80 分"；D 为"61～70 分"；E 为"60 分以下"。

　　　2. 每项检查内容的评分结果为本月"保安工作周检表"汇总而得出。

6. 来访登记表(表 14-6)

来 访 登 记 表　　　　　　　　　　　　　　　　　　　表 14-6

单位：

日　期	来访人姓名	证件名称、号码	来访时间	被访人楼层、房号	离开时间	值班员	备　注

178

7. 治安案件登记表（表14-7）

单位：   年   月   日   编号：

报告人	姓　名		性　别		年　龄		工作单位		
	住　址						报案时间	报案方式	
发 案 时 间					发案地点				
被告人或嫌疑人	姓　名		性　别		年　龄		单位或住址		
	特　征								
简要案情：									
受害情况、损失物品数量等									
处理情况									
备　注									

记录人：

第二节　物业管理消防工作统计

一、消防工作的意义

消防工作在物业管理中占有头等重要的地位，其目的是预防物业发生火灾，最大限度地减少火灾损失，为业主（使用人）的工作、生活提供安全保障。因为物业工作中最常见的意外事故是火灾，它将给社会和人民带来财产损失和生命损失。物业管理公司必须把消防工作纳入到日常工作中来，把消防安全纳入到经营管理之中，贯彻"预防为主，防消结合"的方针，按照《中华人民共和国消防条例》、《高层建筑消防管理规则》建立安全责任制，认真做好物业管理消防工作统计，对消防工作进行全面的监督、检查，确保物业安全使用。

消防包含"消"和"防"两个方面，即"灭火"和"防火"。灭火是在起火后采取有效措施进行补救，防火是把工作做到前头防患于未然。人们通常比较注重灭火而忽视防火。日常的防火工作比较薄弱，这也是造成火灾较频繁的根本原因。1984年5月颁布的《中华人民共和国消防条例》明确指出，我国的消防工作的方针是"预防为主，防消结合"。要把预防火灾放在首位，要采取一切措施（包括行政的、技术的和组织的）防止火灾发生。

二、消防工作统计的内容

（一）各类场所及人员的消防工作统计

1. 住宅（大厦）装修消防工作统计内容

（1）装修人必须事先写出装修申请，列出装修计划，连同装修图纸上报管理处审批，在确保大厦消防设施和电气管网不受损坏的前提下方可施工。

（2）装修面积在 50m² 以下，由物业管理处负责审批；超过 50m² 的，应经消防机关审批，经批准后方可施工。

（3）装修应采用不燃或难燃材料，使用易燃材料的，必须经消防机关批准，按规定进行防火处理。

（4）施工过程中严禁动用明火，确需动用明火时，必须事先向主管部门办理审批手续，并采取严密的消防措施，切实保证安全。

（5）施工结束后要经管理处验收，不符合标准的要返工直至合格。

2．服务场所（酒楼、歌舞厅）消防工作统计内容

住宅小区（大厦）的服务设施，如酒楼、歌舞厅、俱乐部、游乐场所的消防管理尤为重要。除了强化消防责任制外，还要定期进行消防检查，尤其是以下几个方面必须按消防法规执行：

（1）安全出口处是否设置明显的标志加装自动开启应急灯，疏散通道必须保持畅通，严禁堆放任何物品。

（2）安装、使用电器设备必须符合防火规定，临时安装、使用电气设备，必须按有关规定采取相应措施保证安全。

（3）严格控制明火，确实需要使用时，必须采取安全预防措施；严禁使用鞭炮、烟火。

（4）各服务场所每天的值班经理为当天的消防值班负责人，节假日领导要坚守岗位和排班值班，加强消防管理，确保安全。

3．特种行业工作人员的消防工作统计内容

物业管理处和辖区内的酒楼、歌舞厅、公司所聘用的电工、电焊工、油漆工以及从事操作和保管化学物品的人员均为特种行业的工作人员。这些人员的工作与消防工作有着密切的关系，应从以下方面加强管理：

（1）必须有国家劳动部门颁发的操作证才可上岗工作。同时，必须参加每两年一次的技术考核和年审并达到合格才能继续工作。

（2）管理处或物业辖区内各单位电工有权对消防设施和各公共通道、各房屋进行电线、线路隐患和消防防火的检查。

（3）焊工明火作业要向管理处报告，经批准并采取防范措施后方可施工，严禁无操作证的人员进行电焊作业。

（二）制定消防管理人员的岗位职责，并对其执行情况进行统计

1．消防员职责（物业管理公司专职消防班）

（1）认真学习有关消防知识，掌握各种器材操作技术及使用方法。

（2）值班人员要忠于职守，工作严肃认真。

（3）管好消防监视中心的各种设备、设施，保证监视中心正常工作。

（4）做好小区（大厦）消防器材、设备检查，保证设备处于完好状况，一旦发生火警即可投入使用。

（5）定期检查各楼电器、电线、煤气管道等有无霉坏、锈坏、氧化等情况，防止短路或爆炸引起火灾。

（6）制止任何违反消防安全的行为。

（7）积极开展防火安全宣传教育，定期向业主（使用人）传授消防知识。

2. 义务消防员职责

（1）物业管理公司全体员工都是义务消防员，必须履行消防员职责。

（2）积极做好防火、防范宣传教育活动，深入辖区内住户、酒楼、商场、歌舞厅、公共娱乐场所开展安全检查，做到及时发现，及时整改，防患未然。

（3）所管辖区一旦出现火情，公司全体员工无论是否当班，都必须投入现场抢救工作，不得借故逃避。

（4）发生火灾事故，必须采取下列应急措施：

1）报告有关部门和消防队，火警电话：119；

2）组织人员抢救险情，并注意查找起火原因，采取适当措施，力争尽快把火扑灭；

3）组织群众撤离危险地区，做好妥善安排；

4）做好现场安全保卫工作，严防坏人趁火打劫和搞破坏活动；

5）协助有关部门做好善后工作，包括查明原因，调查损失情况和安置工作。

（三）制定消防管理规章制度及消防值班制度，并对其执行情况进行统计

1. 消防管理规章制度

（1）坚持"预防为主，防治结合"的消防工作方针，始终把预防火灾放在首位。

（2）增强防火意识，组织全体业主(使用人)定期学习消防知识。

（3）发动全体住户，坚决贯彻各项防火行政措施、技术措施和组织措施，从根本上防止火灾发生。

（4）按照《中华人民共和国消防条例》和公安部颁布实施的《高层建筑消防管理规则》，认真做好"三落实"：

1）责任落实。按照项目管理方法把消防责任层层落实到基层、部门，落实到每个人，定人员、定时间、定措施。

2）器材落实。坚持做到每幢住宅楼宇的消防器材齐全，随时均可使用。

3）检查落实。定期组织大检查，每月管理处进行普查，每周科室进行自查，平时设置专人重点抽查，做到发现隐患立即消除。

4）普及消防知识，做到应知应会。定期举办培训班，组织专业消防人员学习消防基本知识，掌握灭火的各项技能。

5）落实消防责任制。每年年初由物业管理处主任招集物业辖区内的单位和住户签订《防火责任书》，确定消防联络员名单，并订立职责，以便层层明确责任，建立全方位的监督体系。

2. 消防值班制度

为加强物业的消防管理，物业管理公司应成立专职消防班，消防班的主要任务是进行消防值班。具体工作有：

（1）负责消防监控中心的日常值班。消防监控中心接受火灾报警、发出火灾信号和安全疏散指令、控制消防水泵、固定灭火、通风、空气调节系统等设施。中心应实行24小时值班，要对整个住宅小区(大厦)进行消防监视，值班人员要忠于职守，工作认真负责，并做好值班记录。

（2）定期巡视、试验、大修、更新消防器材和设备，并负责保养和管理好消防器材、设备，使所有设施处于完好状态。

（3）普及防火知识，落实防火岗位责任制。广泛开展防火宣传，动员和组织区内群众接受教育，增强防火意识。宣传方式可灵活多样，生动活泼，可以发通告、贴广告、出墙报、观看消防自救演习、采用闭路电视等。大力宣传在消防工作中涌现出来的好人好事，群众积极参与群防群治的典型事例，表彰先进；同时揭露批评违章违法行为，进行正确的引导，培养健全的消防意识。

（4）定期进行消防安全检查。进行消防安全检查是预防火灾的一项基本措施，必须做到：

1）专职消防人员必须每天巡视住宅小区（大厦）的每个角落，及时发现并消除火灾隐患；

2）定期对防火责任制、防火岗位责任制执行情况进行检查，通常每月1次。半年进行汇报交流1次，每年进行1次评比；

3）定期对业主（使用人）住处进行防火、防盗的管理检查，阻止私自乱拉乱接电源及违反安全用电、用气的错误行为。

三、消防设施、器材的统计

（一）消防设施、器材的分类统计

消防设施、器材是灭火工作的物质基础，它包括以下几类：

1. 灭火器

灭火器是一种使用方便，操作简单的灭火器材。火灾初起时，完全有可能用灭火器控制火势，因此辖区内的各幢楼宇内外都要安放一些。根据国家规定灭火器的配置一般在重点要害或显著部位。常用灭火器主要有两种：泡沫灭火器和干粉灭火器，可根据其情况应用。值得注意的是这些灭火器里的药物有一定时效性，应根据规定定期更换，防止真正出现火情时，某些灭火器失灵而不能发挥作用。

2. 消火栓

高层楼宇和商贸楼宇在设计建造时一般都在关键部位设置消火栓和水龙带、水枪，遇有险情及时采用扑灭火灾。

3. 自动喷水灭火系统

自动喷水灭火系统是按照适当间距和高度装置一定数量喷头的供水灭火系统，它主要由喷头、阀门报警控制装置和管道附件等组成，具有安全可靠、控制灭火成功率高、结构简单、维修养护方便、使用时间长、灭火成本低等特点，许多高档公寓、别墅、酒店都安装此种灭火装置。

4. 火灾自动报警系统

火灾自动报警系统是用于探测初期火灾并发出警报，以便采取相应措施，如疏散人员呼叫消防队，启动灭火系统，操作防火门、防烟排烟机等系统。自动报警系统有三种基本形式：

（1）区域报警系统：

由火灾探测器、手动火灾报警按钮及区域火灾报警控制器组成，适用于小范围的保护。

（2）集中报警系统：

由火灾控制器、手动火灾报警按钮、区域火灾报警控制器和集中火灾报警控制器组成，适用于管辖范围内多个区域的保护。

（3）控制中心报警系统。

（二）消防器材的保养统计

消防器材最大的特点是平时不使用，只有在发生火灾时才使用，必须确保其随时处于完好状态，随时可以启用，因此物业管理公司必须强化对消防器材的保养统计。物业管理公司对消防器材的日常管理最终要落实到人，也就是首先要确定专人负责，只有通过专人的定期保养及统计，才能保证各类消防器材处于完好状态。

四、消防工作统计报表

1. 消防设施、器材登记表（表 14-8）

消防设施、器材登记表　　　　表 14-8

名　称	规格型号	单　位	数　量	放置地点	备　注

填表人：

2. 消防隐患整改通知表（表 14-9）

消防隐患整改通知表　　　　表 14-9

被检部门		负责人	
检查日期			
参检人员			

存在问题

落实整改负责人：　　　　　　　　　　　　检查负责人：

　　年　月　日　　　　　　　　　　　　　　　　年　月　日

复查意见：

复查人：　　　　　　　　　　　　　　　　　　　　年　月　日

3. 消防隐患整改反馈表（表 14-10）

消防隐患整改反馈表　　　　表 14-10

备检部门		负责人		
存在问题次数		整改负责人		完成时间

整改结果：

其他需要说明的问题：

整改负责人：　　　　　　　年　月　日

4. 消防安全专项检查表（表14-11）

消防安全专项检查表 表 14-11

被 检 部 门		检 查 部 位	
参 加 检 查 人		检 查 时 间	

序 号	检 查 项 目	检 查 记 录
1	消防责任制	
2	消防操作规程	
3	消防工作检查记录	
4	明火作业	
5	消防设施管理情况	
6	其他	
检查出主要问题		检查人： 年 月 日
整改要求		检查人： 年 月 日
整改复查		检查人： 年 月 日

5. 消防设备月保养记录表（表14-12）

消防设备月保养记录表 表 14-12

单位名称： 年 月

设备名称	保 养 项 目	保养情况及处理	维修保养单位(人)	日期	确认	审核人
烟 感 探测器	探头倾斜不大于45°					
	探测器与底座接触					
	按5％比例喷烟验证报警					
温 感 探测器	探测器与底座接触					
	安装牢固					
	按 10％比例加温、验证、报警					
手动报警按钮	安装牢固					
	破损修补或替换					
	报警验证(任选两处)					
火 灾 报警控制器	自检、消声、复位					
	主电源与备用电源切换					
	报警					
	各接线端子坚固					
	箱内干净、无灰尘杂物					

设备名称	保养项目	保养情况及处理	维修保养单位（人）	日期	确认	审核人
联动控制柜	自检、消声、复位					
	主电与备电切换					
	各接线端子坚固					
	箱内干净、无灰尘杂物					
疏散出口指示灯	安装牢固					
	灯箱抹灰除尘					
	电源指示灯正常					
1211灭火器	压力表计在绿色区					
	喷筒是否畅通					
	零部件是否完整					
	可见部防腐层是否完好					
	铅封是否完好					
	有检验标志					
消火栓	玻璃有无损坏					
	栓门封条是否完好					
	栓门关闭是否良好					
	按10％比例测试报警按钮					

6. 消防设备年保养记录表（表14-13）

消防设备年保养记录表　　　　　　　　　　　　　表 14-13

单位名称：　　　　　　　　　　　　　　　　　　　　　　年　　月

设备名称	保养项目	保养情况及处理	维修保养单位（人）	日期	确认	审核人
火灾报警控制器	逐个检测烟感、温感信号点报警的正确性					
	主电源、备用电源及互切换检查					
	自检、消声、复位功能检查					
	全面紧固柜内所有接线端子					
	柜内及电子板备电器元件表面灰尘清理					
	同报警器联合检查各点报警的正确性					
联动控制柜	按钮、信号灯全面检查					
	全面紧固柜内接线端子					
	全面检查擦抹各元件动接点					
	逐部分逐台联动操作，达到工作正确					
	柜体文字清晰、明亮					
疏散出口指示灯	每3个月进行一次备用电池亮灯					
	交流试验指示灯正常					
	直流试验指示灯正常					
1211灭火器	逐个检查铅封及手柄，达到紧固良好，但不长阻					
	抹灰除尘，贴上检验标志，每半年检查一次喷嘴、铅封等					

设备名称	保 养 项 目	保养情况及处理	维修保养单位（人）	日 期	确 认	审核人
消火栓	全面翻叠检查水龙带，有霉点，取出晒干					
	检查水枪、水带接头连接是否牢固					
	检查接头垫圈是否完好无缺，调杆上油					
	检查支架、掉漆部位重新补刷油漆					
	栓内清扫干净、部件存放整齐，贴上封条					

第三节　物业管理环保工作统计

物业的环境不仅影响着物业的档次，也影响着人们对物业的选择，影响着人们的生存质量。物业环境的优劣是靠人来感受的。人对物业环境的感受主要来自于视觉，其次还有听觉和嗅觉。比如一个小区或是写字楼，其环境是满目葱郁，鲜花如锦，清洁整齐，还是垃圾遍地，光线昏暗或被附近其他建筑物强烈的"光污染"着，这是任何人都能感受到的，并由此得出完全不同的评价。此外，小区或是大厦是阵阵鸟语，或"飘"过来若有若无的轻音乐，还是施工不绝、噪声刺耳；是花香扑鼻、沁人心脾，还是阵阵恶臭呛得人喘不过气来。这些不同的状态都会影响人们生活和工作的情绪，也影响物业的环境及物业的质量。

一、物业环保管理统计内容

（一）建立环保管理统计机构

物业管理公司应设置专门的环保机构，具体负责物业区域内的环境管理工作，其职责主要包括：

（1）拟定物业区域内环境保护的标准和规范。

（2）组织环境监测，掌握所管物业区域的环境状况和发展趋势。

（3）会同有关部门组织所管物业区域的环境科学研究。

（4）负责具体的环保工作，如环境的净化、美化、绿化等等。

（二）治理环境污染

环境污染主要有以下几种情况：

1. 空气污染

空气污染物种类繁多，排放量大、污染范围广，危害严重的有几十种，可分为化学性物质、放射性物质和生物性物质。

2. 水体污染

水是重要环境因素之一，是人体的重要组成成分，成年人体内含水量约占体重的65％，每日每人生理需水量约 $2\sim3L$。人体的一切生理活动，如体温调节、营养输送、废物排泄等都需要水来完成。工业废水等含有大量有毒有害污染物，进入水体后形成水体污染。

3. 噪声污染

生活和工作环境中所产生的不需要的，使人厌烦的声音都称为噪声污染。噪声来源为交通噪声、生产噪声、社会生活噪声等。噪声强度可用声级表示，单位为分贝（dB）。其大小随声源的特点、数量、分布和防护情况及时间和地点而异。在居住环境中，夜晚安静的声级为30dB，白天车辆频繁往来为80dB，有些地方如工厂、建筑工地、机场附近等噪声的声级可达90~130dB。噪声声级为30~40dB是比较安静的正常环境，超过50dB会影响睡眠和休息，70dB以上干扰谈话，造成心烦意乱，精神不集中，影响工作效率，甚至发生事故，长期生活在90dB以上的噪声环境中，会严重影响听力和导致其他疾病的发生。

此外，还有固体废弃物污染、电磁波污染等污染类型，对环境的影响也比较严重。

在存在环境污染的情况下，必须对环境污染进行治理，其内容主要包括：

1. 空气污染的防治

空气污染防治的目的是消除或减轻物业区域内的各种有害气体、机动车和助动车排放的尾气以及尘土等，其途径为：

（1）教育住户和生产单位改变能源结构。

（2）硬化地面，空气中的扬尘除基建带来的之外，还有一部分是因为物业区域地面尘土多遇风引起的。硬化地面，减少尘土裸露地面，以减少扬尘的可能。

（3）加强绿化。树木、绿草有净化、解毒能力，也有挡风吸尘的能力。它们能净化空气，能遮挡灰尘。因此绿化是防治空气污染的积极途径。

（4）限制车辆驶入。限制机动车辆驶入物业区域，不但能减小噪声，还能减少物业区域内尾气的排放量，减少机动车尾气对物业区域空气的污染。

（5）在住宅区内，助动车尽量采用脚踏或推行，以防治助动车尾气对物业区域空气的污染。

2. 水体污染的防治

（1）对于饮用水，要确保达到饮用标准，要按照规定进行消毒。

（2）发现工业废水的排放影响到饮用水时，要及时切断工业废水来源，并加以处理。

（3）同时要教育居民不要把固体废弃物扔进水里，防止污染水体。

（4）对已经污染的水体，要警告人们不要再饮用，对饮用者要进行观察救治。

（5）对饮用了污染水体引起的细菌性肠道传染病，要尽快控制发病面积，封锁水源。

（6）对经鉴定认为含有致癌作用化学物质的水体，不要再食用。

（7）对发臭、异味、异色、呈现泡沫状的水体，也尽量不要再饮用。

（8）在物业区域的沟渠、池塘里饲养水草，种植荷花等，既能增强水体自我净化能力，又能美化环境。

3. 噪声的控制和治理

适当控制噪声源，合理规划城市的工厂、街道和居住小区的布局，增设有效的噪声防护设施，制定降低噪声的交通管理制度，可以防止城市环境噪声的危害。为保护听力，噪声要控制在75~90dB；为保证工作和学习，噪声要控制在55~70dB；为保证休息和睡眠，噪声要控制在35~50dB。噪声污染可以通过规划设计单位的设计得到减轻或控制，对于物业管理公司来说，防治噪声污染的办法是：

（1）加强精神文明教育，制定必要管理办法。对生活噪声来讲，加强精神文明教育，让人们懂得尊重别人。这是尽量减少生活噪声的一个积极办法。同时，还应制定必要的管理办法，作为防治生活噪声的辅助措施。

（2）绿化。植物不但可以净化空气、调节温湿度、保持水土、防风固沙，而且可以消声防噪。

（3）限制车辆进入物业区域。除在数量上限制车辆进入外，还可限制车速，物业区域主道路应采取曲线型，使车辆进入物业区域后不得不降低速度，以减少噪声，同时要禁止车辆在物业区域内鸣笛。

（三）加强市政公用设施管理

为物业区生活、办公服务的市政公共设施是该物业的一个重要组成部分，一旦它遭到破坏或损坏，便会影响人们正常的生活和社会经济活动，因此，加强市政公用设施的管理也应是物业管理公司的一项重要工作。在管理过程中，物业管理公司要根据法律和合同规定，采取法律、经济、科学技术等各种措施，保证市政公共设施的完好，保障物业区内生活、学习和工作的顺利进行。

（四）建设各类环境小区

物业管理公司要搞好环境小区的建设。首先，要搞好园灯或路灯、座椅、桌、电话亭、垃圾筒、标志牌、休息亭廊、儿童游戏设施、地面铺装等的建设，完善物业区的生活职能。其次，要搞好花坛、水池、花架、人工瀑布、人工喷泉、雕塑、假山、叠石等装饰性建设，美化环境。最后，要搞好分隔空间的建设，要有入口标志、围墙、路障、台阶、栏杆、挡土墙等。物业管理公司应用少量的投资和简易可行的材料，力求小区的新颖实用，达到美化环境的效果。环境小区的种类、造型、质地、规格可根据实际需要而设计，不可强求应有尽有、样样俱全。对住宅区来说，小区的设计应从使用功能出发，在整体环境的统一要求下，与建筑群体和绿化种植密切配合；对写字楼和公共商业楼宇来说，小区的设计应从装饰性出发，美化环境，烘托氛围。

（五）认真清理物业区的违章搭建

违章搭建是未经规划审批建造房屋或其他建筑物或构建物。违章搭建对整个物业区的和谐环境具有明显的破坏作用，它既有碍观瞻，又可能影响其他人的通行、休闲，还可能带来交通不安全的问题。因此，物业管理公司一定要根据国家和地方的相关法律、规定和政策，认真做好物业区内违章搭建的清理工作。

（六）加强教育与引导，营造良好的人文环境

环境教育是环境保护不可缺少的手段。物业管理公司应当教育和引导业主和居民营造良好的人文环境，使大家和睦共处、互帮互助，给人温馨文明、融洽和谐、轻松有序的感觉。这方面的工作主要由物业管理公司公共关系部负责。另外，物业管理公司还要利用期刊、书报、广播、电影、电视、报告会、展览会、专题讲座等多种形式，向公众传播环境科学知识，宣传环境保护的意义以及国家有关环境保护和防护污染的方针、政策、法令等等。

二、物业环保统计表

物业环境消杀记录表（表14-14）。

班次：　　　　　　　　　　　　　　　　　　　　　　　　　　　年　月　日

时　间		消杀单位	（　　）消杀中心				备注
		消杀地点	合　格	不合格	消杀人签名	监督人签名	
月份	号 点│点	花园草地					
		转换层					
		大台					
		污水井内					
		化粪池井内					
		其他					
	号 点│点	地下室部分					
		花园草地					
		转换层					
		大台					
		污水井内					
		化粪池井内					
		其他					

第四节　物业管理卫生工作统计

一、物业的环境卫生工作统计的意义

物业的环境卫生体现着物业所管辖区域内的管理水平，对物业设备和物业的使用寿命具有重要的影响。物业管理公司为了给业主或使用人创造卫生、健康、舒适、优美的工作、学习和生活环境，必须加强物业区域内的清洁保障工作。物业环境卫生需要通过规范化的保洁服务来管理，做到"扫"与"防"相结合，纠正不良卫生习惯。做好环境卫生统计工作，对搞好物业环境管理统计具有重要的意义。

物业环境卫生工作是指物业管理公司对物业区域内进行定时、定点、定人的日常清扫，对垃圾进行收集和清运，并依照物业管理规定对业主和使用人进行宣传教育、管理和监督，通过扫、擦、拭、除、洗等常规性服务，保障物业区域内的清洁卫生，以提高环境效益和物业区的吸引力。

物业的环境卫生工作统计是指物业管理企业或专业清洁公司运用科学的统计方法，对物业辖区内的道路、空地、绿地等所有公共区域的卫生管理工作和楼宇上下空间的公共部位包括电梯、扶梯、裙房、大厅、天台等物业辖区范围内日常生活垃圾的搜集、清运工作的统计。这是狭义的理解。在现代物业管理的新概念下，环境卫生管理工作统计还包括对空气、水资源、噪声等状况的检查、控制、监督的统计，进而为住（用）户创造一个良好的工作、生活生存的空间。

二、物业环境卫生工作统计的范围

物业环境卫生管理工作统计的范围，一般包括以下几个方面：

（1）室外卫生管理工作统计：

包括物业区域内的道路、空地、绿化带等所有公共环境的清扫、保洁工作统计。

（2）楼内保洁与消毒统计：

包括物业区域楼宇内上下空间的屋面、楼梯走道、电梯及大堂、裙房天台等公共部位的清扫保洁统计。

（3）垃圾的分类收集和清运统计：

包括物业区域内日常生活垃圾要按照环保的要求收集、归类、袋装和清运。并做到专人负责、日产日清、定时收集、分类处理等统计工作，保持环境清洁。

（4）在现实生活中，保洁卫生管理工作统计的好坏，与生态环境保护和治理密切相关。

环境卫生管理工作统计，还包括诸如废电池、餐厅酒楼的排放的废物、废气等危害人们身体健康及生活环境的有毒、有害物质的防治统计。

三、环境卫生管理统计制度建设

科学的管理制度是卫生工作得以顺利进行的保证，物业管理公司要认真做好环境卫生工作统计管理制度的制定，比如明确清洁设备领用制度、清洁设备操作规定标准、计划安排、定期检查等。

1. 设备领用统计规定

（1）领用、归还清洁设备要登记，设备出现问题便于查找原因，追查责任。

（2）见（拿）到要领用的设备，领用人必须认真检查设备性能是否完好，各种配件是否齐全，如发现设备失灵或配件丢失，退还该设备或及时声明。因检查不细，造成设备出库而影响工作的，由领用人负责。

（3）使用设备时应检查操纵电缆是否安全、防止漏电，以防操纵时出现人为伤亡事故；如果发生故障，不得继续操作，避免造成更大的损失，违者罚款。必须按照操作规程进行工作，如果是因为设备使用不当而造成机具、附件损坏，责任人要按规定赔偿，并根据情节的严重程度给予必要的处分。

（4）操作完毕以后，应把清洁设备清扫干净，归还设备时，必须保证设备完好无污损，如果有损坏要及时报修，同时在领用簿上注明损坏情况。

（5）对不符合上述规定的，保管人有权拒收，由此造成的影响，由领用人负责。

2. 清洁设备操作规定

（1）操作人员在使用设备前，要先熟悉设备的机理、构成、性能、特点、耗电量等情况。

（2）操作前要先检查设备是否处于完好、安全状态，并清理好作业场地，以便于顺利工作。

（3）各种机器、设备均需按照使用说明正确操作，合理保养。

（4）设备使用完毕后，按要求做好清洗、保管工作。

3. 清洁工安全操作规程

（1）牢固树立"安全第一"的思想，工作中要精力集中，确保安全操作。

（2）操作人员如果不会使用清洁机器，不得私自开动机器，以免发生意外事故。

（3）操作人员在使用机器、设备时，不得用湿手接触电源插座，以免触电。

（4）操作人员应严格遵守防火制度，不得动用明火，以免发生火灾。

（5）操作人员在超过 2m 高处操作时，必须双脚踏在凳子上或梯子上，不得用单脚支撑，以免摔伤。

（6）操作人员不得私自拔动任何机器、设备及开关，以免发生事故。

（7）在操作与安全发生矛盾时，应先服从安全需要，以安全为第一考虑因素。

（8）室外人员在推垃圾箱时，也要小心操作，以免压伤手脚或妨碍交通。

4. 清扫保洁工作统计实施要求

清扫保洁工作，应制定出每日、每周、每月、每季的工作计划，以便实施和检查。

（1）每日清洁工作：

1）辖区内道路（含人行道）清扫两次，整日保洁。

2）辖区内绿化带，如草地、花木树丛、建筑小品等清扫一次。

3）电梯轿厢地板拖洗两次，圈身板清抹一次。

4）各层楼梯及走廊清扫一次，扶手清抹一次。

5）收集各住户生活垃圾及垃圾桶内垃圾，并负责送至垃圾收集站。

6）每日做好清洁用具、用品、用剂的使用及回收工作。

（2）每周清洁工作：

1）每周拖洗各层的公共走廊一次。高层楼宇可一天拖数层，一周保证清洗一遍。

2）业主信箱清拭一次。

3）天台、天井清扫一次。

（3）每月清洁工作：

1）顶棚尘灰和蜘蛛网清除一次。

2）各层走廊公用玻璃窗擦拭一次。每天擦数层，一月内各层玻璃窗擦拭一遍。

3）公共走廊及住宅内路灯罩清擦一次。

四、卫生工作统计报表

1. 小区清洁设备、设施清单（表 14-15）

2. 小区消杀服务质量检验表（表 14-16）

3. 小区室内清洁日检表（表 14-17）

4. 大厦消杀服务过程记录表（表 14-18）

5. 大厦消杀服务质量检验表（表 14-19）

6. 大厦清洁每日工作检查表（表 14-20）

7. 大厦清洁每周工作检查表（表 14-21）

8. 大厦清洁每月工作检查表（表 14-22）

小区清洁设备、设施清单   **表 14-15**

单位名称：

占地面积：　　　建筑面积：　　　住户数：

项　目	单　位	数　量	备　注

小区消杀服务质量检验表

表 14-16

单位：   年   月   日

检查项目＼检查地点	灭 蚊	灭 蝇	灭 鼠	灭 蟑 螂	不合格处理结果
垃圾池					
垃圾中转站					
污、雨水井					
化粪池					
沙井					
绿地					
楼道					
自行车库					
天台、雨篷					
食堂、宿舍					
游泳场					
停车场					
设备房					
商业网点					

说明：1. 清洁班长每月对照《清洁工作检验标准》中消杀的检验标准进行检查并填写此表；
       2. 合格打"√"，不合格记录其原因。

小区室内清洁日检表

表 14-17

单位：   年   月   日

日期	检查记录＼检查项目＼受检人	1. 消防管 6. 信报箱 11. 天台 16. 扶手 2. 宣传板 7. 走廊 12. 雨篷 17. 自行车房 3. 电表箱 8. 墙面 13. 楼道梯级 4. 电子门 9. 窗户 14. 楼道 5. 消火栓 10. 开关 15. 楼道灯具	不合格次数	处理结果

检查人

说明：对照《清洁工作检验标准》，由班长检查记录，合格在记录栏内打"√"，发现不合格时写出对应项目序号
       及不合格原因，轻微不合格由班长处理，发生严重不合格时，由班长及时报告管理处主任处理。

大厦消杀服务过程记录表

表 14-18

单位：   年   月   日

记录＼项目＼地点	灭 蚊 蝇		灭 鼠			消杀人	监督人	备 注
	喷 药	投 药	放 药	装 笼	堵 洞			
垃圾池								
垃圾中转站								

192

记录 / 项目 地点	灭蚊蝇		灭鼠			消杀人	监督人	备注
	喷药	投药	放药	装笼	堵洞			
污雨水井内								
化粪池内								
管道竖井								
沙井内								
绿地								
楼道								
自行车库								
天台、雨篷								
食堂、宿舍								
地下室								
设备房								
商业网点								
转换层								

说明：1. 对当天已做的项目及地点用"√"表示，未做的项目用"×"表示；
2. 清洁班长负责监督，填写此表，管理处保存一年。

大厦消杀服务质量检验表　　　　　　　　表 14-19

单位：　　　　　　　　　　　　　　　　　　　　年　月　日

检查地点 / 检查项目	灭蚊	灭蝇	灭鼠	灭蟑螂	不合格处理结果
垃圾池					
垃圾中转站					
污雨水井内					
化粪池内					
沙井内					
绿地					
楼道、管道竖井					
天台、雨篷					
地下室、设备房					
转换层					
停车库					
商业网点					

说　明	1. 每月对照《清洁工作检验标准》中消杀的检验标准进行检查。 2. 合格打"√"，不合格记录其原因。

检查人：

大厦清洁每日工作检查表　　　　　　　　表 14-20

单位：　　　　　　　　　　　　　　　　　　　　　年　　月　　日

检查记录　　检查项目 受检人	1. 地(路)面　　7. 消火栓 2. 墙面、门　　8. 标牌 3. 卫生间　　　9. 雕塑 4. 大堂　　　　10. 沙井 5. 电梯　　　　11. 垃圾箱(池、站) 6. 楼梯	检查时间	检查结果	处理结果

说明：记录栏内填写不合格项序号及其位置

检查人：

大厦清洁每周工作检查表　　　　　　　　表 14-21

单位：　　　　　　　　　　　　　　　　　　　　　年　　月　　日

检查记录　　检查项目 受检人	1. 洗洁精擦果皮箱　　7. 拖走道 2. 洗洁精刷垃圾屋及地面 3. 大理石地面抛光 4. 地毯吸尘 5. 进出口雨篷清理 6. 擦洗楼内公共门、玻璃门、消火栓、楼梯扶手、栏杆、 灯开关	检查时间	检查结果	处理结果

说明：记录栏内填写不合格项序号及其位置

检查人：

大厦清洁每月工作检查表　　　　　　　　表 14-22

单位：　　　　　　　　　　　　　　　　　　　　　年　　月　　日

检查记录　　检查项目 受检人	1. 地面冲刷；2. 乳胶漆墙面扫尘； 3. 瓷片、喷涂墙面擦洗；4. 大理石地面打蜡(2月)； 5. 顶棚扫尘；6. 窗玻璃清刮； 7. 灯具、风口清抹；8. 车库墙面、管线冲刷(2月)； 9. 地下室标牌、消火栓、公用门擦拭； 10. 洗地毯(3月)；11. 雨污水管井	检查时间	检查结果	处理结果

说明：记录栏内填写不合格项序号及其位置

检查人：

复 习 思 考 题

1. 简述物业管理治安统计的意义和特点。
2. 简述消防设施和器材的种类。
3. 简述物业环保管理统计内容。
4. 物业环境卫生工作统计范围有哪些？
5. 卫生工作统计报表主要有哪些？

第十五章　计算机在物业管理统计中的应用

第一节　计算机在物业管理统计中应用的意义

一、计算机在物业管理统计中应用的意义

随着我国城镇房地产业的迅猛发展以及居民对居住质量要求的不断提高，房地产业大量使用新技术、新设备和新方法，促使物业管理统计必须摆脱过去那种单纯依靠手工进行统计管理的思想方法和手段，及时引进成熟的科学统计技术参与到物业管理统计工作实践中，提高物业管理统计的效率和物业管理统计的质量，使物业管理走上专业化、正规化、现代化的管理之路。

1. 物业管理统计计算机化的重要性

（1）物业管理统计计算机化有利于物业管理统计部门进行有效地专业管理。

物业管理承担着设备保养与维修、保安、消防清洁、美化环境、楼宇验收与交接、房屋与维修、质量综合评测、住户各项费用的收缴等大大小小的繁琐事务。如果仍然单纯应用过去的手工方式进行统计管理，不但将耗费很大的人力、物力和时间，而且错误率高，很难达到规范化管理的效果。以全国优秀住宅小区评比为例，准备资料恐怕是各参评小区一项非常繁重的工作，从小区的设计图到各幢楼宇的管理图、竣工图；从每个住户的费用收缴情况到小区经营统计数字；从每天的治安值班记录到每块绿化地的植被等等，每一个小区都存有几十大本资料，但检查下来仍有缺失。即使按类整理得较好，查询、统计花费的时间也相当多，尤其查询十分不便。若使用计算机效果就不同了。几个软盘就能装入所要存的材料，统计、查询上机几秒钟就解决了问题。甚至可以通过多媒体计算机，观看整个小区生动的实景全貌。因此，要改善我国物业管理这方面的落后状况，把事务繁杂、资料众多的统计工作，系统、规范地管理起来，就必须使用计算机进行统计管理。

（2）物业管理统计计算机化有利于加强物业管理统计部门与外界信息联系、交流、协作并参与竞争。

物业管理作为房地产设计、开发、服务三大环节中的最后一环，也是延时最长、与社会各方面接触最多的。它除了内部本系统内需要相互协作、交流经验、汇报工作、参与竞争外，还要与设计单位、发展商、市政工程部门、银行、工商、公安、消防、供水供电、供气、园林等诸多单位打交道，经常要传递信息、划拨账目、收发文件、互通信息、共同协作。而使用传统的统计方法，要通过消耗大量的人、财、物力来完成，显然已经赶不上时代的要求。进入信息化时代，统计信息传递走向高速公路，要求作为从起点阶段逐渐走向成熟的物业管理要高起点、高效率，直接去迎接新时代的各种挑战，用现代化的高科技、高技术、计算机技术和通讯技术，实现资源共享，协同作战。

（3）物业管理统计计算化有利于提高企业员工的素质和管理水平。

物业管理统计人员是物业经营管理活动中最活跃的因素，他们素质的提高直接影响物业管理的质量。我国物业管理初期出现的经验不足、服务意识差、住户投诉多、制定的统计制度执行不了等现象，其症结就在于物业管理统计人员素质普遍较低。利用计算机可以提高物业管理统计人员处理事务的效率，从而提高统计管理人员的素质。其表现在①辅助处理各项事物：如财务、档案管理、费用计算等。②减少工作量，提高工作效率：可利用数据库技术把诸如住户、房屋和各项费用等各种资料有机地结合起来进行统计管理，减少工作的重复性和错误概率。③提高统计管理的规范化程度：计算机是有步骤、按固定程序运行的，它势必要求统计管理人员要按规范进行操作，按其职责权限进行业务处理，计算机可以有效的阻止错误的统计数据的输入并在系统中给予提示，及时了解和调整工作的进程和安排，提高管理的效率。

2. 物业管理统计计算机化的可行性

（1）计算机日益强大的功能是物业管理统计计算机化的物质基础。

1）计算机的数据库技术已成熟到把物业管理统计中要用到所有数据，如各种管线图、住户照片、房屋结构建筑图等达到方便地输入输出的程度。

2）计算机的多媒体技术，使输出的物业管理统计信息更加生动，图文声并茂，逼真并且可以达到写真的程度。

3）计算机的网络技术应用相当普遍，查询、拷贝、统计不同地区的资料可以相当快捷方便地进行，而且分布于不同地区的用户在网上可以自由通讯、交流。

4）计算机统计的各类软件，使日常的文字编辑、图像处理、电子表格、动画制作、图形设计都成为十分轻松和愉快的事务。其令人惊叹的高效率和齐全的功能极大地改进了传统的统计工作方式。

因此，计算机统计以它强大的功能，可以毫无困难地处理物业管理过程中各类业务信息，并根据输入的信息，建立数学模型辅助统计管理人员作出相应的决策。

（2）计算机使用方便，价格便宜，应用的广泛和普及是物业管理统计计算机化成为可能。

计算机的硬、软件的发展，一改过去使用命令难于记忆和操作的方式，而使用统一的图形界面，甚至触摸的方式，使用户稍加培训，即达到可使用的水平。目前，在中国计算机也已开始进入家庭，连孩子都能自如地使用计算机。尤其重量轻、功能全、电池寿命长的便携式电脑已经在商务旅行中普遍使用。因此，计算机应用在物业管理统计中已不是一件神秘、毫无感觉的事情，而是发展的必然。

（3）管理工作现代化的思想已深入人心，并化为行动，在实践中大力推广，这是物业管理统计计算机化的思想基础和内在的动力。

管理现代化已是当前管理工作所遵循的宗旨，它的内涵包括管理思想、组织、方法、手段、人才的现代化。这五个方面相辅相成互相衔接成一个整体。其中管理方法和手段实现现代化的根本途径就是利用现代通讯技术、计算机技术和一些高科技技术，使企业生产经营的诸要素进行优化组合、合理配置，提高管理的整体功能，辅助管理决策的科学化和自动化，使企业内的人流、物流、资金流和信息流处于最佳运动状态，达到以最少的投入，最佳的转换，获得最大的产出。

（4）物业管理的规范化操作是物业管理统计实现计算机化的存在前提。

物业管理信息系统是在科学管理的基础上发展起来的。只有在合理的管理体制、完善的规章制度、稳定的经营秩序、科学管理方法和完整准确的原始数据的基础上，才能考虑物业管理统计信息系统的开发问题。

我国物业管理统计，在借鉴外国物业管理统计经验的基础上，经过几年来的探索实践已逐步走向了成熟，它表现在：

1) 管理统计工作程序化。各物业公司内部各职能部门都有较完善的工作流程，从其中能清楚了解各职能部门管理工作是如何一环扣一环地进行，这样既便于计算机处理，又能从中找出不合理的环节予以更正。

2) 管理统计业务标准化。物业管理公司把管理工作中重复出现的业务，按照现代化经营和管理的要求以及管理人员积累的经验，规定成标准的工作程序和工作方法，用制度将它固定下来，成为行动准则，并长期记录，不断改进，这为计算机处理提供了方便。

3) 各类文件、报表、单据统一化。由于现代化管理工作需要，物业管理公司统一使用报表格式，及各种文件、单据格式，避免各职能部门自行其事，报表泛滥，数据多次重复、遗漏和冗余。为计算机完整、统一、全面地输出提供了良好基础。

4) 数据资料的完善化和代码化。企业的数据资料反映全面、完整，并且在实际使用中采用了编码，这使计算机化更加方便可行。

3. 计算机能给物业管理统计带来的益处

(1) 有效地改善有关资料的存储方式。

物业管理中所涉及到的管线图、平面图、住户档案、绿地资料、照片、管理人员档案、每室每户的业务台账管理、养护维修基金管理、租金等各种收费单据管理、各种摊位、租赁合同管理等等资料，往往相当庞大、复杂，利用计算机进行管理，不但可以把资料存入一块小小的软盘或硬盘中，而且可以直接把各种各样的图纸、照片甚至配声等统统加入管理系统中，翻阅修改、复制各项资料非常方便、快捷。

(2) 输出资料快捷、方便、美观是人工所不能比拟的。

存储起来的信息，在使用时，用计算机来处理就既快又方便，格式可任选，美观大方。比如统计报表的取出，给计算机一定的指令，它可以自动生成报表并输出打印。选择特定的关键词，可以从不同角度进行统计并按统计结果绘制各种曲线图，从而直观大方地来表现物业管理中某指标变化状态。而小区、大厦等物业展示可以图文声并茂，真实生动清晰，使人仿佛身临其境。

(3) 分类记录日常发生的各项事务。

物业管理日常接触到的各种各类纷繁复杂的事务，手工处理起来既繁琐，又无规范。利用计算机，则可以将各项事务分门别类而又相互关联地存储起来，按时进行统计分析，甚至自动判断提示管理人员哪些资料不完善，还存在哪些工作需要做等等。计算机管理系统在这方面有其特长，它往往用表格的方式来管理日常发生的各项事务，而后自动以统一的格式显示或打印出来，并以图表方式显示统计结果，由于所有工作都是自动进行的，因而可显著地减少统计管理人员的重复性工作。

(4) 计算小区内发生的各项费用，实现财务电算化。

任何一个物业管理公司的财务管理都是非常繁琐的，各式各样的表格、凭证，不但要做到账目清晰，更要保证数据万无一失。采用计算机和相应的财务管理软件则可以使这种状况大为改观，计算机中不但可以记录各项费用，而且大大简化了统计、制表、检查、分析等工作。

（5）实现信息的共享与高速交换。

计算机发展势必将与通信行业合二为一，我国正在建设中的"三金工程"和"信息高速公路"将在不久的将来把我们推入网络社会，各个企业的运作将极大地依赖于网络，如支付款项、传递文件、查询资料、甚至作广告等等都是通过计算机在网络上进行。当计算机与"信息高速公路"连接上之后，借助基于光纤的通讯线路，顷刻间即完成与世界各地的信息传递交换。物业公司同住户和外界之间的交流也可以通过计算机完成，例如收发文件、划拨账目等；住户也可以用自己的计算机足不出户地查询管理处的房屋资料、交纳的各项费用、获取管理费用使用情况报告等。

（6）实现高质量的管理。

办公自动化包括无纸化作业，利用网络传递各类信息，使用计算机计算、存储、统计各项费用，用计算机监视、控制各项设备的运行等先进的办公方式，这一切活动都是以计算机为核心进行的，其中一系列合乎实际、使用方便的管理软件是其最得力的助手。目前计算机一方面以其设计面广而且功能强大的应用软件，如：电子表格、文字编排、图像制作等等，有效地改善着物业管理传统的处理事务的方式；另一方面，计算机的规范化操作又促使物业管理实践按规范执行，提高统计管理人员处理事务的效率和自身素质，从而提高管理质量。

（7）实现决策科学化。

物业管理统计信息系统可以综合存储在计算机中的各类信息，自动按规则进行统计、比较、绘制图形等工作，为领导决策提供材料和初步的依据。计算机数据和分析能力要比人的工作高效得多。虽然它远未达到智能化的地步，但对于一般不太复杂的事务可以根据编制好的程序，迅速计算，搜索结果，辅助进行决策。

总之，利用计算机进行物业管理统计是提高管理质量、改善企业形象、促进房屋销售的一条必由之路，每个物业管理统计人员都应当从企业的发展和提高企业竞争力这样的高度上充分认识这个问题。

二、物业管理统计系统的模型

目前一个比较理想的物业管理信息系统的模型：这个系统应该是建立在 Windows 环境下，利用可视化（visual）开发工具和数据库技术制作的。

（1）功能覆盖物业管理统计的所有环节，与其他软件相配合实现物业管理的办公自动化。包括：

1）存储各类资料和数据，如各类数字、表格、制图、录像、声音等；

2）记录每天发生的各项管理事务，如治安、保洁、投诉、房屋维修、设备保养及维护、工程施工等；

3）计算、记录统计各类费用，实现财务电算化。

（2）采用方便灵活的输入方法，并与多种设备有接口。

1）用户界面简洁，普通人稍加培训即可方便的使用；

2）具有检测程序保证输入系统的数据的安全与正确；

3）输入方法多样，如 IC 卡、信用卡、录像机、水电表扫描仪等设备采集的数据资料均可引入系统使用。

（3）高效的查询与输出手段。

1）组合分析数据，多方面的反映统计状况，以表格、图像等方式输出；

2）自动分类统计，绘制图形，纵横比较；

3）在保证数据安全的基础上，实现共享；

4）按管理人员思考和处理问题的习惯，横向、纵向查询各类相关信息；

5）实现远程访问，并把对外公开的信息输出到 Internet/Intranet 网页；

6）可以方便的把数据输出到打印机、电子邮件等多种设备和媒体；

7）可以在全局图上自由定位，并可以放大局域部分，查看细节部分和有关资料。

（4）与其他的软件有良好的互用能力。

1）可以把系统中的数据输出到其他软件中，利用其他软件的特长进行处理或输出（如利用文字编辑工具输出系统中的资料、提供系统中的数据供图形处理软件使用等），也可以把其他系统中的资料输入本系统使用或直接调用其他系统的功能（如把制图软件中的建筑图等自动引入系统或调用三维图形制作软件，显示房屋状况）；

2）管理统计信息系统没有必要具备太强的除数据统计处理之外的专业处理能力，但它必须具备与其他专业处理软件共享数据的能力，达到互相配合、发挥各自所长的功能，并具有功能扩展接口，方便使用人员进一步开发。

（5）建立与外界交流信息的网络系统。

1）连接 Internet/Intranet 等，建立与外界环境交流信息的渠道；

2）与住户相互沟通，住户的计算机可以访问到物业管理公司的计算机中向外界公布信息的部分；

3）办公基本达到无纸化作业，财务实现通过银行进行自动转账。

（6）辅助统计人员的日常工作。

1）全面而完整的计划与反馈系统；

2）根据设置的工作日程表，提示哪些工作需要完成，哪些需要统计；

3）根据累计的资料，分析统计各类设备的运行情况和问题，提供解决方案；

4）介入日常管理，承担记录每天的设备检测等工作，成为规范化统计的一部分；

5）分高层管理者和一般管理人员两个层次提供不同的统计材料，为决策提供初步的依据。

这个理想模式的使用，按目前的技术水平已基本可以实现，但需要各部门的协调合作和统计人员素质的提高，才能达到比较理想的效果。其中，最为关键的问题是统计人员的素质和统计规范化的程度。

第二节　物业管理统计系统实例

目前，不少购买了计算机的物业管理公司只是用它来打字，没有充分发挥计算机管理统计的功能。近两年，广州、深圳陆续出现了几套物业管理统计系统，并在这两地的多个管理统计较先进的住宅小区中得到了广泛的应用。下面我们分别以东海物业系统和广州的"物业通"系统中的住宅小区统计系统为重点，对物业管理统计系统作一个简要介绍。

一、东海小区物业管理系统说明

（一）主要功能

（1）使用微机对物业管理公司的住户台账及房租、物业费、采暖费、清洁费、上水加压费五费的收费情况进行统计管理。

（2）统计功能可以实现对小区内的每栋每单元或每户的房租月统计、房租季统计、房租年统计；物业月统计、物业季统计、物业年统计；采暖费的年统计；清洁费月统计、清洁费季统计、清洁费年统计；上水加压费的月统计、上水加压费的季统计、上水加压费的年统计，欠费户的所有明细统计，并能自动生成报表打印输出。还可统计小区住户总数、公房住户总数、私房住户总数、空房总数统计及空房户号列表显示等。对小区的管理增加透明度，给收费分析带来极大的方便。

（3）数据备份与数据恢复功能可以随时对数据进行备份及恢复，以防微机出现故障，丢失数据。

（4）权限管理功能使数据具有严密的安全性，不同的操作员可以分配不同的操作权限。

（5）操作日志功能使领导可以对下属操作员，收费员每天的工作情况进行查询。

（6）内部管理可以对人员、大楼建筑物进行管理、对小区进行设置。

（二）智能化特点

（1）对住户台账及统计出的数据，不用考虑输出格式，只需点击上方工具栏中的"打印"即会自动调整边距及行间距等，按相应的格式输出。

（2）数据备份功能可按年度进行数据备份，清晰记录所备份的时间，使数据恢复简单明了。

（3）打印功能可以根据选择的条件，生成相应的报表。

（4）自动合计功能可以自动合计相应项目数据。

（三）安装

（1）本软件自动运行安装程序。

点击"安装"后如出现提示请依次选择"是"→"下一步"→"下一步"→"确定"，最后点击"确定"。如果你的机器不是 Windows 98 而是 Windows 95 系统，则安装本软件前必须先安装 IE4，具体方法是：在本光盘的 tools 目录下，点击光盘下的 IE4 文件夹，双击 IE4Setup 文件，即开始安装 IE4，出现安装界面，点击"下一步"选择"接受协议"，点击"下一步"，选择"是"点击"下一步"、"下一步"、"下一步"出现复制文件状态，这需要等待一会儿，出现是否替换旧版本的 dll 文件对话框，均选择"是"。点击"确定"，系统将重新启动计算机，系统进行配置后，即完成了 IE4 的安装。

（2）为保证不被盗版，本软件采取了注册号反馈的加密措施。

当本软件安装后第一次运行时，将会看到"注册加密"的提示信息，并出现一个随机号码。这时应将随机号码用电话或传真通知本公司，本公司将给您返回一个注册号，点击"确定"。将注册号输入注册输入框内，点击"注册"按扭即可正常运行该系统。

（四）如何开始

启动过程：用鼠标首先点击 Windows 桌面上的"东海物业及小区管理系统"的快捷方式或"开始"菜单中的"程序"，然后选"东海物业及小区管理系统"点击执行文件的目录后，本程序便运行了。

首先跃入视线的是启动封面（背景蓝色，带有连续的动画），几秒钟后自动进到"登入"界面，这个界面的功能是识别使用者的权限。第一次进入时已预先将用户名称和密码均设为 a，即用户只需在"用户名称"和"密码"栏中输入 a 即可进入，进入后可以对姓名及密码进行修改或新增。如再次进入系统时应输入正确的用户名称及密码，根据密码的等级可进入不同的部分，如密码错误将不能进入，然后点击"确定"。接下来可看到本软件的主界面。由六个主要模块组成，从上至下依次为：住户管理、新户录入、收费统计、数据维护、经理查询、内部管理、退出，点击任意按钮即可进入相应窗体。

（五）使用方法

使用前先要对小区进行设置，进入内部管理界面，选择小区设置，在小区设置界面按顺序选择 26 个英文字母中的一个作为小区代号的头一个字，然后添加上小区的名称，小区的基本概况后关闭此窗口即可。

1. 新户录入

进入新户录入目录后，会出现选择小区对话框，从中选择小区。点击"确定"即进入新户录入界面，上方为工具栏，其中的"添加"是添加新的住户。户号的输入方法是：栋、单元、层、号只需输入相应数值即可，小区的名称是在进入"新户录入"时选择的自动添加上。产权分为公产、私产、空房。代号用户自定义即可（例如：北安区用 A，1 栋用 1，1 单元用 1，1 层用 1，1 号用 1，代号就是 A1111）。入住时间记录该户入住的时间。房屋类型分为公企、商服、住宅。建筑面积并不涉及费用方面的计算，只是为物业公司做个参考。使用面积在后面的统计中将会用到，统计金额时都是用使用面积乘以单价。房屋户型记录此户是几屋几厨，不涉及后面的计算，只供参考。备注可以记录该户的一些特殊情况，只供参考。右下角可以加入该户户主的照片，单击该处，出现打开对话框，选择照片存放的路径，按"确定"即可。输入完以后，单击左上角的"添加"即可，该户即已保存。如想继续录入住户，直接重复刚才的步骤即可；如不想录入，点击"退出"即退出了新户录入界面。

2. 住户管理

进入住户管理目录后，会出现选择小区对话框，从中选择小区点击"确定"即进入住户台账界面，其上方为菜单栏，菜单栏下方为工具栏，当鼠标移动到工具栏的各工具上悬停时会显示工具的功能，其中"保存"是对修改的数据进行存盘；"查询"可以按户号、代号、姓名、单位、电话、产权、房屋类型、全部进行查询。"首页"是将记录移动到首页；"上一页"是将记录移动到当前的上一页；"下一页"是将记录移动到当前的下一页；"末页"是记录移动到末页；"原始文档"记录原始票据的文件名称及存储位置，可用扫描仪将原始文件输入；"收费标准"可以按小区或栋或单元，并按时间范围进行设置房租、物业费、采暖费、清洁费、上水加压费的收费单价；"实收设定"可以按小区或栋或单元，并按时间范围进行设置收取房租、物业费、采暖费；"维修记录"是记载此房屋的维修情况；"收费年度增加"是将当前的数据转到当前年的下一年；"票据打印"可按年、季、小区、栋选择打印采暖费单据或收费单据，流水号可根据用户的需要进行设定初始的票据号码。打印出数据虽然是到分，但票据打印出的数据是四舍五入到角，这样是为了方便收费人员收费；"台账打印"即打印当前住户台账。下方为台账明细项目。"房产信息"框中显示该户的户号、代号、姓名及房屋情况等。房产信息框内的所有的信息都是自动读取新户录入时用户所输入的住户信息，用户可在这里进行修改，修改后，请按保存按钮。在工具栏的"收费标准"框中设定房屋的收费情况，设定的信息将在住户管理中下面的"收费标准"中显示出来，应收金额是在每项的单价乘以使用面积所得。"收费登记"上面框中显示年度每月的实收房租、物业费、清洁费等收费情况；"收费登记"下面框中显示年度采暖费收费情况及收款的方式是现金、支票还是实物，只需在框中点击鼠标左键便可在三种方式中切换，采暖费的交费情况可以在个人交费或单位交费中输入，也可一起输入。如果有权限可以对其进行修改。

3. 收费统计

进入收费统计界面后，①上方为工具栏：其中的"收费人员管理"是小区按单元划分收费人收费范围，点击它即打开选择小区对话框，从中选择一个小区点"确定"进入收费员分配界面，其功能是确定每个收费员的工作范围，左边为本小区的单元列表，选择一个单元，在右边的收费项目中选择"采暖收费人"还是"房租物业收费人"再在收费员姓名中添加姓名，点击"添加或修改"即完成相应收费员分配。当点击统计或欠费统计按钮之后，右边的框中即可统计出数据，单击"打印"键，即可打开打印设置对话框，从中可选择打印条件(本软件设置的是 A4 的纸纵向打印，如用其他的纸型进行打印，请重新设置)，进行打印输出。②下方为统计界面：可以按小区、栋、单元、年度、季度、月份、收费员或按小区内的代号进行统计或欠费统计。选择统计项目分别为商服、公企、住宅，可以单选也可复选。选择统计费用分别为房租、物业、采暖、清洁费、上水加压费，可以单选也可复选(注意：由于公产房收房租，私产房收物业费，所以房租和物业不能同时选中)。③选择"欠费统计"同样选择相应项目后点"欠费统计"按钮，即欠费户名单及欠费金额显示在列表中，应收金额，实收金额和欠费金额在下方的框中显示出来。点击工具栏中的"打印"即可生成报表。

(六) 系统维护

1. 权限管理

进入权限管理界面，上方工具栏中有"添加用户"、"删除用户"和"修改用户"。预添加用户点击"添加用户"打开权限设置框，输入姓名、部门、单位，在下面的权限框中任一项目前打勾即此用户就有了此项权限。然后点击设置密码，输入用户名称和密码，此用户名称是登录的用户名称。点击"确定"再击工具栏上的添加即用户设置完成。修改用户先选中此用户，点工具栏上的"修改用户"操作与添加用户类似，在此不再重复。删除用户，选中用户点工具栏上的"删除用户"即删除了此用户。

2. 数据备份

只需选择要备份数据的年度，点击"数据备份"，本软件自动以扩展名为 ccx 的当前日期为名，保存到本软件目录下的 backdata 所选择的年度文件夹下，当需要将数据恢复到某一时间时，只需在本软件的目录下找到所选择年度的备份文件夹(例如选择 2000 后点击数据恢复，在打开的对话框中指向本软件的目录找到 backdata 2000，双击其中的要恢复时间的 *.ccx 文件即可)。

进入经理查询界面，上方工具栏分别由"收费管理"，"房产统计"，"操作日志"。收费管理与收费统计相同，详见"收费统计"；"房产统计"，点击进入选择小区界面，选择一个小区点击"确定"进入房产统计界面，点工具栏上的"房产统计"即可统计本小区的公房总数、私房总数、空房总数。左边的列表为本小区的空房列表；"操作日志"在经理查询主界面，点击上方的"操作日志"进入操作日志界面，领导可以对操作员每天的操作情况进行检查。

（七）内部管理

1. 人员管理

物业公司可以对下属员工进行明细登记（例如：员工的基本工资，文化程度等）以便管理。可以增加、修改、删除、打印。

2. 大楼管理

可以记载小区内的每栋楼的具体情况。（例如：竣工日期、入住日期等。）

3. 小区设置

最多可以设置 26 个小区，小区前面的代号是固定的 A～Z 的 26 个字母。小区设置好以后，最好不要修改。

二、广州"物业通"管理系统

"物业通"是广州建设开发物业公司、广州市智海软件有限公司和中联实业股份有限公司根据广州和深圳物业管理公司的实际情况，在充分吸取国内外物业管理统计的先进经验和有关专家的意见的基础上，借鉴香港物业管理行业统计在计算机应用方面比较成功的例子，于 1994 年共同开发完成的。其后又经过 2 年多的多个住宅小区的使用——改进——使用的多次反复，成为功能全面、使用合理，而且使用于国内大多数物业管理公司的管理统计系统。这套物业管理统计系统的开发成功，为广州市的物业管理统计注入了现代化的活力。《城市开发》、中央电视台《经济半小时》节目等报刊、电视台均予以了专题报道。目前这套系统中的住宅小区以及广州的红棉苑、云景花园、广兴华花园、福莱花园等小区及高层楼宇中全面投入使用，在珠江三角洲、北京、天津、河北等地也得到了推广，得到了较好的管理统计效果。

"物业通"运行于 Windows 环境下，分为住宅小区管理统计系统和物业公司管理统计系统两大部分，基本上覆盖了我国物业管理的大部分智能。

图 15-1、图 15-2 为该软件的结构图。表 15-1 为电费收费统计表。

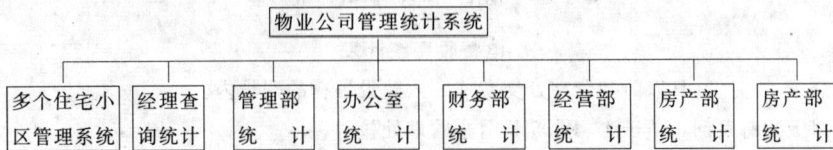

图 15-1　物业公司管理统计系统结构图（更详尽的下级结构略）

这套系统物业公司投入使用后，有效地改善了统计处以前资料存档不规范、收费计算繁琐、误差率高等落后状况，提高了统计效率，得到了统计人员、住户和有关专家的高度好评。以华南惟一的试点小区——名雅苑为例：该小区管理统计处的电脑中不断存放着该小区内所有住户、楼宇、房屋、水电设备、绿化地、保安人员、临时工等各项详细资料，而且记录着 1994 年以来管理处收缴的每个住户的各项费用，收到的每项投诉（表 15-2）、每份文件、实施的每项维修、每天的治安情况等详细资料。更为显著的是：自使用该统计系统后，各项费用的登记、计算、打印、发通知单的工作由原来的一个星期以上缩短为一个下午即可完成，误差率低于 0.5%，而且每个住户每个月的费用交纳情况均记录在案；

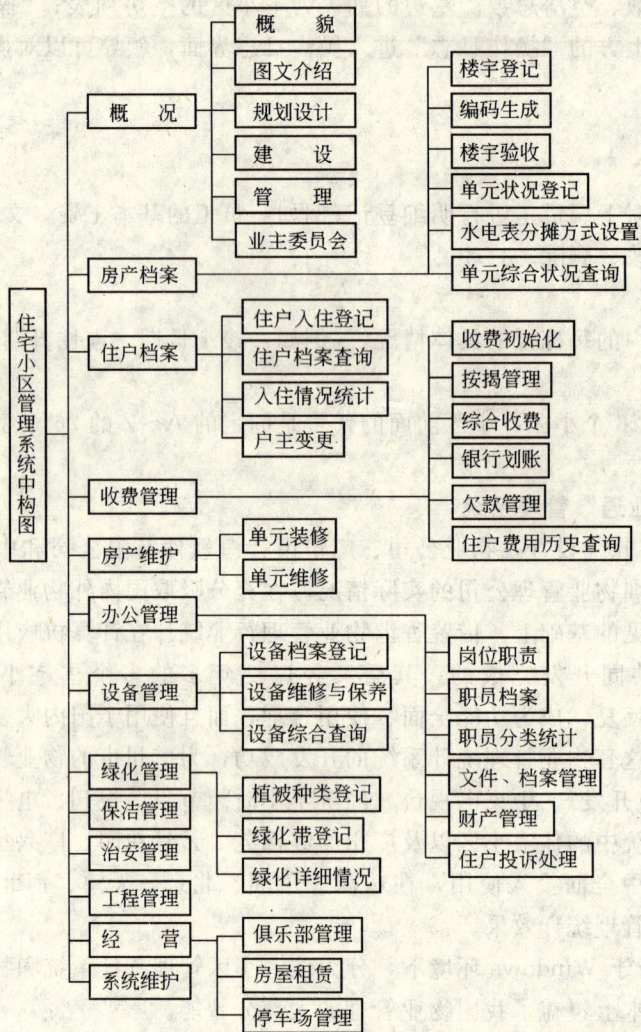

图 15-2 的结构图（住宅小区管理系统结构图）内容：

住宅小区管理系统中构图
- 概况：概貌、图文介绍、规划设计、建设、管理、业主委员会
- 房产档案：楼宇登记、编码生成、楼宇验收、单元状况登记、水电表分摊方式设置、单元综合状况查询
- 住户档案：住户入住登记、住户档案查询、入住情况统计、户主变更
- 收费管理：收费初始化、按揭管理、综合收费、银行划账、欠款管理、住户费用历史查询
- 房产维护：单元装修、单元维修
- 办公管理：岗位职责、职员档案、职员分类统计、文件、档案管理、财产管理、住户投诉处理
- 设备管理：设备档案登记、设备维修与保养、设备综合查询
- 绿化管理：植被种类登记、绿化带登记、绿化详细情况
- 保洁管理
- 治安管理
- 工程管理
- 经营：俱乐部管理、房屋租赁、停车场管理
- 系统维护

图 15-2　住宅小区管理系统结构图

电费收费统计表　　　　　　　　　　　　　　　　　　　表 15-1

注 1. 请您于 11 月 20 日以前到管理处交费或存入建设银行的账号内。

注 2. 如对上述有疑问，请于 11 月 25 日前来管理处核对。

制表单位：名雅苑

制表日期：1996.12.18　页号：1

门牌号：华康街 11 号

楼名：雅趣阁 3 座一楼　　　　工程编号：M007

序　号	房　号	户主姓名	上次行度	本次行度	电　费	水　费	管理费	拖欠费用合计	签　收
1	101	姓名略	4462	4828	263.48	7.00	0.00		
2	102	姓名略	2400	2400	11.31	0.00	0.00	2045.24	
3	104	姓名略	6181	7854	1164.01	16.1	0.00	2116.30	
4	201	姓名略	1210	1753	373.04	16.8	0.00		

序 号	房 号	户主姓名	上次行度	本次行度	电 费	水 费	管理费	拖欠费用合计	签 收
5	202	姓名略	9592	10237	455.72	0.00	0.00		
6	203	姓名略	8086	9716	1134.38	8.4	0.00		
7	204	姓名略	2706	2852	111.90	0.00	0.00		
8	301	姓名略	9097	11048	1355.55	0.00	0.00		
9	302	姓名略	2531	3723	832.60	0.00	0.00		
10	303	姓名略	5103	5791	485.34	0.00	0.00		
11	304	姓名略	6481	7241	534.95	0.00	0.00		
12	401	姓名略	2787	2787	11.31	0.00	0.00	2265.53	
13	402	姓名略	2020	2137	91.92	0.00	0.00	2111.39	
14	403	姓名略	3134	3134	11.31	0.00	0.00	1034.96	
15	404	姓名略	9502	9523	25.78	0.00	0.00	4833.78	
16	501	姓名略	10336	11502	814.68	0.00	0.00		
17	502	姓名略	6849	8130	893.92	0.00	0.00	289.94	
18	503	姓名略	8051	9304	874.63	0.00	0.00	2189.02	
19	504	姓名略	3322	4346	716.85	0.00	0.00	2802.42	
20	601	姓名略	4219	4246	29.91	0.00	0.00		
21	602	姓名略	3188	3525	243.50	0.00	0.00		
22	603	姓名略	759	765	15.44	0.00	0.00	14.63	
23	604	姓名略	4790	5242	322.74	0.00	0.00		
24	701	姓名略	3245	3705	328.25	0.00	0.00	318.98	
25	702	姓名略	5000	5341	246.26	0.00	0.00		
26	703	姓名略	2245	2668	302.76	0.00	0.00		
27	704	姓名略	6741	7147	291.04	0.00	0.00		
小计		电费11942.58 元			水费48.30 元		管理费 0.00 元	欠款 20024.07 元	

以前需要拖延很长时间的房屋交接的有关手续，也可以当场录入计算机完成了；在接待外界参观时，只需用鼠标在计算机中出现的小区全景图任意点选，就可以看到该小区的各幢楼宇的实景照片和详细统计资料、各块绿化地的树木状况以及各项附属设施的情况。自从计算机介入物业管理统计实际工作后，统计人员逐步认识到了计算机的优越性，已经开始自觉地使用计算机改变原有的工作方式，并对计算机管理统计系统提出了不少有益的改进意见。

住宅小区管理统计系统是物业管理统计系统的重要组成部分，覆盖了住宅小区的大部分统计内容，由安装程序和 12 个可分可合的子系统组成：

1. 小区概况

以图文并茂的方式介绍小区的总体情况，如规划设计、建设、管理实施、环境、业主委员会、各楼宇和景点的照片等资料，最具特色的是用鼠标在小区全景图上任意点击，即可看到该处所示的建筑物、绿化地、附属设施等详细资料。

住 户 投 诉 单 表 15-2

编号：CX-14101-02

版本：A

No：

投诉： 年 月 日 时	投诉方式： 亲临 电话 信函			
投诉人：_____				
住址：_____				
住户编号：_____				
投诉类别： 质量 服务				
投诉内容：				
接待人/记录人：_____ 时间： 年 月 日				
主任批示：_____				
执行人：_____ 处理执行时间： 年 月 日至 年 月 日				
处理结果：				
投诉人意见：_____				
投诉人签名：_____ 时间： 年 月 日				

2. 房产管理统计

对应于物业公司实际工作中的发展商处接收楼宇、把房屋交接给住户和房屋日后的装修、维修及质量检验等有关房产的三大统计工作过程，重点在于房产的状况。这部分管理程序同样适用于房管所、宿舍楼管理、商业楼宇管理的租赁等部门统计：

（1）外观图、平面图、装修图等都可调入系统中查看、编辑；

（2）记录房屋交接、装修和维修等各过程的变动情况；

（3）采用全汉字编码方式，便于普通统计人员理解和查询。

3. 住户管理统计

包括住户档案、住户各项费用的收缴、投诉处理、房屋的装修与维修的统计等内容，并提供了多种选择以适应不同统计方式需要：

（1）对楼宇、单元、住户、住户的有关费用进行统一管理，输入楼宇的资料，即会自动产生单元的有关情况；通过房屋的验收、交接，即会自动生成住户各项费用的基本情况，极大的降低了录入量和出错概率。

（2）提供了简洁的录入方法与任意组合条件查询。

（3）覆盖了住宅小区中涉及到的各种费用统计，包括：水电费、管理费、租金、停车费，以及住户自定义的各种费用。

（4）提供了两种收费方式：现金＋预交金的方式，银行划账＋现金的方式。

（5）针对境外售房、高层住宅和多层住宅的差别，综合管理费和租金均具有：①港币与人民币双重收费功能；②按户、平方米、平方英尺三种单位以及分楼层制定收费标准；③费用标准逐年按比例自动递增。

（6）水电费的计算方法由使用者根据实际情况自行设定，计算完毕后，可以挑选表格打印计算表和费用通知单。

(7) 一个住户的多个单元费用可以合并收取，住户的各项费用可以一起收取。

(8) 本月收缴不到的费用自动转入下月，拖欠费用按用户设定的比例和天数计收滞纳金。

(9) 随时统计每天各项费用的收缴情况，并提供未交费的住户名单、用户选择打印催交单。

(10) 住户发生的每笔费用及收费标准均记录在案，可以方便的分项、分住户、分期查询和统计。

4. 停车场管理统计

统计附属停车场车位的出租、出售、停车费的标准，费用收缴等方面的情况。

5. 住户会所管理统计

统计住户会籍登记，消费记账等方面的情况。

6. 绿化管理统计

统计小区内的植被分布情况、绿化工程实施情况等。

7. 办公管理统计

统计小区的人事、文件、档案、合同、会议纪要、财产等资料。

8. 治安管理统计

登记、分类统计小区内的公共秩序、治安等方面的情况，并按月、分类统计各项事务的发生率，绘制统计分析图。

9. 设备管理统计

统计储存各类水电、机械设备的档案，并记录和统计设备的维修、保养情况。

10. 保洁管理统计

统计小区的环境美化、清洁工作等情况。

11. 工程管理统计

统计小区内实施的各项工程等情况。

12. 系统维护

进行系统有关文件的维护工作：

(1) 分操作人员设置密码和相应权限；

(2) 自动检查、纠正数据错误；

(3) 自行选择要备份和恢复的数据库文件；

(4) 提供在线式帮助系统。

另外，还有运行于物业公司管理系统，由经理查询，办公室、财务部、工程部、经营部、保安部、售房部、房管部等几个按部门业务分类的子系统组成，这套系统是针对大中型的物业公司设计的，负责对整个公司的财务、人事、文件、车辆、经营、房屋销售与出租、工程预(结)算等方面的内容进行，并在网络管理系统的支持下和多种应用软件一起初步构成了办公自动化系统。公司的局域网利用电话线加 Modem 与各个小区连接起来，每个住宅小区的原始数据经过接口模块传入物业公司管理系统，经过更新、分类、汇总等处理，形成管理公司系统可用的数据，既实现了数据共享，又可以为公司的决策提供初步的依据。

这套物业管理统计系统具有如下特点：

（1）人-机统计协调合作

人-机交互方面，率先在 Windows 平台下进行开发，充分发挥了 Windows 图形方式、多任务并行操作的特点，图片和文字并列显示于屏幕，各类统计图即时自动生成，并可同时查询多项资料；以统一、简洁的录入、查询界面提高系统的易用性，并提供了多种形式统一的统计表格，使得用户只需经过简单的培训，就可自如地打印出自己想要的统计资料。计算机与人的统计合作方面，这套系统把为使用者提供尽可能全面、方便、直观的统计信息作为系统的首要目标，在时间上合理分配统计者处理具体事物的操作与在计算机上输入信息的操作，使得统计人员的处理具体事务的灵活性与计算机运算速度、存储容量大的优点相得益彰。规范化操作方面，与科学管理相互配合、相互促进，为进一步探索物业管理统计的规范化打下了良好的基础。

（2）统计数据流向合理

深入挖掘物业管理统计内部的数据流程，统一规划了数据结构，利用数据库技术把各个相关联的数据高效地组织起来，降低了数据冗余和数据录入量，实现了绝大多数数据只需输入一次的目标。例如：楼宇的状况、各单元房屋的装修与维修、住户各项费用的收缴，它们之间存在着很强的数据联系：楼宇是由一个个独立的单元房屋及公用设施组成的，每个单元房屋又对应着一家住户，每家住户的各项费用又可以合并在一起收取在该套统计系统的设计中，利用数据的依赖关系，通过统计过程自动生成实现的。楼宇——单元——住户——住户各项费用的收缴中的数据关系如图 15-3 所示，其他如投诉——维修——房屋完损状况、设备档案——设备巡检记录等等也都在这套统计系统中有效地联系在一起。

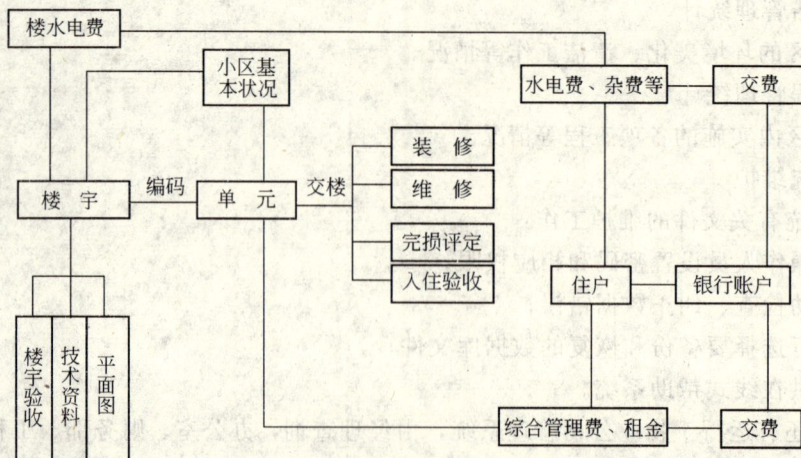

图 15-3 楼宇-单元-住户数据联系图

（3）全面性

覆盖了物业管理统计方面的内容，并在系统设计初期就充分考虑到日后推广、维护和扩展的需要，采用更新、拆卸灵活的零件式模块组织方式，精心规划协调了各功能模块，为实现同一功能但操作方式不同的模块设置统一的接口，使得使用者可以根据自身的特点，选择组成适合本公司管理方式的系统。目前这套系统适用于综合住宅小区、别墅、高层住宅楼、职工宿舍、房管部门等多种物业形式的管理统计活动。系统的各部分可以拆卸，根据业务的大小选择功能模块。

（4）充分发挥了开发工具的特长

物业管理统计系统是在 Windows 环境下开发完成的，有效地发挥了 Windows 图形界面、多窗口并行操作、OLE 和 DDE 技术等优势，并可以和 Word、Excel 等应用软件相互交换数据，Windows 图片和以前输入文件经过转换为标准文件，可以自动引入本系统使用。

（5）功能齐备

这套系统把使用的方便性列在第一位。并为数据统计的安全使用提供了高度保证，为不同的操作员进行系统设置了统计权限和在线式帮助，并采用 Windows 通用的安装方式，已具备了一个商业统计软件的基本特征。

复 习 思 考 题

1. 简述物业管理统计计算机化的重要意义。
2. 如何建立物业管理统计信息系统？

附录一

中华人民共和国行业标准房屋接管验收标准

1. 主题内容与适用范围

1.1　为确保房屋住用的安全和正常的使用功能。明确在房屋接管验收中交接双方应遵守的事项，特制定本标准。

1.2　凡按规定交房管部门接管的房屋，应按本标准执行；依法代管。依约托管和单位自有房屋的接管，可参照本标准执行。

1.3　本标准主要适用于一般民用建筑的接管验收。工业建筑、大型公共建筑、文物保护建筑及某些有特殊设备和使用要求的建筑的接管验收可参照使用。

2. 引用标准

GBJ 7　《建筑地基基础设计规范》

GBJ 10　《钢筋混凝土结构设计规范》

GBJ 11　《建筑抗震设计规范》

GBJ 14　《室外排水设计规范》

GBJ 16　《建筑设计防火规范》

GBJ 45　《高层民用建筑设计防火规范》

GBJ 206　《木结构工程施工及验收规范》

GBJ 207　《屋面工程施工及验收规范》

GBJ 232　《电气装置安装工程施工及验收规范》

GBJ 242　《采暖与卫生工程施工及验收规范》

CJ 13　危险房屋鉴定标准

3. 术语和定义

3.1　接管验收

地方政府设置的房屋管理部门（以下简称"房管部门"）接管建设单位移交的新建房屋和实行产权转移的原有房屋进行的验收。

3.2　按规定交房管部门接管的房屋

指中央或地方政府投资建造并决定由房管部门直接管理的房屋。市、县政府用收取的住宅建设配套费建造的房屋、征（拨）地拆迁安置中按规定把产权划归政府的房屋，人民法院依法判决没收并通知接管的房屋，以及其他应由政府接收并决定交房管部门接管的房屋。

3.3　新建房屋

建成后未经确认产权的房屋。

3.4　原有房屋

已取得房屋所有权证，并已投入使用的房屋。

4. 新建房屋的接管验收

4.1 新建房屋的接管验收，是在竣工验收合格的基础上，以主体结构安全和满足使用功能为主要内容的再检验。

4.2 接管验收应具备的条件

a. 建设工程全部施工完毕，并业经竣工验收合格；

b. 供电、采暖、给水排水、卫生、道路等设备和设施能正常使用；

c. 房屋幢、户编号业经有关部门确认。

4.3 接管验收应检索提交的资料

4.3.1 产权资料：

a. 项目批准文件；

b. 用地批准文件；

c. 建筑执照；

d. 拆迁安置资料。

4.3.2 技术资料：

a. 竣工图——包括总平面、建筑、结构、设备、附属工程及隐蔽管线的全套图纸；

b. 地质勘察报告；

c. 工程合同及开、竣工报告；

d. 工程预决算；

e. 图纸会审记录；

f. 工程设计变更通知及技术核定单（包括质量事故处理记录）；

g. 隐蔽工程验收签证；

h. 沉降观察记录；

i. 竣工验收证明书；

j. 钢材、水泥等主要材料的质量保证书；

k. 新材料、构配件的鉴定合格证书；

l. 水、电、采暖、卫生器具、电梯等设备的检验合格证书；

m. 砂浆、混凝土试块试压报告；

n. 供水、供暖的试压报告。

4.4 接管验收程序

4.4.1 建设单位书面提请接管单位接管验收。

4.4.2 接管单位按"4.2"和"4.3"条进行审核，对具备条件的，应在15日内签发验收通知并约定验收时间。

4.4.3 接管单位会同建设单位按"4.5"条进行检验。

4.4.4 对验收中发现的质量问题，按"4.6.1"和"4.6.2"条处理。

4.4.5 经检验符合要求的房屋，接管单位应签置验收合格凭证，签发接管文件。

4.5 质量与使用功能的检验

4.5.1 主体结构

4.5.1.1 地基基础的沉降不得超过 GBJ 7 的允许变形值；不得引起上部结构的开裂或相邻房屋的损坏。

4.5.1.2 钢筋混凝土构件产生变形、裂缝，不得超过 GBJ 10 的规定值。

4.5.1.3 砖石结构必须有足够的强度和刚度，不允许有明显裂缝。

4.5.1.4 木结构应节点牢固，支撑系统可靠，无蚁害，其构件的选材必须符合 GBJ 206 中 2.1.1 条的有关规定。

4.5.1.5 凡应抗震设防的房屋，必须符合 GBJ 11 的有关规定。

4.5.2 外墙不得渗水。

4.5.3 屋面

4.5.3.1 各类屋面必须符合 GBJ 207 中 4.0.6 条的规定，排水畅通，无积水，不渗漏。

4.5.3.2 平屋面应有隔热保温措施，三层以上房屋在公用部位应设置屋面检修孔。

4.5.3.3 阳台和三层以上房屋的屋面应有组织排水，出水口、檐沟、落水管应安装牢固、接口平密、不渗漏。

4.5.4 楼地面

4.5.4.1 面层与基层必须粘结牢固，不空鼓。整体面层平整，不允许有裂缝、脱皮和起砂等缺陷；块料面层应表面平正、接缝均匀顺直，无缺棱掉角。

4.5.4.2 卫生间、阳台、盥洗间地面与相邻地面的相对标高应符合设计要求，不应有积水，不允许倒泛水和渗漏。

4.5.4.3 木楼地面应平整牢固，接缝密合。

4.5.5 装修

4.5.5.1 钢木门窗应安装平正牢固，无翘曲变形，开关灵活，零配件装配齐全，位置准确，钢门窗缝隙严密，木门窗缝隙适度。

4.5.5.2 进户门不得使用胶合板制作，门锁应安装牢固，底层外窗、楼层公共走道窗、进户门上的亮子均应装设铁栅栏。

4.5.5.3 木装修工程应表面光洁，线条顺直，对缝严密，不露钉帽，与基层必须钉牢。

4.5.5.4 门窗玻璃应安装平整，油灰饱满，粘贴牢固。

4.5.5.5 抹灰应表面平整，不应有空鼓、裂缝和起泡等缺陷。

4.5.5.6 饰面砖应表面洁净，粘贴牢固，阴阳角与线脚顺直，无缺棱掉角。

4.5.5.7 油漆、刷浆应色泽一致。表面不应有脱皮、漏刷现象。

4.5.6 电气

4.5.6.1 电气线路安装应平整、牢固、顺直，过墙应有导管。导线连接必须紧密，铝导线连接不得采用绞接或绑接。采用管子配线时，连接点必须紧密、可靠，使管路在结构上和电气上均连成整体并有可靠的接地。每回路导线间和对地绝缘电阻值不得小于 $1M\Omega/kV$。

4.5.6.2 应按套安装电表或预留表位，并有电器接地装置。

4.5.6.3 照明器具等低压电器安装支架必须牢固，部件齐全，接触良好，位置正确。

4.5.6.4 各种避雷装置的所有连接点必须牢固可靠，接地电阻值必须符合 GBJ 232 的要求。

4.5.6.5 电梯应能准确启动运行、选层、平层、停层，曳引机的噪声和震动声不得超过 GBJ 232 的规定值。制动器、限速器及其他安全设备应动作灵敏可靠。安装的隐蔽工程、试运转记录、性能检测记录及完整的图纸资料均应符合要求。

4.5.6.6　对电视信号有屏蔽影响的住宅，电视信号场强微弱或被高层建筑遮挡及反射波复杂地区的住宅，应设置电视共用天线。

4.5.6.7　除上述要求外，同时应符合地区性"低压电气装置规程"的有关要求。

4.5.7　水、卫、消防

4.5.7.1　管道应安装牢固、控制部件启闭灵活、无滴漏。水压试验及保温、防腐措施必须符合GBJ 242的要求。应按套安装水表或预留表位。

4.5.7.2　高位水箱进水管与水箱检查口的设置应便于检修。

4.5.7.3　卫生间、厨房内的排污管应分设，出户管长不宜超过8m，并不应使用陶瓷管、塑料管。地漏、排污管接口、检查口不得渗漏，管道排水必须流畅。

4.5.7.4　卫生器具质量良好，接口不得渗漏，安装应平正、牢固、部件齐全、制动灵活。

4.5.7.5　水泵安装应平稳，运行时无较大震动。

4.5.7.6　消防设施必须符合GBJ 16、GBJ 45的要求，并且有消防部门检验合格签证。

4.5.8　采暖

4.5.8.1　采暖工程的验收时间，必须在采暖期以前两个月进行。

4.5.8.2　锅炉、箱罐等压力容器应安装平正、配件齐全、不得有变形、裂纹、磨损、腐蚀等缺陷害。安装完毕后，必须有专业部门的检验合格签证。

4.5.8.3　炉排必须进行12h以上试运转，炉排之间、炉排与炉铁之间不得互相摩擦，且无杂音，不跑偏，不凸起，不受卡，返转应自如。

4.5.8.4　各种仪器、仪表应齐全精确，安全装置必须灵敏、可靠，控制阀门应开关灵活。

4.5.8.5　炉门、灰门、煤斗闸板、烟、风档板应安装平正、启闭灵活，闭合严密，风室隔墙不得透风漏气。

4.5.8.6　管道的管径、坡度及检查井必须符合GBJ 242的要求，管沟大小及管道排列应便于维修，管架、支架、吊架应牢固。

4.5.8.7　设备、管道不应有跑、冒、滴、漏现象。保温、防腐措施必须符合GBJ 242的规定。

4.5.8.8　锅炉辅机应运转正常，无杂音。消烟除尘、消音减震设备应齐全，水质、烟尘排放浓度应符合环保要求。

4.5.8.9　经过48h连续试运行，锅炉和附属设备的热工、机械性能及采暖区室温必须符合设计要求。

4.5.9　附属工程及其他

4.5.9.1　室外排水系统的标高、窨井(检查井)设置、管道坡度、管径均必须符合GBJ 14第二章第2.3.4节的要求。管道应顺直且排水通畅，井盖应搁置稳妥并设置井圈。

4.5.9.2　化粪池应按排污量合理设置，池内无垃圾杂物，进出水口高差不得小于5cm。立管与粪池间的连接管道应有足够坡度，并不应超过两个弯。

4.5.9.3　明沟、散水、落水沟头不得有断裂、积水现象。

4.5.9.4 房屋入口处必须做室外道路。并与主干道相通。路面不应有积水、空鼓和断裂现象。

4.5.9.5 房屋应按单元设置信报箱，其规格、位置须符合有关规定。

4.5.9.6 挂物钩、晒衣架应安装牢固。烟道、通风道、垃圾道应畅通，无阻塞物。

4.5.9.7 单体工程必须做到工完料净场地清、临时设施及过渡用房拆除清理完毕。室外地面平整，室内外高差符合设计要求。

4.5.9.8 群体建筑应检验相应的市政、公建配套工程和服务设施，达到应有的质量和使用功能要求。

4.6 质量问题的处理

4.6.1 影响房屋结构安全和设备使用安全的质量问题，必须约定期限由建设单位负责进行加固补强返修，直至合格。

影响相邻房屋的安全问题，由建设单位负责处理。

4.6.2 对于不影响房屋结构安全和设备使用安全的质量问题，可约定期限由建设单位负责维修，也可采取费用补偿的办法，由接管单位处理。

5. 原有房屋的收管验收

5.1 接管验收应具备的条件

a. 房屋所有权、使用权清楚；

b. 土地使用范围明确。

5.2 接管验收应检索提交的资料

5.2.1 产权资料：

a. 房屋所有权证；

b. 土地使用权证；

c. 有关司法、公证文书和协议；

d. 房屋分户使用清册；

e. 房屋设备及定、附着物清册。

5.2.2 技术资料：

a. 房地产平面图；

b. 房屋分间平面图；

c. 房屋及设备技术资料。

5.3 接管验收程序

5.3.1 移交人书面提请接管单位接管验收。

5.3.2 接管单位按 5.1 和 5.2 条进行审核。对具备条件的，应在 15 日内签发验收通知并约定验收时间。

5.3.3 接管单位会同移交人按 5.4 条进行检验。

5.3.4 对检验中发现的危损问题，按 5.5 条处理。

5.3.5 交接双方共同清点房屋、装修、设备和定、附着物，核实房屋使用状况。

5.3.6 经检验符合要求的房屋，接管单位应签署验收合格凭证，签发接管文件，办理房屋所有权转移登记。

5.3.7 移交人配合接管单位按接管单位的规定与房屋使用人重新建立租赁关系。

5.4 质量与使用功能的检验

5.4.1 以 CJ 13 和国家有关规定作检验依据。

5.4.2 从外观检查建筑物整体的变异状态。

5.4.3 检查房屋结构、装修和设备的完好与损坏程度。

5.4.4 查验房屋使用情况(包括建筑年代、用途变迁、拆改添建、装修和设备情况)。评估房屋现有价值、建立资料档案。

5.5 危险和损坏问题的处理

5.5.1 属有危险的房屋,应由移交人负责排险解危后,始得接管。

5.5.2 属有损坏的房屋,由移交人和接管单位协商解决,既可约定期限由移交人负责维修,也可采用其他补偿形式。

5.5.3 属法院判决没收并通知接管的房屋,按法院判决办理。

6. 交接双方的责任

6.1 为尽快发挥投资效益,建设单位应按4.2和4.3条的要求提前做好房屋交验准备,房屋竣工后,及时提出接管验收申请。接管单位应在15日内审核完毕,及时签发验收通知并约定时间验收。经检验符合要求,接管单位应在7日内签署验收合格凭证,并应及时签发接管文件。未经接管的新建房屋一律不得分配使用。

6.2 接管验收时,交接双方均应严格按照本标准执行。验收不合格时,双方协议处理办法,并商定时间复验,建设单位应按约返修合格,组织复验。

6.3 房屋接管交付使用后,如发生隐蔽性的重大质量事故,应由接管单位会同建设单位组织设计、施工等单位,共同分析研究,查明原因,如属设计、施工、材料的原因应由建设单位负责处理,如属使用不当、管理不善的原因,则应由接管单位负责处理。

6.4 新建房屋自验收接管之日起,应执行建筑工程保修的有关规定由建设单位负责保修,并应向接管单位预付保修保证金。接管单位在需要时用于代修。保修期满,按实结算,也可以在验收接管时,双方达成协议。建设单位一次性拨付保修费用,由接管单位负责保修。保修保证金和保修费的标准由各地自定。

6.5 新建房屋一经接管,建设单位应负责在三个月内组织办理承租手续,逾期不予办理。

6.6 执行本标准有争议而又不能协商解决时,双方均得申请市、县房地产管理机关进行协调或裁决。

附录二

物业管理统计报表

物业管理统计基层表

			表号：房基1表
			制表机关：建设部
	200	年	批准机关：国家统计局
01 企业名称（盖章）：			批准文号：国统函（2002）29号
02 法人（单位）代码：			有效期截至 2003 年 12 月
03 企业详细地址：		04 邮政编码：	
05 联系电话：		06 传真：	
07 电子信箱：			
08 企业网址：			
09 企业成立时间：	年	月	
10 企业登记注册类型	代码：		
110 国有企业　150 有限责任公司　160 股份有限公司　170 私营企业			
200 港、澳、台商投资企业　300 外商投资企业　900 其他企业			

续表（一）

指 标 名 称	代 码	项目个数（个）	房屋建筑面积（万 m²）
甲	乙	1	2
一、物业管理项目情况	—	—	—
项目合计	101	0	0.00
住　宅	102		
其中：5 万 m² 以上的住宅小区	103		
办公楼或写字楼	104		
商业用房	105		
工业用房	106		
其他	107		

续表（二）

指 标 名 称	代 码	计量单位	数 量
甲	乙	丙	1
二、企业从业人员情况	—	—	
企业从业人员总数	201	人	
经营管理人员	202	人	
其中：管理处主任（项目经理）	203	人	

指 标 名 称		代 码	计量单位	数 量
三、企业经营情况		—	—	—
注册资本		301	万元	
营业收入		302	万元	
营业成本		303	万元	
营业税金及附加		304	万元	
营业利润		305	万元	
四、业主会情况				
业主会数量		401	个	
五、企业代管维修基金情况		—		
企业代管维修基金总额		501	万元	
企业代管维修基金余额		502	万元	
维修基金支出		503	万元	
单位负责人：	统计负责人：		填表人：	
填报日期：				

说明：1. 本表由辖区内全部物业管理企业和单位填报。

2. 本表逻辑审查关系：101=102+104+105+106+107。

物业管理统计基层年报分表（一）

填报单位名称（公章）：

指 标 名 称	代 码	计量单位	数 量
甲	乙	丙	1
一、企业经营情况	—	—	—
（一）营业收入	—	—	—
收入总计	101	万元	0.00
1. 物业管理公共服务费收入	102	万元	
2. 车辆停放收入	103	万元	
3. 经营物业设施、场地收入	104	万元	
4. 对外承接物业管理专项工程业务收入	105	万元	
5. 特约服务收入	106	万元	
6. 其他业务收入	107	万元	
（二）营业成本	—	—	—
成本总计	108	万元	0.00
1. 人员工资福利费总额	109	万元	0.00
其中：高层管理人员	110	万元	
中层管理人员	111	万元	
一般管理人员	112	万元	

指 标 名 称	代 码	计量单位	数 量
管理处主任（项目经理）人员	113	万元	
房屋及设施设备维护人员	114	万元	
绿化维护人员	115	万元	
公共秩序维护人员	116	万元	
公共卫生维护人员	117	万元	
其他人员	118	万元	
2. 共用部位、设施设备维修养护费	119	万元	
3. 公共能源费	120	万元	
4. 各种管理费	121	万元	
（三）营业税金及附加	122	万元	
（四）营业利润	123	万元	
二、企业从业人员情况	—	—	—
（一）企业从业人员总数	201	人	0
其中：高层管理人员	202	人	
中层管理人员	203	人	
一般管理人员	204	人	
管理处主任（项目经理）人员	205	人	
房屋及设施设备维护人员	206	人	
绿化维护人员	207	人	
公共秩序维护人员	208	人	
公共卫生维护人员	209	人	
其他人员	210	人	
（二）大专以上文化程度人数	211	人	0
其中：研究生	212	人	
本科	213	人	
大专	214	人	
（三）初级以上技术职称人数	215	人	0
其中：高级	216	人	
中级	217	人	
初级	218	人	
（四）下岗再就业人员人数	219	人	
（五）农村剩余劳动力转移人数	220	人	
（六）持物业管理岗位证书人数	221	人	
单位负责人：		统计负责人：	填表人：
填 报 日 期：			

说明：1. 本表由辖区内全部物业管理企业和单位填报。

2. 本表逻辑审查关系：101＝102＋103＋104＋105＋106＋107；108＝109＋119＋120＋121；

109＝110＋111＋112＋113＋114＋115＋116＋117＋118；211＝212＋213＋214；

201＝202＋203＋204＋205＋206＋207＋208＋209＋210；215＝216＋217＋218。

附录三

物业管理收费办法

（一）物业服务收费管理办法

第一条 为规范物业服务收费行为，保障业主和物业管理企业的合法权益，根据《中华人民共和国价格法》和《物业管理条例》，制定本办法。

第二条 本办法所称物业服务收费，是指物业管理企业按照物业服务合同的约定，对房屋及配套的设施设备和相关场地进行维修、养护、管理，维护相关区域内的环境卫生和秩序，向业主所收取的费用。

第三条 国家提倡业主通过公开、公平、公正的市场竞争机制选择物业管理企业；鼓励物业管理企业开展正当的价格竞争，禁止价格欺诈，促进物业服务收费通过市场竞争形成。

第四条 国务院价格主管部门会同国务院建设行政主管部门负责全国物业服务收费的监督管理工作。县级以上地方人民政府价格主管部门会同同级房地产行政主管部门负责本行政区域内物业服务收费的监督管理工作。

第五条 物业服务收费应当遵循合理、公开以及费用与服务水平相适应的原则。

第六条 物业服务收费应当区分不同物业的性质和特点分别实行政府指导价和市场调节价。具体定价形式由省、自治区、直辖市人民政府价格主管部门会同房地产行政主管部门确定。

第七条 物业服务收费实行政府指导价的，有定价权限的人民政府价格主管部门应当会同房地产行政主管部门根据物业管理服务等级标准等因素，制定相应的基准价及其浮动幅度，并定期公布。具体收费标准由业主与物业管理企业根据规定的基准价和浮动幅度在物业服务合同中约定。实行市场调节价的物业服务收费，由业主与物业管理企业在物业服务合同中约定。

第八条 物业管理企业应当按照政府价格主管部门的规定实行明码标价，在物业管理区域内的显著位置，将服务内容、服务标准以及收费项目、收费标准等有关情况进行公示。

第九条 业主与物业管理企业可以采取包干制或者酬金制等形式约定物业服务费用。包干制是指由业主向物业管理企业支付固定物业服务费用，盈余或者亏损均由物业管理企业享有或者承担的物业服务计费方式。酬金制是指在预收的物业服务资金中按约定比例或者约定数额提取酬金支付给物业管理企业，其余全部用于物业服务合同约定的支出，结余或者不足均由业主享有或者承担的物业服务计费方式。

第十条 建设单位与物业买受人签订的买卖合同，应当约定物业管理服务内容、服务标准、收费标准、计费方式及计费起始时间等内容，涉及物业买受人共同利益的约定应当一致。

第十一条 实行物业服务费用包干制的，物业服务费用的构成包括物业服务成本、法定税费和物业管理企业的利润。实行物业服务费用酬金制的，预收的物业服务资金包括物业服务支出和物业管理企业的酬金。

物业服务成本或者物业服务支出构成一般包括以下部分：

（1）管理服务人员的工资、社会保险和按规定提取的福利费等；

（2）物业共用部位、共用设施设备的日常运行、维护费用；

（3）物业管理区域清洁卫生费用；

（4）物业管理区域绿化养护费用；

（5）物业管理区域秩序维护费用；

（6）办公费用；

（7）物业管理企业固定资产折旧；

（8）物业共用部位、共用设施设备及公众责任保险费用；

（9）经业主同意的其他费用。

物业共用部位、共用设施设备的大修、中修和更新、改造费用，应当通过专项维修资金予以列支，不得计入物业服务支出或者物业服务成本。

第十二条 实行物业服务费用酬金制的，预收的物业服务支出属于代管性质，为所交纳的业主所有，物业管理企业不得将其用于物业服务合同约定以外的支出。物业管理企业应当向业主大会或者全体业主公布物业服务资金年度预决算并每年不少于一次公布物业服务资金的收支情况。业主或者业主大会对公布的物业服务资金年度预决算和物业服务资金的收支情况提出质询时，物业管理企业应当及时答复。

第十三条 物业服务收费采取酬金制方式，物业管理企业或者业主大会可以按照物业服务合同约定聘请专业机构对物业服务资金年度预决算和物业服务资金的收支情况进行审计。

第十四条 物业管理企业在物业服务中应当遵守国家的价格法律法规，严格履行物业服务合同，为业主提供质价相符的服务。

第十五条 业主应当按照物业服务合同的约定按时足额交纳物业服务费用或者物业服务资金。业主违反物业服务合同约定逾期不交纳服务费用或者物业服务资金的，业主委员会应当督促其限期交纳；逾期仍不交纳的，物业管理企业可以依法追缴。业主与物业使用人约定由物业使用人交纳物业服务费用或者物业服务资金的，从其约定，业主负连带交纳责任。物业发生产权转移时，业主或者物业使用人应当结清物业服务费用或者物业服务资金。

第十六条 纳入物业管理范围的已竣工但尚未出售，或者因开发建设单位原因未按时交给物业买受人的物业，物业服务费用或者物业服务资金由开发建设单位全额交纳。

第十七条 物业管理区域内，供水、供电、供气、供热、通讯、有线电视等单位应当向最终用户收取有关费用。物业管理企业接受委托代收上述费用的，可向委托单位收取手续费，不得向业主收取手续费等额外费用。

第十八条 利用物业共用部位、共用设施设备进行经营的，应当在征得相关业主、业主大会、物业管理企业的同意后，按照规定办理有关手续。业主所得收益应当主要用于补充专项维修资金，也可以按照业主大会的决定使用。

第十九条 物业管理企业已接受委托实施物业服务并相应收取服务费用的，其他部门和单位不得重复收取性质和内容相同的费用。

第二十条　物业管理企业根据业主的委托提供物业服务合同约定以外的服务，服务收费由双方约定。

第二十一条　政府价格主管部门会同房地产行政主管部门，应当加强对物业管理企业的服务内容、标准和收费项目、标准的监督。物业管理企业违反价格法律、法规和规定，由政府价格主管部门依据《中华人民共和国价格法》和《价格违法行为行政处罚规定》予以处罚。

第二十二条　各省、自治区、直辖市人民政府价格主管部门、房地产行政主管部门可以依据本办法制定具体实施办法，并报国家发展和改革委员会、建设部备案。

第二十三条　本办法由国家发展和改革委员会会同建设部负责解释。

第二十四条　本办法自 2004 年 1 月 1 日起执行，原国家计委、建设部印发的《城市住宅小区物业管理服务收费暂行办法》（计价费〔1996〕266 号）同时废止。

（二）物业管理费用的构成及测算方法表

序号	项　目		内　容	测　算　方　法	金额/单位
二	设备维护保养			一	约 10000 元（年·套）
1	供配电设备	维护	高低压配电柜、变压器	收费标准由供电局定材料	
		材料		设备维修材料费用的测算分不同的设备分别计算出每年的折旧费，计算公式为 AT（每年折旧费）$=(G-L)\times DT$ 式中 $DT=1/T\times100\%$；G：设备原值；L：设备预计残值，包括清理费用，按原价的 25% 预定；T：预计使用年限；DT：使用年限平均分摊的折旧率算出了设备的年折旧费，即可在此基础上按一定的比例提取设备的维修材料费用	
2	电路及电器	材料			
3	供水设备	材料			
4	供水管路	材料			
5	冷水管及设施	材料			盘管风机清洗约 50～90 元/（台·次）
6	水循环系统	材料			
7	排污设施	材料			
8	电视监控系统	材料			
9	空调设备	维护	主机及水处理	专业厂家报价	主机保养：约 2 万元/台
		材料		参照 1～8 项的测算方法	水处理：约 1 万元/套
10	直升电梯	维护	定期检测、维护、调整	专业厂家报价（n 为 10 层以上的层数，如 13 层，n 为 3）	1000～（1000＋n×60）元（台·年）
		年检	劳动检查部门每年对电梯检查鉴定	劳动检查部门定价	约 960 元/台
		材料		参照 1～8 项的测算方法	
11	扶　梯	维护	定期检测、维护、调整	专业厂家报价	约 1000 元/台
		年检		劳动检查部门定价	约 440 元/台
		材料		参照 1～8 项的测算方法	
12	消防系统	维护	定期检测、维护、检修	专业厂家报价	15 万元/（年·套）
		材料		参照 1～8 项的测算方法	
13	防盗对讲	维护	维护、检修	专业厂家报价	10 元/（户·月）
		材料		参照 1～8 项的测算方法	
14	发电机系统	维护		专业厂家报价	4～5 万元/（台·年）
		材料		参照 1～8 项的测算方法	

说明：按照现代工业专业化的要求，专业设备都要求由专业厂家进行维修保养，可延长使用寿命。

多层住宅管理费用测算方式表

序号	项目	测算依据	测算式	测算结果	占总费用比例(%)	备注
一	人工费	以建筑面积5万m²住宅区测算，管理人员5人（正副主任、管理员、财务、文秘）	(1)+……+(7)	0.312元/m²·月	21.2	
(1)	员工工资	工资标准按人均1640元/人·月测算	月工资标准×人数÷面积1640×5÷50000	0.164元/m²·月		
(2)	社会保险费	工资的44.5%（医疗8%，养老21%，待业1%，住房13%）	工资标准×44.5%×人数÷面积1640×44.5%×5÷50000	0.073元/m²·月		
(3)	福利基金	工资的14%	工资标准×14%×人数÷面积1640×14%×5÷50000	0.023元/m²·月		
(4)	工会经费	工资的2%	工资标准×2%×人数÷面积1640×2%×5÷50000	0.003元/m²·月		
(5)	教育经费	工资的1.5%	工资标准×1.5%×人数÷面积1640×1.5%×5÷50000	0.002元/m²·月		
(6)	加班费	人均月加班2天计，每月按22天	日工资×加班天数×人数÷面积1640÷22×2×5÷50000	0.015元/m²·月		
(7)	住房租金	人均住房面积按8m²/人，租金标准按40元/m²计算	人均住房面积×租金标准÷面积8×40×5÷50000	0.032元/m²·月		
二	办公费	以建筑面积5万m²住宅区测算，管理人员3人	(1)+……+(8)	0.102元/m²·月	6.94	
(1)	交通通讯费	摩托车1辆月耗油25L（每升2元）计，电话费按50元/台·月，传呼机500元/月，摩托车维修保养费100元/月	（汽油费+维修保养费+电话费×台数+传呼机台数）÷面积(25×2+100+3×50+500)÷50000	0.016元/m²·月		
(2)	低值消耗品	人均月消耗30元	人均月消耗×人数÷面积30×3÷50000	0.002元/m²·月		
(3)	办公水电费	用水：50m³/月 用电：500度/月 水费：0.88元/m³ 电费：0.61元/度	（用水立方米数×水费单价+用电度数×电费单价）÷面积(50×0.88+500×0.61)÷50000	0.007元/m²·月		
(4)	办公用房租金	办公面积按100m²计，租金标准按22.8元/m²	办公面积×租金标准÷面积100×22.8÷50000	0.046元/m²·月		
(5)	业务费	人均业务费按50元/人·月计	人均业务费×人数÷面积50×3÷50000	0.003元/m²·月		
(6)	广告宣传费	按300元/月	300÷50000	0.006元/m²·月		
(7)	书报费	按100元/月	100÷50000	0.002元/m²·月		

序号	项目	测算依据	测算式	测算结果	占总费用比例(%)	备注
(8)	办公固定资产折旧费	固定资产按6万元计(摩托车1辆;传呼机3台;电话1部;空调1台;电脑1台;保险柜1台;办公桌椅沙发等);分五年折旧	固定资产总额÷折旧年限÷月÷年÷面积 60000÷5÷12÷50000	0.02 元/m²·月		
三	公用设施设备维修养护费	1. 住宅建筑成本为800元/m²; 2. 公用设施建造成本按住宅建筑成本的15%; 3. 折旧年限为25年; 4. 维修养护费按月折旧费的40%计	$\frac{800元/m^2 \times 15\% \times 40\%}{25年 \times 12月}$	0.16 元/m²·月	10.88	
四	清洁卫生费	每140户设清洁工1人,每户建筑面积按80m²计算	(1)+……+(6)	0.232 元/m²·月	15.78	
(1)	人工费	1)工资按600元/人·月计; 2)工资附加费按62%计(医疗8%;工伤1.5%;养老21%;待业1%;住房13%;福利14%;工会2%;教育1.5%); 3)办理暂住证费按430元/人·年; 4)住宿费每人8m²,租金22.8元/m²·月	(工资+工资附加费+办证费+住宅费)÷140÷80 (600+600×62%+430÷12+8×2.28)÷140÷80	0.106 元/m²·月		
(2)	清洁工具	按300元/人·年计	300元/年÷12月/年÷140÷80	0.002 元/m²·月		
(3)	消杀费	按每户1元/月计	140户×1元/户·月÷140÷80	0.013 元/m²·月		
(4)	化粪池清理费	1)每140户共用1个化粪池(50m³); 2)每年清理二次,每次清理25m³; 3)每车清运5m³,每车清运费120元	50m³/年÷5m³/车×120元/车÷12月/年÷140÷80	0.039 元/m²·月		
(5)	垃圾清运费	每140户共用3个垃圾桶,清运费按每桶12元	12元×3桶/天×30天/月÷140÷80	0.096 元/m²·月		
(6)	服装费	按760元/人·年(冬夏装各两套)	760元/人·年÷12月/年÷140÷80	0.006 元/m²·月		
五	公共秩序费	每120户设安全员1人,每户建筑面积按80m²计算	(1)+(2)+(3)	0.119 元/m²·月	8.1	
(1)	人工费	同"清洁卫生费"中的人工费		0.106 元/m²·月		
(2)	装备费	按500元/人·年计算(包括对讲机;警棍;钢盔)	500元/人·年÷12月/年÷120÷80	0.004 元/m²·月		
(3)	服装费	按1000元/人·年计(冬夏装两套;训练服两套)	1000元/人·年÷12月/年÷120÷30	0.009 元/m²·月		

序号	项目	测算依据	测算式	测算结果	占总费用比例(%)	备注
六	绿化养护费	1) 建筑面积5万 m² 住宅区测算 2) 容积率按1.3计 3) 绿化覆盖率按35% 4) 每3000m²绿化面积设绿化工1人 5) 每平方米绿化按0.30元/月计	(1)+(2)	0.16 元/m²·月	10.9	
(1)	人工费	同"清洁卫生"中的人工费	绿化面积÷3000m²×1190.2元/人·月÷50000	0.107 元/m²·月		
(2)	养护费	按0.2元/m²·月计(含衣药、化肥、补苗、水费)	绿化面积=建筑面积÷容积率×绿化覆盖率 养护单价÷建筑面积 13462×0.2÷50000	0.054 元/m²·月		
七	不可预见费	一+……+六项的2%计	[一+……+六]×2% 1.085×2%	0.022 元/m²·月	1.5	
八	企业管理费	一+……+七项的15%计	[一+……+七]×15% (1.085+0.022)×15%	0.166 元/m²·月	11.3	
九	利润	一+……+八项的10%计	[一+……+八]×10% (1.085+0.022+0.166)×10%	0.127 元/m²·月	8.64	
十	税收	一+……+九项的5%计	[一+……+九]×5% (1.085+0.022+0.166+0.127)×5%	0.070 元/m²·月	4.8	
十一	总计			1.47 元/m²·月	100	

高层住宅管理费用测算方式表

序号	项目	测算依据	测算式	测算结果	占总费用比例(%)	备注
一	人工费	以建筑面积3.5万 m²、25层测算，管理员9人(主任1人、管理员1人、财务2人、工程技术人员5人)	(1)+……+(7)	0.803 元/m²·月	12.13	
(1)	员工工资	工资标准人均1640元/人·月测算	月工资标准×人数÷面积 1640×9÷35000	0.422 元/m²·月	6.38	
(2)	社会保险费	工资的44.5%(医疗8%、工伤1%、待业1%、住房13%) 养老21%、工伤1.5%、住房13%)	工资标准×44.5%×人数÷面积 1640×44.5%×9÷35000	0.188 元/m²·月	2.84	

序号	项 目	测 算 依 据	测 算 式	测算结果	占总费用比例(%)	备 注
(3)	福利基金	工资的14%	工资标准×14%×人数÷面积1640×14%×9÷35000	0.059元/m²·月	0.89	—
(4)	工会经费	工资的2%	工资标准×2%×人数÷面积1640×2%×9÷35000	0.008元/m²·月	0.12	
(5)	教育经费	工资的1.5%	工资标准×1.5%×人数÷面积1640×1.5%×9÷35000	0.006元/m²·月	0.09	
(6)	加班费	人均月加班2天计，按月工作22天算	日工资×加班天数×人数÷面积1640÷22×2×9÷35000	0.038元/m²·月	0.57	
(7)	住房租金	按8m²/人，租金标准按40元/m²·月计算	人均住房面积×租金标准×人数÷面积8×40×9÷35000	0.082元/m²·月	1.24	
二	办公费	以建筑面积3.5万m²住宅区测算，管理人员9人	(1)+……+(7)	0.59元/m²·月	8.91	
(1)	交通通讯费	摩托车两部200元，其他市内交通费、探亲差旅费100元/人·月，传真机500元/台·月，电话5部500元/月，BP机9部100元/月，电报邮电费500元/月	(200+100×9+500+5×500+9×100+500)÷35000	0.157元/m²·月	2.37	
(2)	低值易耗品	人均月消耗50元	人均数×人数÷面积50×9÷35000	0.013元/m²·月	0.196	
(3)	办公水电费	人均月消耗30元	人均数×人数÷面积30×9÷35000	0.008元/m²·月	0.12	若无偿提供用房可扣除此项开支
(4)	办公用房租金	100元/m²·月，100m²	100×100÷35000	0.286元/m²·月	4.32	
(5)	业务费	人均月100元	人均数×人数÷面积100×9÷35000	0.026元/m²·月	0.39	
(6)	广告、宣传、社区文化费	700元/月	月数÷面积700÷35000	0.02元/m²·月	0.3	经项摊销后可自动减除或作其他开支
(7)	办公固定资产折旧费(5年计)	1)空调3台50000元　2)摩托车2部5000元　3)电脑一台15000元　4)复印机一台25000元　5)值班岗亭8000元　6)BP机6台6000元　7)电焊机一台1500元　8)管道疏通机2000元　9)冲击钻一台1000元　10)台钻一台15000元　11)办公台沙发3000元　12)电话机5部22500元　13)筹办期间人员工资及其他15000元	办公固定资产总值÷5年÷12个月÷面积169000÷(5×12)÷35000	0.080元/m²·月	1.21	除减其他开支

序号	项　目	测　算　依　据	测　算　式	测算结果	占总费用比例（%）	备　注
三	公共设备设施维修养护费	按3.5万m²建筑面积配置的各种设备设施，按有关规定维修保养	(1)+……+(8)	0.602元/m²·月	9.095	
(1)	电梯维护保养费，年检费	按与电梯维护专业公司签订的合同，每月每台保养费为2500元，年检费按市劳动局安检处规定每台为560元，办证费为40元，每台每年	[每月每台保养费+（每台年检费+办证费）÷12个月]×电梯数÷总面积[2500+(560+40)÷12]×4÷35000	0.291元/m²·月	4.40	按专业公司报价和市劳动局规定
(2)	供配电系统	1) 变压器年检费5000元/年·台，设置2台 2) 低压配电柜维修费20000元/年	(年检费+维修费)÷12个月÷面积(2×5000+20000)÷12÷35000	0.071元/m²·月	1.07	根据目前各高层楼宇实际支出费用综合平衡
(3)	公共照明系统	1) 日光灯管：12元/支，6个月更换一次 2) 整流器：20元/只，每年更换一次 3) 灯泡：0.8元/个，6个月更换一次 4) 日光灯座：30元/个，2年更换一次 5) 灯头：2元/只，2年更换一次	(数量×材料单价÷更换时间)÷总面积(7只/层×25层×12÷6+7×25×20÷12+364×0.8÷6+4×25×30÷24+544×2÷24)÷35000	0.024元/m²·月	0.36	
(4)	消防系统	1) 喷淋头与消防栓200元/个 2) 防排烟系统500元/年 3) 报警系统、烟感探测器，每年更换20%，每个600元 4) 灭火器，每年更换20%，每个150元 5) 应急灯，每年更换20%，250元/个	(数量×材料单价÷更换时间)÷总面积(200+500÷12个月+12×25×20%÷12层×600+4×25×20%×150+6×25×20%×250)÷12÷35000	0.112元/m²·月	1.69	按市场单价及各项目前支出费用综合平衡
(5)	供水系统	1) 生活、消防、水泵轴承、盘根保养费100元/年·台 2) 管道油漆，1.5元/m，每年一次 3) 阀门更换20个，平均每个150元	(台数×单位+管道长度×单价+更换数量×单价)÷12个月÷总面积(10×100+9329×1.5+20×150)÷12÷35000	0.043元/m²·月	0.65	
(6)	排水系统	排水管、下水道等每年更新25%，按每米6元计	(管道长度×单价×25%)÷12个月÷总面积(7038×6×25%)÷12÷35000	0.025元/m²·月	0.38	同上
(7)	闭路电视监控系统	保安、消防等监控系统，每年维护保养更换材料费10000元	保养费用÷12个月÷总面积10000÷12÷35000	0.024元/m²·月	0.36	同上

序号	项 目	测 算 依 据	测 算 式	测 算 结 果	占总费用比例(%)	备 注
(8)	共用电视接收系统	维护、保养费每年为5000元	保养费÷12个月÷总面积 5000÷12÷35300	0.012 元/m²·月	0.18	
四	清洁卫生费	1) 7000m²建筑面积设一个清洁工，每户60~80m²，一个清洁工负责87~116户，定有5人 2) 公共场所或商业用地可适当调整	(1)+……+(7)	0.367 元/m²·月	5.54	
(1)	人工费	1) 人员工资：按5人计，每人每月600元	人数×月工资÷总面积 5×600÷35300	0.086 元/m²·月	1.30	
		2) 福利费：福利费按工资的14%计提，生活补助费为240元/月·人	人数×(月工资×14%+生活补助费)÷总面积 5×(600×14%+240)÷35000	0.046 元/m²·月	0.69	
		3) 保险：医疗、工伤保险分别按工资8%、1.5%计提	人数×[月工资×(8%+1.5%)]÷总面积 5×[600×(8%+1.5%)]÷35000	0.008 元/m²·月	0.12	
		4) 住房：按商业面积，每人8m²，每平方米40元	人数×住房面积/人×单价÷总面积 5×8×40÷35000	0.046 元/m²·月	0.69	
		5) 办证费：办理暂住证，每人每年交430元	人数×办证费/人÷12个月÷总面积 5×430÷12÷35000	0.005 元/m²·月	0.076	
		6) 加班工资：每月每人8天假日，每年法定节日7天，按3倍计支	人数×月工资/人÷22天（假日+节日）×3倍÷12个月÷总面积 5×(600÷22)×(8+7)×3÷12÷35000	0.038 元/m²·月	0.574	
(2)	服装费	冬夏装各2套，冬装250元/套，夏装130元/套	人数×(冬装费/套+夏装费/套)×2套÷12÷总面积 5×(250+130)×2÷12÷35000	0.009 元/m²·月	0.136	
(3)	工具费	垃圾铁桶：5个330元/个，垃圾塑料桶：每天每层2个，0.45元/个；不锈钢吐痰桶：每层2个，每年更换一个，每10年更换一次，200元/个	（数量×铁桶单价÷12个月+数量×塑料桶单价×天数×层数÷垃圾袋层数×12个月+数量×吐痰桶单价×层数÷10年÷12个月）÷总面积 (5×330÷12+2×2×0.45×25×30÷2×4C×25÷12+2×200×25÷10÷12)÷35000	0.03 元/m²·月	0.45	按实际支出市场单价
(4)	消杀费	每月消杀2次，每次300元	月消杀次数×单价÷总面积 2×300÷35300	0.017 元/m²·月	0.257	按市场防疫站报价

227

序号	项目	测算依据	测算式	测算结果	占总费用比例(%)	备注
(5)	化粪池清理	每年对化粪池清理2次，每次6车，每车150元	年清理次数×每次车数×每车单价÷12个月÷总面积 2×6×150÷12÷35000	0.004 元/m²·月	0.06	清洁公司报价
(6)	清洁用料	按实际支出500元/月	月清洁用料费用÷总建筑面积 500÷35000	0.014 元/m²·月	0.21	
(7)	垃圾清运费	每天清运一次，每次一车，每车75元	清运次数×每车单价×天数÷总面积 1×1×75×30÷35000	0.064 元/m²·月	0.97	
五	公共秩序费	建筑面积3.5万m²，配备12名保安员	(1)+(2)+(3)	0.634 元/m²·月	9.58	
(1)	人工费	1)工资：基本工资300元/月·人，职务工资200元/月·人，效益工资150元/月·人	(基本工资+职务工资+效益工资)×人数÷面积 (300+200+150)×12÷35000	0.223 元/m²·月	3.37	根据行政事业单位人员工资结构，综合各公司安保工资标准而得
		2)福利费：福利基金按14%，工会费按2%，教育基金按1.5%，生活补助费按目前人均240元计	[福利基金+工会+教育补助]×人数÷面积 [(14%+2%+1.5%)×650+240]×12÷35000	0.121 元/m²·月	1.83	根据有关部门各公司情况综合
		3)保险：临时工性质只考虑医疗8%保险和工伤1.5%保险	(医疗保险8%+工伤保险1.5%)×650×12÷35000	0.021 元/m²·月	0.32	根据有关规定执行
		4)办证、增容费：按430元/年·人	金额/年·人×人数÷12÷面积 430×12÷12÷35000	0.012 元/m²·月	0.18	根据公安局实际收费
		5)住房租金：按人均住房8m²，月租金40元/m²，即320元/月·人	租金/人×人数÷面积 320×12÷35000	0.11 元/m²·月	1.66	按市场价综合测定
		6)加班费：按月工作22天，周末休息日7天，平均1.75天/月，年法定假日共8天，年法定假日分摊完成	工资/月·人÷月工作日×人数×(假日×4次+法定假日/年÷12)×12÷面积 650÷22×12×(2×4+7×3÷12)÷35000	0.099 元/m²·月	1.496	根据国家规定
(2)	装备费	1)对讲机，按配备4部，每部按3000元计，三年分摊 2)维修、车审、电、其他按年1000元/部，一年分摊	(对讲机数量×每部单价÷36个月+对讲机数量×维修费÷12个月)÷面积 (4×3000÷36+4×1000÷12)÷35000	0.019 元/m²·月	0.29	根据各公司资料综合

序号	项 目	测 算 依 据	测 算 式	测 算 结 果	占总费用比例(%)	备 注
(3)	服装费	包括：冬装每年2套/人，250元/套，夏装每年2套/人，130元/套，训练服每年2套/人，120元/套	（冬装×单价＋夏装×单价＋训练服×单价）×人数÷12个月÷面积 (250＋130＋120)×2×12÷3500C	0.029 元/m²·月	0.44	根据政府规定和各公司情况综合
六	绿化养护费	设绿地1500m²，工人1人计	(1)＋……÷(6)	0.792 元/m²·月	1.197	按市政行政事业单位综合工资结构各公司资料
(1)	人工费	1) 工资：按基本工资300元/月，职务工资200元/月，效益工资150元/月·人计	（基本工资＋职务工资＋效益工资）×人数÷面积 (300＋200＋150)×1÷35000	0.019 元/m²·月	0.29	根据有关部门规定
		2) 福利费：福利基金14%，工会基金2%，教育基金1.5%，生活补贴240元/月·人计	［（福利基金＋工会＋教育)×工资＋生活补贴]×人数÷面积 [(14%＋2%＋1.5%)×650＋240]×1÷35000	0.01 元/m²·月	0.15	根据各公司资料综合测定
		3) 服装费：按冬夏各2套计，冬装250元/套，夏装130元/套	（冬装/套×单价＋夏装/套×单价）×人数÷面积 (250＋130)×2×1÷12÷35000	0.0018 元/m²·月	0.03	根据劳动部门规定
		4) 保险费：临时人员只考虑医疗保险8%和工伤保险1.5%	（医疗保险＋工伤保险)×工资/月·人×人数÷面积 (8%＋1.5%)×650×1÷35000	0.0017 元/m²·月	0.03	根据公安局办证实际支出
		5) 办证、增容费：按人430元/年	金额/年·人÷人数÷人数÷面积 430÷12×1÷35000	0.001 元/m²·月	0.015	根据公安局办证实际支出
		6) 住房租金：按人均8m²，月租40元/m²，即320元/月·人	租金/月·人×人数÷面积 320×1÷35000	0.009 元/m²·月	0.14	根据市场价综合测定
(2)	工具费	简单工具（锄头、草剪、枝剪、喷雾器、喷水胶管等)350元/年	金额/月·人数÷面积 350÷12÷35000	0.0008 元/m²·月	0.012	同上
(3)	农药化肥费	按每平方米绿地0.3元/m²·月计	元/m²·月×绿地面积÷面积 0.30×1500÷35000	0.013 元/m²·月	0.20	同上
(4)	补苗费	按每平方米绿地0.1元/m²·月计	元/m²·月×绿地面积÷面积 0.1×1500÷35000	0.0043 元/m²·月	0.06	同上

续表

序号	项目	测算依据	测算式	测算结果	占总费用比例(%)	备注
(5)	绿化用水	按每平方米绿地0.3t/月计	用水量×m²×月×单价×绿化面积 0.3×1.00×1500÷35000	0.0129元/m²·月	0.19	同上
(6)	大堂办公室摆花	按市价月租费200元/月	月租金÷面积 200÷35000	0.0057元/m²·月	0.09	同上
七	不可预见费	一至六项之和的2%计	(一+……+六)×2% 3.0752×2%	0.0615元/m²·月	0.93	各公司综合平衡
八	企业管理费	一至七项之和的10%计	(一+……+七)×10% (3.0752+0.0615)×10%	0.3136元/m²·月	4.74	
九	利润	一至八项之和的10%计	(一+……+八)×10% (3.0752+0.0615+0.3136)×10%	0.345元/m²·月	5.21	按利润10%计
十	税收	一至九项之和的5%计	(一+……+九)×5% (3.0752+0.0615+0.3136+0.345)×5%	0.1898元/m²·月	2.87	按税务局规定
十一	设备保险费	设备原值的3%(原值拟定100万元) 3%为保险公司的标准	设备原值×3%÷12个月÷面积 100万元×3%÷12÷35000	0.071元/m²·月	1.07	单列,由管委会决定取舍
十二	维修基金	原值拟定为931.4万元,折旧年限15年	原值÷折旧年限÷面积 931.4万元÷15÷12÷35000	1.478元/m²·月	22.33	折旧年限应为5~10年,根据工资承受能力而定折旧年限
十三	公用水电费	电梯、通道、公共场所、给排水、消防等用水电 电梯0.672元/m²·月+公共场所0.228元/m²·月+线损0.062元/m²·月+排水费0.075元/m²·月+消防0.01元/m²·月+综合水费0.1元/m²·月	设备功率×时间×天数×电费价×使用系数÷面积	1.085元/m²·月	16.39	此测算是根据几个公司实际综合测算
	合计		一+……+十三	6.619元/m²·月	100	
	中央空调		电价+运行管理费+维修保养费+水费+大修维修更新	9.56元/m²·月		单列,未计算风盘电费

主要参考文献

1　孙九玲主编. 物业管理国际化标准与质量认证全书. 北京：中国商业出版，2002

2　冷静主编. 物业管理统计. 北京：中国建筑工业出版社，2000

3　赵向标主编. 物业管理文书表格范例. 深圳：海天出版社，2003

4　胡志勇，邵国良编著. 物业管理财务基础. 广州：中山大学出版社，1998

5　姜保平，俞启元编著. 物业维修管理. 南京：东南大学出版社，2000

6　中国房地产开发集团公司编著. 中国物业管理指南. 北京：中国城市出版社，1995

7　黄良文，陈仁恩主编. 统计学原理. 北京：中央广播电视大学出版社，1996

8　纪年主编. 统计学与基本建设统计. 天津：天津大学出版社，1993

9　连永安编著. 物业管理公司理财. 南京：东南大学出版社，2000

10　陈有铭主编. 物业管理概论. 广东高等教育出版社，2000

11　姚坤一，丁国华主编. 物业管理. 上海：同济大学出版社，1996

12　徐滂厚编著. 物业管理实务. 北京，中国商业出版社，1998

13　孙兰，白丽华主编. 物业管理实务与典型案例分析. 北京：中国物资出版社，2002

14　盛乘懋，郑慧琴，范克危编著. 物业管理实习手册. 南京：东南大学出版社，2000

15　建设部房地产业司编. 物业管理概论. 北京：中国物价出版社，1996

16　李援英编著. 空调与供暖系统运行管理与维护. 北京：中国电力出版社，2003

17　区世强主编. 设备管理与维修. 北京：中国建筑工业出版社，2001

18　桑荣林，梁桂主编. 房地产经营管理. 北京：高等教育出版社，1998

19　陈嗣成，冯红主编. 新编统计学原理. 北京：北京经济学院出版社，1995

20　天津市教育局职业技术教育中心编写. 统计原理. 大连：大连出版社，2001